수월관세음보살(水月觀世音菩薩)

동진보살(童眞菩薩)

따듯한
천도의식

救病施食

著者‥滿春祥鉉

丙申年
2560
九月九日

따듯한
천도의식

구 병 시 식

저 자 ·· 만 춘 상 현

병 신 년
2560 구 월 구 일

머리말

모든 수(數)는 0에서 시작한다. 그래서 어떤 수에든 0을 곱하면 즉시 0이 된다. 모든 사상(事相)은 공(空)에서 비롯한다. 그래서 삼라만상 어느 것에든 공을 대입하면 즉시 공이 된다. 즉, 비공지공(非空之空)인 진공(眞空)과 비유지유(非有之有)인 묘유(妙有)는 상즉불이(相卽不二)의 관계에 있다. 반야심경에서는 이를 '색불이공 공불이색 색즉시공 공즉시색(色不異空 空不異色 色卽是空 空卽是色)'으로 표현하였다.

불교에서는 이를 변함없는 진리라 설파한다. 그런데 진정한 진리라면, 단순히 이치로 그쳐서는 안 된다. 모든 사람이 추구하는 행복의 조건일 수 있어야 한다. 그 이치를 알고 행하면 행복의 문이 열리고, 현상에 집착하는 어리석음을 범하면 그 순간 우려했던 불행이 시작된다는 말이다. 아주 작은 차이 같지만 그 결과는 너무나 커서 한쪽은 상락아정(常樂我淨) 열반락을 구가하게 되고, 다른 한쪽은 삼계화택(三界火宅)에 끊임없이 윤회하게 된다. 전자의 증인이 삼세제불이시고, 후자의 모범적 증인은 오늘의 주인공인 재주(齋主)와 책주귀신영가 그리고, 우리 자신이다.

불교는 지혜와 자비의 종교다. 이 지혜와 자비는 곧 진공과 묘유로서 상즉불이의 관계에 있다. '육도중생(六道衆生)이 부모 아닌 이가 없다'는 『범망경(梵網經)』의 말씀도 지혜의 눈이 아니면 이해할 수 없다. 이해하고 나면 자비롭지 않을 수 없고, 자비로운 마음에는 사랑할 원수조차 없게 된다. 그래서 가없는 중생 모두가 제도의 대상인 것이다. 즉, 이로써 지혜와 자비가 행복의 조건임이 증명된 셈이다.

불가에서의 구병시식은 단순히 악귀를 쫓는 퇴마(退魔)나 구마(驅魔) 의식이 아니다. 혹자가 운운하는 악귀도 불교의 입장에서 보면 예외 없이 부모나 자식을 대하는 마음으로 제도하고 천도해야하는 존재이기 때문이다. '수처작주 입처개진(隨處作主 立處皆眞)!' 그 장소가 어디든 그 시기가 언제든 모두가 수행할 도량이며 기회이다. 구병시식은 바로 이런 이치를 실천에 옮기는 의식이다.

흔히 구병시식은 법력(法力)있는 스님이 집전해야 한다고 한다. 여기서 말하는 법력이란 앞서 말한 지혜와 자비의 구비여부를 말하는 것이다. 필자역시 구병시식이라는 말을 들으면 왠지 한기(寒氣)가 느껴지곤 했는데, 이 번 집필을 계기로 구병시식이 얼마나 슬기롭고 따뜻한 천도의식인지를 알게 되었다.

제3조 승찬(僧璨) 선사께서 「신심명(信心銘)」에서 '털끝만큼이라도 차이가 있으면 하늘과 땅 사이로 벌어진다(毫釐有差 天地懸隔)'라 하신 말씀처럼 성불과 윤회의 길이 한 생각에 달려있다는 사실을 새삼 실감한 것이다. 아무쪼록 많은 분들의 공감으로 삼계

만령(三界萬靈)이 길을 찾아 무시겁래(無始劫來)의 윤회를 쉬고 열반락 얻게 되길 비리는 마음 간절하다. 구병시식이 출세간의 법만 아니라면 식품의약품안전처나 FDA 같은 곳의 승인이라도 받고 싶다. 그래서 많은 사람들이 건강한 몸과 마음을 지니고 행복하게 지내는데 일조 수 있다면 하는 생각이 든다.

한편, 이렇듯 중요한 의식이기에 출간에 대한 두려움도 그만큼 커서 몇 번인가 망설이며 미뤘다. 그럴 때마다 용기를 주신 분들이 계셨으니 다름 아닌, 본 의식을 필요로 하는 분들이었다. 이를 핑계로 만용을 부렸거니와 제방석덕(諸方碩德)께서는 구병시식의 중요성과 필요성만큼은 공감해주시고 많은 지도와 편달 있으시길 부탁드린다.

끝으로 적으나마 출간의 공덕이 있다면 길 잃은 고혼영가 제위께서는 길을 찾으시고, 쾌유를 기대하시는 불자께서는 쾌차하시며, 집전하시는 선지식께는 불은이 함께 하시는데 보탬이 되기를 발원합니다.

그리고 어려운 여건 가운데 선뜻 출판을 맡아주신 불교서원 문선우 원장님과 출판사 관계자 여러분께 감사드리며 무궁한 발전을 기원하는 바입니다.

<燃燈偈(연등게)>1)
大願爲炷大悲油(대원위주대비유)　크신소원 심지라면 대비심은 기름이요
大捨爲火三法聚(대사위화삼법취)　크게버림 불꽃되어 세가지법 모이오면
菩提心燈照法界(보리심등조법계)　깨달음의 마음등불 온누리를 비추리니
照諸群生願成佛(조제군생원성불)　모든중생 고루비춰 남김없이 성불과저.

南無觀世音菩薩

佛紀 2560(丙申)年 9月 9日 重陽節(陽, 10. 9)

著者 合掌.

---

1) 「영산작법」 소수 <연등게(燃燈偈)>

일러두기

⑴ 서두에 의식 집전의 원활을 위해 「천수경」「관음청」「중단권공」「구병시식」의 '원문'을 차례로 실었다.

⑵ 「천수경」「관음청」「중단권공」의 경우, 원문 좌측에 졸고인 『천수경』 및 해당 『불교의식각론』의 권수와 쪽수를 표시하였고, 「구병시식」은 본 책자의 쪽수를 표시하여 해당 항목의 상세 내용을 찾아보기에 용이토록 하였다.

⑶ 본론에서는 아래의 예(例)에서와 같이 '제목' '해제' '전체항목' '원문과 해석' 순으로 배열하였다.

제목
↓

해제
↓

<6.破地獄偈①(파지옥게)> 지옥고까지 벗어나게 하는 『화엄경』의 으뜸가는 게송

「救病施食」‖ Ⅰ.召請篇 1.擧佛 2.唱魂 3.振鈴偈 4.着語 5.大悲呪 6.破地獄偈 7.破地獄眞言 8.滅惡趣眞言 9.召餓鬼眞言 10.普召請眞言 11.祭文 12.由致 13.證明請 14.香華請 15.歌詠 16.獻座眞言 17.茶偈 18.孤魂請 19.香煙請 20.歌詠 Ⅱ.沐浴篇 21.引詣香浴 22.沐浴眞言 23.化衣財眞言 24.授衣眞言 25.着衣眞言 26.指壇眞言 27.普禮三寶 28.受位安座 29.受位安座眞言 30.茶偈 Ⅲ.施食篇 31.宣密號 32.四陀羅尼 33.稱揚聖號 34.施食偈 35.施鬼食眞言 36.普供養眞言 37.施無遮法食眞言 38.發菩提心眞言 39.普回向眞言 40.勸飯偈 41.般若偈 42.如來十號 43.法華偈 44.無常偈 45.莊嚴念佛 46.功德偈 Ⅳ.奉送篇 47.表白 48.念願文 49.願往偈 50.燒錢眞言 51.奉送眞言 52.上品上生眞言 53.解百生寃家陀羅尼 54.破城偈 55.告佛偈

⇒
원문

⇒
음(音)

전체
항목

해석

若人欲了知②
약인욕요지

三世③一切佛
삼세일체불

應觀法界④性
응관법계성

一切唯心造
일체유심조

누구라도 불법요지 깨닫고자 하올진대

삼세여래 일체제불 이분들을 뵈올지라.

다른생각 접어두고 법계성품 觀할지니

삼라만상 예외없이 이마음의 조화니라.

⑷ 원(元)의 서양사문(瑞陽沙門) 몽산덕이(蒙山德異. 1232-1298) 화상이 수주(修註)한 목판본 『증수선교시식의문(增壽禪敎施食儀文)』 소수 「구병시식의문(救病施食儀文)」, 1827년 백파긍선(白坡亘璇) 편 『작법귀감(作法龜鑑)』 소수 「구병시식의(救病施食儀)」, 1935년 안진호(安震湖) 편 『석문의범(釋門儀範)』 소수 「구병시식(救病施食)」 등 3개의 본(本)을 모범하고 산보(刪補)하여 표준안을 작성하였다. 표준안인 『구병시식』의 전체 항목은 총55개이다.

⑸ 항목이 없는 경우에는 전거를 찾거나 내용에 알맞은 제목을 붙여 객관적 위치를 지니도록 하였다. 또, 각 항목에 일련번호를 부여하여 설자(說者)와 청자(聽者)의 원활한 소통을 도모하였다.

⑹ '해제'에서는, 해당항목의 내용을 간단히 설명하였다.

⑺ '전체항목'에서는, 해당항목 밑에 전체항목과 함께 해당항목의 위치를 겹게 표시하여 전체 가운데서의 해당 항목의 위치를 파악하도록 하였다.

⑻ '원문과 해석'에서는, 원문은 한자로 하고, 한글 음(音)은 하단에 표기하였다.

⑼ '해석'은 불가피한 경우를 제외하고는 가급적 운율을 맞추도록 노력하였다.

⑽ 해설 부분은 【자구해설】, 【개요】, 【구성과 내용】, 【의식】, 【연구】 등으로 구분하여 초·중·고등학교를 거치며 익혀온 교육 내용과 패턴을 유사하게 함으로써 한문에서 오는 거부감을 가급적 줄이도록 하였다.

⑾ 【자구해설】에서는, 원문에 나오는 자구의 뜻을 자세히 살펴 이해를 돕고, 필요한 경우는 문법적인 면도 다루어 해석이 용이토록 하였다. 단, 원문 외의 내용에 주(註)가 필요한 경우에는 각주로 처리하였다.

⑿ 【개요】에서는, 해당항목의 의미를 개관토록 하였다.

⒀ 【구성과 내용】에서는, 게송 및 문장의 구성을 기·승·전·결 혹은 서론·본론·결론으로 분석하여 자세한 내용을 살피도록 하였다.

⒁ 【의식】에서는, 실제 의식에 있어서 어떻게 거행하는지를 살펴보았다.

⒂ 【연구】에서는, 본문에서 다루지 못했거나 내용을 심층 분석해야 할 경우, 문답식으로 다루어 교리·사상·문화·예술·역사적인 면을 살피도록 하였다.

⒃ 약어로서 Ⓢ는 산스크리트어, Ⓟ는 팔리어, 읍은 음역, 의는 의역, 대는 『대정신수대장경』을 의미한다.

⒄ 책의 제목은 『 』로 묶고, 의식의 제목이나 인용구 혹은 책에서의 소단원의 제목은 「 」로 묶었으며, 의식의 편(篇)은 ≪ ≫, 항목은 < >로 표시하였다.

救病施食(구병시식)

순서

【千手經(천수경)】

<1.普禮眞言(보례진언)>

我今一身中　卽現無盡身　遍在觀音前　一一無數禮
아금일신중　즉현무진신　변재관음전　일일무수례

唵 嚩日囉 吻 三說
옴 바아라 믹 삼설

<2.淨口業眞言(정구업진언)>

修里修里 摩訶修里 修修里 娑婆訶 三說
수리수리 마하수리 수수리 사바하 삼설

<3.五方內外安慰諸神眞言(오방내외안위제신진언)>

南無 三滿多 沒馱喃 唵 度魯度魯 地尾 莎訶 三說
나무 사만다 못다남 옴 도로도로 지미 사바하 삼설

<4.開經偈(개경게)>

無上甚深微妙法　百千萬劫難遭遇
무상심심미묘법　백천만겁난조우

我今聞見得受持　願解如來眞實意
아금문견득수지　원해여래진실의

<5.開法藏眞言(개법장진언)>

唵 阿羅南 阿羅馱 三說
옴 아라남 아라다 삼설

<6.經題(경제)>

千手千眼 觀自在菩薩 廣大圓滿 無碍大悲 心大陀羅尼
천수천안 관자재보살 광대원만 무애대비 심대다라니

<7.稽首文(계수문)>

啓請
계청

稽首觀音大悲主　願力洪深相好身
계수관음대비주　원력홍심상호신

千臂莊嚴保護持　天眼光明遍觀照
천비장엄보호지　천안광명변관조

眞實語中宣密語　無爲心內起悲心
진실어중선밀어　무위심내기비심

速令滿足諸希求　永使滅除諸罪業
속령만족제희구　영사멸제제죄업

天龍衆聖同慈護　百千三昧頓薰修
천룡중성동자호　백천삼매돈훈수

受持身是光明幢　受持心是神通藏
수지신시광명당　수지심시신통장

洗滌塵勞願濟海　超證菩提方便門
세척진로원제해　초증보리방편문

我今稱誦誓歸依　所願從心悉圓滿
아금칭송서귀의　소원종심실원만

<8.十願文(십원문)>

南無大悲觀世音　願我速知一切法
나무대비관세음　원아속지일체법

南無大悲觀世音　願我早得智慧眼
나무대비관세음　원아조득지혜안

南無大悲觀世音　願我速度一切衆
나무대비관세음　원아속도일체중

南無大悲觀世音　願我早得善方便
나무대비관세음　원아조득선방편

南無大悲觀世音　願我速乘般若船
나무대비관세음　원아속승반야선

南無大悲觀世音　願我早得越苦海
나무대비관세음　원아조득월고해

南無大悲觀世音　願我速得戒定道
나무대비관세음　원아속득계정도

南無大悲觀世音　願我早登圓寂山
나무대비관세음　원아조등원적산

南無大悲觀世音　願我速會無爲舍
나무대비관세음　원아속회무위사

南無大悲觀世音　願我早同法性身
나무대비관세음　원아조동법성신

17 / 71

<9.六向文(육향문)>

我若向刀山 刀山自摧折	我若向火湯 火湯自消滅
아약향도산 도산자최절	아약향화탕 화탕자소멸
我若向地獄 地獄自枯竭	我若向餓鬼 餓鬼自飽滿
아약향지옥 지옥자고갈	아약향아귀 아귀자포만
我若向修羅 惡心自調伏	我若向畜生 自得大智慧
아약향수라 악심자조복	아약향축생 자득대지혜

<10.歸依禮(귀의례)>

南無觀世音菩薩摩訶薩　　南無大勢至菩薩摩訶薩
나무관세음보살마하살　　나무대세지보살마하살

南無千手菩薩摩訶薩　　南無如意輪菩薩摩訶薩
나무천수보살마하살　　나무여의륜보살마하살

南無大輪菩薩摩訶薩　　南無觀自在菩薩摩訶薩
나무대륜보살마하살　　나무관자재보살마하살

南無正趣菩薩摩訶薩　　南無滿月菩薩摩訶薩
나무정취보살마하살　　나무만월보살마하살

南無水月菩薩摩訶薩　　南無軍茶利菩薩摩訶薩
나무수월보살마하살　　나무군다리보살마하살

南無十一面菩薩摩訶薩　　南無諸大菩薩摩訶薩
나무십일면보살마하살　　나무제대보살마하살

南無本師阿彌陀佛　三說
나무본사아미타불　삼설

<11.神妙章句大多羅尼(신묘장구대다라니)>

나모라　다나。다라야야。나막。알약。바로기데。시바라야。모디。사다바야。마하。사다바야。마하。가로니가야。옴。살바。바예수　다라나。가라야。다사명。나막。까리다바。이맘。알야。바로기데。시바라。다바。이라간타。나막。흐리나야。마발다。이샤미。살발타。사다남。슈반。애예염。살바。보다남。바바말아。미수다감。다냐타。옴。아로계。아로가。마디로가。디가란데。혜혜。하례。마하모디。사다바。스마라。스마라。흐리나야。구로。구로。갈마。사다야。사다야。도로。도로。미연데。마하。미연데。다라다라。다린나례。시바라。자라자라。마라。미마라。아마라。몰데。예혜혜。로계。시바라。라아。미사미。나사야。

느볘 사미。 사미。 나사야。 모하。 자라。 미사미。 나사야。 호로
호로。 마라。 호로。 하례。 바느마。 나바。 사라。 사라。 시리。 시
리。 소로소로。 몯댜몯댜。 모다야。 모다야。 미드리야。 니라간타。
가마샤。 눌사남。 브라。 흐라。 나야。 마낙。 스바하。 싣다야。 스
바하。 마하。 싣다야。 스바하。 싣다유예。 시바라야。 스바하。 니
라。 간타야。 스바하。 바라하。 목카。 싱하。 목카야。 스바하。 바
느마。 하짜야。 스바하。 자ㄱ라。 욕다야。 스바하。 샹카。 셥나녜。
모다나야。 스바하。 마하라。 구타。 다라야。 스바하。 바마。 스간
타。 니샤。 시톄다。 ㄱ릿나。 이나야。 스바하。 먀ㄱ라。 잘마。 니
바。 사나야。 스바하。 나모라。 드나드라。 야야。 나막。 알야。 바
로기톄。 시바라야。 스바하 삼설(三說)

<12.四方讚(사방찬)>

一灑東方潔道場	二灑南方得淸凉
일쇄동방결도량	이쇄남방득청량

三灑西方俱淨土	四灑北方永安康
삼쇄서방구정토	사쇄북방영안강

<13.道場偈(도량게)>

道場淸淨無瑕穢	三寶天龍降此地
도량청정무하예	삼보천룡강차지

我今持誦妙眞言	願賜慈悲密加護
아금지송묘진언	원사자비밀가호

<14.懺悔偈(참회게)>

我昔所造諸惡業	皆由無始貪嗔癡
아석소조제악업	개유무시탐진치

從身口意之所生	一切我今皆懺悔
종신구의지소생	일체아금개참회

<15.懺除業障十二尊佛(참제업장십이존불)>

南無懺除業障寶勝藏佛	寶光王火燄照佛
나무참제업장보승장불	보광왕화염조불

一切香華自在力王佛	百億恒河沙決定佛
일체향화자재력왕불	백억항하사결정불

振威德佛 / 진위덕불　　金剛堅强消伏壞散佛 / 금강견강소복괴산불

寶光月殿妙音尊王佛 / 보광월전묘음존왕불　　歡喜藏摩尼寶積佛 / 환희장마니보적불

無盡香勝王佛 / 무진향승왕불　　獅子月佛 / 사자월불

歡喜莊嚴珠王佛 / 환희장엄주왕불　　帝寶幢摩尼勝光佛 / 제보당마니승광불

<16.十惡懺悔(십악참회)> — 21 / 105

殺生重罪今日懺悔 / 살생중죄금일참회　　偸盜重罪今日懺悔 / 투도중죄금일참회

邪淫重罪今日懺悔 / 사음중죄금일참회　　妄語重罪今日懺悔 / 망어중죄금일참회

綺語重罪今日懺悔 / 기어중죄금일참회　　兩舌重罪今日懺悔 / 양설중죄금일참회

惡口重罪今日懺悔 / 악구중죄금일참회　　貪愛重罪今日懺悔 / 탐애중죄금일참회

瞋恚重罪今日懺悔 / 진에중죄금일참회　　癡暗重罪今日懺悔 / 치암중죄금일참회

<17.滅罪偈(멸죄게)> — 21 / 108

百劫積集罪 / 백겁적집죄　一念頓蕩除 / 일념돈탕제　如火焚枯草 / 여화분고초　滅盡無有餘 / 멸진무유여

<18.理懺偈(이참게)> — 22 / 111

罪無自性從心起 / 죄무자성종심기　心若滅時罪亦亡 / 심약멸시죄역망

罪亡心滅兩俱空 / 죄망심멸양구공　是卽名爲眞懺悔 / 시즉명위진참회

<19.懺悔眞言(참회진언)> — 22 / 115

唵 薩婆普陀 菩提 薩陀耶 莎訶 三說 / 옴 살바못자 모지 사다야 사바하 삼설

<20.准提讚(준제찬)> — 22 / 116

准提功德聚　寂靜心常誦　一切諸大難　無能侵是人
준제공덕취　적정심상송　일체제대난　무능침시인

天上及人間　受福與佛等　遇此如意珠　定獲無等等
천상급인간　수복여불등　우차여의주　정획무등등

南無七俱胝佛母大准提菩薩 二說
나무칠구지불모대준제보살 이설

南無七十七俱胝佛母心大准提陀羅尼 一說
나무칠십칠구지불모심대준제다라니 일설

23 / 122 **<21.淨法界眞言(정법계진언)Ⅰ>**

先誦 淨法界眞言
선송 정법계진언

唵 覽 三說
옴 람 삼설

23 / 125 **<22.護身眞言(호신진언)>**

唵 齒臨 三說
옴 치림 삼설

23 / 127 **<23.觀世音菩薩本心微妙六字大明王眞言>**
　　　　관세음보살본심미묘육자대명왕진언

唵 摩尼叭迷吽 三說
옴 마니반메훔 삼설

23 / 130 **<24.准提眞言(준제진언)>**

曩謨 薩陀喃 三藐三沒馱 鳩致喃 怛野他
나무 사다남 삼먁삼못다 구치남 다냐타

唵 左隷主隷 准提 沙婆訶 部臨 三說
옴 자례주례 준제 사바하 부림 [※밑줄 친 부분만 삼설]

23 / 133 **<25.准提願(준제원)>**

我今持誦大准提　卽發菩提廣大願
아금지송대준제　즉발보리광대원

願我定慧速圓明　願我功德皆成就
원아정혜속원명　원아공덕개성취

願我勝福遍莊嚴　願共衆生成佛道
원아승복변장엄　원공중생성불도

<26.如來十大發願文(여래십대발원문)>

如來十大發願文
여래십대발원문

願我永離三惡道　願我速斷貪瞋癡
원아영리삼악도　원아속단탐진치

願我常聞佛法僧　願我勤修戒定慧
원아상문불법승　원아근수계정혜

願我恒修諸佛學　願我不退菩提心
원아항수제불학　원아불퇴보리심

願我決定生安養　願我速見阿彌陀
원아결정생안양　원아속견아미타

願我分身遍塵剎　願我廣度諸衆生
원아분신변진찰　원아광도제중생

<27.四弘誓願(사홍서원)>

發四弘誓願
발사홍서원

衆生無邊誓願度　煩惱無盡誓願斷
중생무변서원도　번뇌무진서원단

法門無量誓願學　佛道無上誓願成
법문무량서원학　불도무상서원성

自性衆生誓願度　自性煩惱誓願斷
자성중생서원도　자성번뇌서원단

自性法門誓願學　自性佛道誓願成
자성법문서원학　자성불도서원성

<28.三歸依(삼귀의)>

願已發願已　歸命禮三寶
원이발원이　귀명례삼보

南無常住十方佛　南無常住十方法　南無常住十方僧 三說
나무상주시방불　나무상주시방법　나무상주시방승 삼설

<29.淨三業眞言(정삼업진언)>

唵 娑縛婆嚩 修多薩婆 達摩 娑縛婆嚩 修度感 三說
옴 사바바바 수다살바 달마 사바바바 수도함 삼설

25 / 154	

<30.開壇眞言(개단진언)>

唵 跋折羅 糯魯 特加陀耶 三摩耶 入羅吠 舍耶吽 三說
옴 바아라 노아로 다가다야 삼마야 바라볘 사야훔 삼설

25 / 157	

<31.建壇眞言(건단진언)>

唵 難多難多 那地那地 難多婆哩 娑婆訶 三說
옴 난다난다 나지나지 난다바리 사바하 삼설

25 / 158	

<32.淨法界眞言(정법계진언)Ⅱ>

羅字色鮮白　空點以嚴之　如彼髻明珠　置之於頂上
나자색선백　공점이엄지　여피계명주　치지어정상

眞言同法界　無量衆罪除　一切觸穢處　當加此字門
진언동법계　무량중죄제　일체촉예처　당가차자문

南無 三滿多 沒多喃 覽 三說
나무 사만다 못다남 남 삼설

【觀音請(관음청)】

V-150
불교의식각론
(2001년 간)
제5권 150쪽

<1.擧佛(거불)>

南無圓通敎主觀世音菩薩
나무원통교주관세음보살

南無道場敎主觀世音菩薩
나무도량교주관세음보살

南無圓通會上佛菩薩
나무원통회상불보살

V-153

<2.普召請眞言(보소청진언)>

南謨 步步諦哩 迦哩多哩 多陀 揭多野 三說
나무 보보제리 가리다리 다타 아다야 삼설

V-155

<3.由致(유치)>

仰惟a 觀音大聖者 慈容甚妙 悲願尤深a 爲接引衆生 乃常處彌
앙유 관음대성자 자용심묘 비원우심   위접인중생   내상처미

陀佛刹 入寂靜三昧 又不離白花道場a 普應十方 聲聲救苦 不
타불찰 입적정삼매 우불리백화도량   보응시방 성성구고 불

離一步 刹刹現身a 若伸供養之儀 必借感通之念 有求皆遂 無
리일보 찰찰현신   약신공양지의 필차감통지념 유구개수 무

願不從a 是以a [祝願] 以今月今日 虔設法筵 淨饌供養a 圓通
원부종   시이a [축원] 이금월금일   건설법연 정찬공양a   원통

敎主 觀世音菩薩a 勳勲作法 仰祈妙援者 右伏以a 親燒片慧
교주 관세음보살a   훈근작법 앙기묘원자 우복이a   친소편혜

表心香 無火而普熏 仰告慈門a 請面月 離空而曲照 暫辭於寶
표심향 무화이보훈 앙고자문a   청면월 이공이곡조 잠사어보

窟 請赴於香筵a 仰表一心 先陳三請a
굴 청부어향연a   앙표일심 선진삼청

V-169

<4.請詞(청사)>

南無一心奉請a 海岸孤絶處 補陀洛迦山a 道場敎主 三十二應
나무일심봉청a   해안고절처 보타낙가산a   도량교주 삼십이응

身 十四無畏力 四不思議德 受用無礙a 八萬四千爍迦羅首 八
신 십사무외력 사부사의덕 수용무애a   팔만사천삭가라수 팔

萬四千淸淨寶目 或慈或威 分形散體 應諸衆生心所願求 拔苦
만사천청정보목 혹자혹위 분형산체 응제중생심소원구 발고

與樂大慈悲主 觀自在菩薩摩訶薩a 唯願慈悲憐愍有情 降臨道
관여락대자비주 자재보살마하살 유원자비연민유정 강림도

場受此供養a
량수차공양

V-198　　<5.散華落(산화락)>

散華落 三說
산화락 삼설

V-199　　<6.來臨偈(내림게)>

願降道場 受此供養 三說
원강도량 수차공양 삼설

V-200　　<7.香華請(향화청)>

香華請 三說
향화청 삼설

V-202　　<8.歌詠(가영)>

白衣觀音無說說　南巡童子不聞聞
백의관음무설설　남순동자불문문

瓶上綠楊三際夏　巖前翠竹十方春
병상녹양삼제하　암전취죽시방춘

故我一心歸命頂禮
고아일심귀명정례

V-205　　<9.獻座眞言(헌좌진언)>

妙菩提座勝莊嚴　諸佛坐已成正覺
묘보리좌승장엄　제불좌이성정각

我今獻座亦如是　自他一時成佛道
아금헌좌역여시　자타일시성불도

唵 縛日羅 未那野 娑婆訶 三七遍
옴 바아라 미나야 사바하 삼칠편

V-207　　<10.淨法界眞言(정법계진언)Ⅲ>

欲建蔓拏囉 先誦淨法界眞言
욕건만나라 선송정법계진언

唵 覽 三七遍
옴 람 삼칠편

<11.茶偈(다게)>

今將甘露茶 奉獻觀音前 鑑察虔懇心 願垂哀納受
금장감로다 봉헌관음전 감찰건간심 원수애납수

<12.祈聖加持(기성가지)>

又 '眞言勸供'

香羞羅列 齋者虔誠a 欲求供養之周圓 須仗加持之變化a
향수나열 재자건성 욕구공양지주원 수장가지지변화

仰惟三寶 特賜加持a
앙유삼보 특사가지

南無十方佛 南無十方法 南無十方僧 三說
나무시방불 나무시방법 나무시방승 삼설

≪13.四陀羅尼(사다라니)≫

<⑴無量威德自在光明勝妙力變食眞言>
무량위덕자재광명승묘력변식진언

那莫 薩婆多陀 我多 婆路其帝 唵 三婆羅 三婆羅 吽 三七遍
나막 살바다타 아다 바로기제 옴 삼바라 삼바라 훔 삼칠편

<⑵施甘露水眞言(시감로수진언)>
南無 素魯縛耶 怛他揭多耶 怛姪他 唵 素魯素魯 縛羅素魯
나무 소로바야 다타아다야 다냐타 옴 소로소로 바라소로

縛羅素魯 莎訶 三七遍
바라소로 사바하 삼칠편

<⑶一字水輪觀眞言(일자수륜관진언)>

唵 鑁鑁鑁鑁 三七遍
옴 밤밤밤밤 삼칠편

<⑷乳海眞言(유해진언)>

南無 三滿多 沒陀喃 唵 鑁 三七遍
나무 사만다 못다남 옴 밤 삼칠편

<14.運心供養眞言(운심공양진언)>

V-210
V-212
V-215
V-219

- 19 -

願此香供遍法界　普供無盡三寶海
원차향공변법계　보공무진삼보해

願此香供遍法界　普供無盡三寶海
원차향공변법계　보공무진삼보해

慈悲受供增善根　令法住世報佛恩
자비수공증선근　영법주세보불은

那莫　薩婆怛他　我帝毘藥尾　薩縛　慕契毗藥　薩婆他坎　烏那我
나막　살바다타　아제먁미　　새바　모계비약　살바다캄　오나아

帝　頗羅惠𪏲暗　唵　我我那劍　娑縛訶 三說
제　바라혜맘　　옴　아아나깜　사바하 삼설

V-222　<15.加持偈(가지게)>

願此香供遍法界　供養十方諸佛陀
원차향공변법계　공양시방제불타

願此燈供遍法界　供養十方諸達摩
원차등공변법계　공양시방제달마

願此香燈茶米供遍法界　供養十方諸僧家
원차향등다미공변법계　공양시방제승가

悉皆受供發菩提　施作佛事度衆生
실개수공발보리　시작불사도중생

V-225　<16.普供養眞言(보공양진언)>

唵　阿阿那　三婆婆　婆我羅　或 三說
옴　아아나　삼바바　바아라　혹 삼설

V-226　<17.普回向眞言(보회향진언)>

唵　舍摩羅　舍摩羅　尾摩羅　舍羅摩訶　左佉羅縛吽 三說
옴　삼마라　삼마라　미마나　사라마하　자거라바훔 삼설

V-227　≪18.四大呪(사대주)≫

<⑴南無大佛頂如來密因修證了義諸菩薩萬行首楞嚴神呪>
나무대불정여래밀인수증요의제보살만행수능엄신주

怛也他　唵　阿曩黎　尼捨帝　吠羅　縛日羅　馱隷　滿馱滿馱隷　縛
다냐타　옴　아나레　비사제　비라　바아라　다리　반다반다니　바

日羅　播尼發　呼吽納魯　唵發　娑縛訶
아라　바니반　호훔다로　옴박　사바하

- 20 -

<(2)正本觀自在菩薩如意輪呪(정본관자재보살여의륜주)>

那謨 富陀野 那謨 陀羅摩野 那謨 僧伽野 那謨 阿里夜 縛路
나무 못다야 나무　달마야 나무 승가야 나무 아리야 바로

枳帝 莎羅野 普致薩多野 摩訶薩多也 沙迦羅 摩訶迦路 尼迦
기제 사라야 모지사다야 마하사다야 사가라 마하가로 니가

野 訖里多野 曼多羅 怛也他 迦迦那 鉢羅地晋多 摩尼 摩賀舞
야 하리다야 만다라 다냐타 가가나 바라지진다 마니 마하무

怛隸 婁婁婁婁 地瑟吒 訖里多曳 比司藝 唵 富陀那 富陀尼
다레 루로루로 지 따　하리다예 비사예 옴 부다나 부다니

野登
야등

<(3)佛頂心觀世音菩薩姥陀羅尼(불정심관세음보살모다라니)>

那謨羅 怛那怛羅 夜野 那莫 阿利野 婆路吉帝 濕伐羅野 菩提
나모라 다나다라 야야 나막 아리야 바로기제 사바라야 모지

薩多跛野 摩賀薩多跛野 摩訶迦路尼迦野 怛姪他 阿婆陀 阿婆
사다바야 마하사다바야 마하가로니가야 다냐타 아바다 아바

陀 跛利跛帝 堙醯醯 怛姪他 薩婆陀羅尼 曼茶羅野 堙醯醯 鉢
다 바리바제 인혜혜 다냐타 살바다라니 만다라야 인혜혜 바

羅摩輸馱 菩多野 唵 薩婆斫藪伽野 陀羅尼 因地利野 怛姪他
라마수다 못다야 옴 살바작수가야 다라니 인지리야 다냐타

婆盧枳帝 濕縛羅野 薩婆咄瑟吒 烏訶耶彌 娑婆訶
바로기제 새바라야 살바도따　오하야미 사바하

<(4)佛說消災吉祥陀羅尼(불설소재길상다라니)>

曩謨 三滿多 母馱喃 阿鉢羅底 賀多舍 婆曩喃 怛姪他 唵 佉 佉
나모 사만다 못다남 아바라지 하다사 사나남 다냐타 옴 카 카

佉惠 佉惠 吽 吽 入縛囉 入縛囉 縛囉入縛囉 縛囉入縛囉 底瑟
카혜 카혜 훔 훔 아라라 아바라 바라아바라 바라아바라 디따

吒 底瑟吒 底瑟吒 瑟致理 婆吒婆吒 扇底迦 室哩曳 沙婆訶
따 디따　디리　디리 빠다빠다 선지가 시리예 사바하

V-231

<19.願成就眞言(원성취진언)>

唵 阿暮佉 薩婆多羅 舍多野 始吠吽 三說
옴 아모까 살바다라 사다야 시베훔 삼설

V-232

<20.補闕眞言(보궐진언)>

唵 戶魯戶魯 舍野謨契 娑婆訶 三說
옴 호로호로 새야목계 사바하 삼설

V-233

<21.禮懺(예참)>

志心頂禮供養 普門示現 願力弘深 大慈大悲 觀世音菩薩
지심정례공양 보문시현 원력홍심 대자대비 관세음보살

志心頂禮供養 尋聲救苦 應諸衆生 大慈大悲 觀世音菩薩
지심정례공양 심성구고 응제중생 대자대비 관세음보살

志心頂禮供養 左補處 南巡童子 右補處 海上龍王
지심정례공양 좌보처 남순동자 우보처 해상용왕

唯願 無盡三寶 大慈大悲 受此供養 冥熏加被力 願共法界諸衆
유원 무진삼보 대자대비 수차공양 명훈가피력 원공법계제중

生 同入彌陀大願海
생 동입미타대원해

V-236

<22.精勤(정근)>

南無 普門示現 願力弘深 大慈大悲 救苦救難 觀世音菩薩…
나무 보문시현 원력홍심 대자대비 구고구난 관세음보살…

千聲萬聲(천성만성)

V-236

<23.觀世音菩薩 滅業障眞言(관세음보살 멸업장진언)>

唵 阿魯勒繼 娑婆訶 百八遍
옴 아로늑계 사바하 백팔편

V-238

<24.歎白(탄백)>

具足神通力　廣修智方便　十方諸國土　無刹不現身
구족신통력　광수지방편　시방제국토　무찰불현신

V-243 참고

<25.祝願(축원)>

仰告a 普門示現 願力弘深 大聖慈母 救苦救難 觀世音菩薩 不
앙고　보문시현 원력홍심 대성자모 구고구난 관세음보살 불

捨慈悲 許垂朗鑑a
사자비 허수낭감

淸信士 甲辰生
청신사 갑진생

釋佛者 [가명]
석불자

今日至極虔誠 空日齋之辰 薦靈齋者 某人 伏爲所薦 嘖主鬼神
금일지극건성 공일재지신 천령재자 모인 복위소천 책주귀신

靈駕 與 一切孤魂等 各各列位靈駕a 以此因緣功德 仰蒙觀音
영가 여 일체고혼등 각각열위영가　이차인연공덕 앙몽관음

大聖 哀愍攝受之妙力 不踏冥路 超生極樂之大願a
대성 애민섭수지묘력 부답명로 초생극락지대원

抑願a 上世先亡 師尊父母 累世宗親 弟兄叔伯 一切眷屬等 列
억원 상세선망 사존부모 누세종친 제형숙백 일체권속등 열

位靈駕a 此寺最初創建以來 至於重建重修 化主施主 都監別座
위영가 차사최초창건이래 지어중건중수 화주시주 도감별좌

佛前內外 日用凡諸什物 大小結緣等 各列位靈駕a 道場內外
불전내외 일용범제집물 대소결연등 각열위영가 도량내외

洞上洞下 有主無主 沈魂滯魄 一切哀魂佛子等 各列位靈駕a
동상동하 유주무주 침혼체백 일체애혼불자등 각열위영가

此五大洋六大洲 爲國節使 忠義將卒 飢寒凍餒 九種橫死 刑憲
차오대양육대주 위국절사 충의장졸 기한동뇌 구종횡사 형헌

而終 産難而死 一切哀魂等衆 乃至鐵圍山間 五無間獄 一日一
이종 산난이사 일체애혼등중 내지철위산간 오무간옥 일일일

夜 萬死萬生 受苦含靈等衆 各列位靈駕 兼及法界 四生七趣
야 만사만생 수고함령등중 각열위영가 겸급법계 사생칠취

三途八難 四恩三有 一切有識 含靈等衆 各列位靈駕 含脫三界
삼도팔난 사은삼유 일체유식 함령등중 각열위영가 함탈삼계

之苦惱 超生九品之樂邦 獲蒙諸佛 甘露灌頂 般若朗智 豁然開
지고뇌 초생구품지낙방 획몽제불 감로관정 반야낭지 활연개

悟a
오

抑願a 仰蒙觀音大聖 加護之妙力 今日齋主 速得快差 四大强健
억원 앙몽관음대성 가호지묘력 금일재주 속득쾌차 사대강건

六根淸淨 身無一切病苦厄難 心無一切貪戀迷惑 壽山高屹 福
육근청정 신무일체병고액난 심무일체탐연미혹 수산고흘 복

海汪洋之大願a
해왕양지대원

然後願 恒沙法界 無量佛子等 同遊華藏莊嚴海 同入菩提大道
연후원 항사법계 무량불자등 동유화장장엄해 동입보리대도

場 常逢華嚴佛菩薩 恒蒙諸佛大光明 消滅無量重罪障 獲得無
량 상봉화엄불보살 항몽제불대광명 소멸무량중죄장 획득무

量大智慧 頓成無上最正覺 廣度法界諸衆生 以報諸佛莫大恩
량대지혜 돈성무상최정각 광도법계제중생 이보제불막대은

世世常行菩薩道 究竟圓成薩婆若 摩訶般若波羅蜜a
세세상행보살도 구경원성살바야 마하반야바라밀

【中壇勸供(중단권공)】

<1.거목(擧目)>

南無擁護會上 欲色諸天衆
나무옹호회상 욕색제천중

南無擁護會上 八部四王衆
나무옹호회상 팔부사왕중

南無擁護會上 護法善神衆
나무옹호회상 호법선신중

<2.淨法界眞言(정법계진언)>

欲建蔓拏囉 先誦淨法界眞言
욕건만나라 선송정법계진언

唵 覽　三七遍
옴 람　삼칠편

<3.茶偈(다게)>

以此淸淨香雲供　奉獻擁護聖衆前
이차청정향운공　봉헌옹호성중전

鑑察我等虔誠禮　願垂慈悲哀納受
감찰아등건성례　원수자비애납수

<4.加持供養(가지공양)>

上來 加持已訖 供養將進 以此香羞 特伸供養 香供養 燃香供
상래 가지이흘 공양장진 이차향수 특신공양 향공양 연향공

養 燈供養 然燈供養 茶供養 仙茶供養 果供養 仙果供養 米供
양 등공양 연등공양 다공양 선다공양 과공양 선과공양 미공

養 香米供養 唯願神將 哀降道場 不捨慈悲 受此供養 悉皆受
양 향미공양 유원신장 애강도량 불사자비 수차공양 실개수

供發菩提 施作佛事度衆生
공발보리 시작불사도중생

<5.普供養眞言(보공양진언)>

唵 哦哦那 三婆婆 縛日羅 吽　三說
옴 아아나 삼바바 바아라 훔　삼설

VI-50 로마자는 불교의식각론 (2001년 간) 권수(卷數)

VI-50

VI-51

VI-52

VI-56

VI-101

<6.普回向眞言(보회향진언)>

唵 舍摩羅 舍摩羅 尾摩羅 舍羅摩訶 左佉羅縛吽 三說
옴 삼마라 삼마라 미마나 사라마하 자거라바훔 삼설

VI-75

<7.摩訶般若波羅蜜多心經(마하반야바라밀다심경)>

觀自在菩薩　行深般若波羅蜜多時　照見五蘊皆空　度一切苦厄
관자재보살　행심반야바라밀다시　조견오온개공　도일체고액

舍利子　色不異空　空不異色　色卽是空　空卽是色　受想行識　亦
사리자　색불이공　공불이색　색즉시공　공즉시색　수상행식　역

復如是　舍利子　是諸法空相　不生不滅　不垢不淨　不增不減　是
부여시　사리자　시제법공상　불생불멸　불구부정　부증불감　시

故　空中無色　無受想行識　無眼耳鼻舌身意　無色聲香味觸法　無
고　공중무색　무수상행식　무안이비설신의　무색성향미촉법　무

眼界　乃至　無意識界　無無明　亦無無明盡　乃至　無老死　亦無老
안계　내지　무의식계　무무명　역무무명진　내지　무노사　역무노

死盡　無苦集滅道　無智亦無得　以無所得故　菩提薩埵　依般若波
사진　무고집멸도　무지역무득　이무소득고　보리살타　의반야바

羅蜜多　故心無罣礙　無罣礙故　無有恐怖　遠離顚倒夢想　究竟涅
라밀다　고심무가애　무가애고　무유공포　원리전도몽상　구경열

槃　三世諸佛　依般若波羅蜜多　是大神呪　是大明呪　是無上呪
반　삼세제불　의반야바라밀다　시대신주　시대명주　시무상주

是無等等呪　能除一切苦　眞實不虛　故說般若波羅蜜多呪　卽說
시무등등주　능제일체고　진실불허　고설반야바라밀다주　즉설

呪曰　揭諦揭諦　波羅揭諦　波羅僧揭諦　菩提娑婆訶 三說
주왈　아제아제　바라아제　바라승아제　모지사바하 삼설

VI-75

<8.金剛心眞言(금강심진언)>

唵 烏倫伊 娑婆訶 三說
옴 오륜이 사바하 삼설

VI-101

<9.佛說消災吉祥多羅尼(불설소재길상다라니)>

曩謨 三滿多 母馱喃 阿鉢羅底 賀多舍 娑曩喃 怛姪他 唵 佉 佉
나모 사만다 못다남 아바라지 하다사 사나남 다냐타 옴 카 카

佉惠 佉惠 吽 吽 入縛囉 入縛囉 縛囉入縛囉 縛囉入縛囉 底瑟
카혜 카혜 훔 훔 아라라 아바라 바라아바라 바라아바라 디따

咥 底瑟咤 底致理 瑟致理 婆咤婆咤 扇底迦 室哩曳 沙婆訶
디따   디리   디리 빠다빠다 선지가 시리예 사바하

<10.願成就眞言(원성취진언)>

唵 阿暮佉 薩婆多羅 舍多野 始吠吽 三說
옴 아모까 살바다라 사다야 시베훔 삼설

<11.補闕眞言(보궐진언)>

唵 戶魯戶魯 舍野謨契 娑婆訶 三說
옴 호로호로 새야목계 사바하 삼설

<12.三頂禮(삼정례)>

志心頂禮供養 盡法界虛空界 擁護會上 欲色諸天衆
지심정례공양 진법계허공계 옹호회상 욕색제천중

志心頂禮供養 盡法界虛空界 擁護會上 八部四王衆
지심정례공양 진법계허공계 옹호회상 팔부사왕중

志心頂禮供養 盡法界虛空界 擁護會上 護法善神衆
지심정례공양 진법계허공계 옹호회상 호법선신중

<13.精勤(정근)>

南無 擁護會上 正法擁護 童眞菩薩…
나무 옹호회상 정법옹호 동진보살

<14.嘆白(탄백)>

擁護聖衆慧鑑明　四洲人事一念知
옹호성중혜감명　사주인사일념지

哀愍衆生如赤子　是故我今恭敬禮
애민중생여적자　시고아금공경례

<15.祝願(축원)>

仰告a 擁護會上諸大賢聖 斂垂憐愍之至情 各放神通之妙力a
앙고　옹호회상제대현성 첨수연민지지정 각방신통지묘력

伏願a 今此 云云 仰蒙諸大聖衆 加護之妙力a 所伸情願則 日日
복원　금차 운운 앙몽제대성중 가호지묘력　소신정원즉 일일

有千祥之慶 時時無百害之災 心中所求所願 如意亨通之大願a
유천상지경 시시무백해지재 심중소구소원 여의형통지대원

VI-101
VI-101
VI-102
VI-103
VI-103
VI-104

[又]

六根淸淨四大强健　身無一切病苦厄難　心無一切貪戀迷惑　各其
육근청정사대강건　신무일체병고액난　심무일체탐연미혹　각기

心中所求所願　如意亨通之大願a
심중소구소원　여의형통지대원

然後願　處世間　如虛空　如蓮花　不着水　心淸淨　超於彼　稽首禮
연후원　처세간　여허공　여련화　불착수　심청정　초어피　계수례

無上尊　摩訶般若波羅蜜a
무상존　마하반야바라밀

【救病施食(구병시식)】

<1.擧佛(거불)>

南無常住十方佛　南無常住十方法　南無常住十方僧 三說
나무상주시방불　나무상주시방법　나무상주시방승 삼설

南無大慈大悲 救苦觀世音菩薩摩訶薩 三說
나무대자대비 구고관세음보살마하살 삼설

<2.唱魂(창혼)>

據娑婆世界云云 某處居住 今夜 特爲某人 嘖主鬼神靈駕a
거사바세계운운 모처거주 금야 특위모인 책주귀신영가

承佛威神 仗法加持 就此淸淨之寶座 飽饌禪悅之法供a
승불위신 장법가지 취차청정지보좌 포찬선열지법공

<3.振鈴偈(진령게)>

以此振鈴伸召請　冥途鬼界普聞知
이차진령신소청　명도귀계보문지

願承三寶力加持　今夜今時來赴會
원승삼보력가지　금야금시내부회

<4.着語(착어)>

慈光照'處'蓮花出'　慧'眼'觀時地'獄'空
자광조처연화출　혜안관시지옥공

又'況'大'悲神呪'力'　衆'生成佛'刹'那中a
우황대비신주력　중생성불찰나중

<5.大悲呪(대비주)>

千手'一'遍'爲'孤魂　志'心諦'聽' 志'心諦'受'a
천수일편위고혼　지심제청 지심제수

「神妙章句大陀羅尼(신묘장구대다라니)」

나모라　드나。드라야야。나막。알약。바로기제。시바라야。모
디。사드바야。마하。사드바야。마하。가로니가야。옴。살바。
바예수　드라나。가라야。다사명。나막。끄리드바。이맘。알야。
바로기제。시바라。다바。이라간타。나막。흐리나야。마발다。

이샤미 살발타。 사다남。 슈반。 애예염。 살바。 보다남。 바바말
아。 미수다감。 다냐타。 옴。 아로계。 아로가。 마디로가。 디ㄱ란
뎨 혜혜。 하례。 마하모디。 사ᄃ바。 ᄉ마라。 ᄉ마라。 흐리나야。
구로。 구로。 갈마。 사다야。 사다야。 도로。 도로。 미연뎨。 마하。
미연뎨。 다라다라。 다린ᄂ례。 시바라。 자라자라。 마라。 미마라。
아마라。 몰뎨。 예혜혜。 로계。 시바라。 라아。 미사미。 나사야。 ᄂ
볘。 사미。 사미。 나사야。 모하。 자라。 미사미。 나사야。 호로。 호
로。 마라。 호로。 하례。 바ᄂ마。 나바。 사라。 사라。 시리。 시리。
소로소로。 몯댜몯댜。 모다야。 모다야。 미ᄃ리야。 니라간타。 가
마샤。 눌사남。 ᄇ라。 흐라。 나야。 마낙。 ᄉ바하。 싣다야。 ᄉ바
하。 마하。 싣다야。 ᄉ바하。 싣다유예。 시바라야。 ᄉ바하。 니라。
간타야。 ᄉ바하。 바라하。 목카。 싱하。 목카야。 ᄉ바하。 바ᄂ마。
하짜야。 ᄉ바하。 자ㄱ라。 욕다야。 ᄉ바하。 샹카。 셥나녜。 모다
나야。 ᄉ바하。 마하라。 구타。 다라야。 ᄉ바하。 바마。 ᄉ간타。
니샤。 시톄다。 ㄱ릿나。 이나야。 ᄉ바하。 먀ㄱ라。 잘마。 니바。
사나야。 ᄉ바하。 나모라。 ᄃ나ᄃ라。 야야。 나막。 알야。 바로기
뎨。 시바라야。 ᄉ바하

70 <6.破地獄偈(파지옥게)>

若人欲了知　三世一切佛　應觀法界性　一切唯心造
약인욕료지　삼세일체불　응관법계성　일체유심조

73 <7.破地獄眞言(파지옥진언)>

曩謨 阿灑吒 始地喃 三藐三沒馱 鳩致喃 唵 惹左那 縛婆始 地
나무 아 따　시지남 삼먁삼못다 구치남 옴 아자나 바바시 지

哩地哩 吽 三說
리지리 훔 삼설

75 <8.滅惡趣眞言(멸악취진언)>

唵 阿謨迦 尾魯左那 摩訶 母那羅 摩尼婆那摩 阿婆羅婆羅 密
옴 아모가 미로자나 마하 모나라 마니바나마 아바라바라 밋

多野 吽 三說
다야 훔 삼설

76 <9.召餓鬼眞言(소아귀진언)>

唵 卽那卽迦 曳醯醯 娑婆訶 三說
옴 직나직가 예혜혜 사바하 삼설

77

<10.普召請眞言(보소청진언)>

南謨 步步諦哩 迦哩多哩 多陀 揭多野 三說
나무 보보제리 가리다리 다타 아다야 삼설

79

[例]
남섬부주 해동
대한민국 서울
특별시 종로구
삼청동 1번지
청신사 갑진생
석불자

<11.祭文(제문)>

維歲次 某年某月某日 某處居住 某人 得病難除 撲床呻吟a 謹備
유세차 모년모월모일 모처거주 모인 득병난제 박상신음 근비

香燈飯餅錢馬 邀請嘖主鬼神靈駕 及與五方諸位靈祇靈魂 以伸
향등반병전마 요청책주귀신영가 급여오방제위영기영혼 이신

供養a 伏願a 某人嘖主鬼神諸位靈駕 來臨醮座 受霑法供 解寃
공양 복원 모인책주귀신제위영가 내림초좌 수점법공 해원

釋結 病患消除 身强力足 所求如願 一一成就a
석결 병환소제 신강역족 소구여원 일일성취

83

<12.由致(유치)>

切以a 冥路茫茫 孤魂擾擾 或入幽關 永世楚毒 或處中陰 長劫飢
절이 명로망망 고혼요요 혹입유관 영세초독 혹처중음 장겁기

虛 斯殃斯苦 難當難忍a 千載未獲超昇之路 四時永無享祭之儀
허 사앙사고 난당난인 천재미획초승지로 사시영무향제지의

糊口四方 終無一飽 幸托財色而損物 亦付酒食而侵人 或不忘情
호구사방 종무일포 행탁재색이손물 역부주식이침인 혹불망정

愛而追尋 或未釋寃憎而逼迫 或因鼎釜槽甕出納而生禍 或緣瓦
애이추심 혹미석원증이핍박 혹인정부조옹출납이생화 혹연와

石土木犯動而流災a 凡夫不知病根而痛傷 鬼神不知罪相而侵嘖
석토목범동이유재 범부부지병근이통상 귀신부지죄상이침책

鬼不知人之苦惱而妄怒 人不知鬼之飢虛而徒憎 不假觀音之威
귀부지인지고뇌이망노 인부지귀지기허이도증 불가관음지위

神 寧釋人鬼之結恨a 肆以a 運心平等 設食無遮 願諸無主孤魂
신 영석인귀지결한 사이 운심평등 설식무차 원제무주고혼

仰仗觀音妙力 咸脫苦趣 來赴法筵 謹秉一心 先陣三請a
앙장관음묘력 함탈고취 내부법연 근병일심 선진삼청

88

<13.證明請(증명청)>

南無一心奉請a 乘權起敎 普濟飢虛 爲救於惡道衆生 故現此庭
나무일심봉청 승권기교 보제기허 위구어악도중생 고현차왕

贏之相　大聖焦面鬼王　悲增菩薩摩訶薩a　唯願不違本誓　降臨道
리지상　대성초면귀왕　비증보살마하살　유원불위본서　강림도

場　證明功德a　_{三說}
량　증명공덕　삼설

<14.香華請(향화청)>

香華請　_{三說}
향화청　삼설

<15.歌詠(가영)>

悲增示跡大菩薩　權現有形是鬼王
비증시적대보살　권현유형시귀왕

尊貴位中留不住　蘆花明月自茫茫
존귀위중유부주　노화명월자망망

故我一心歸命頂禮
고아일심귀명정례

<16.獻座眞言(헌좌진언)>

妙菩提座勝莊嚴　諸佛坐已成正覺
묘보리좌승장엄　제불좌이성정각

我今獻座亦如是　自他一時成佛道
아금헌좌역여시　자타일시성불도

唵　縛日羅　未那野　娑婆訶　_{三說}
옴　바아라　미나야　사바하　삼설

<17.茶偈(다게)>

今將甘露茶　奉獻證明前　鑑察虔懇心　願垂哀納受　_{三說}
금장감로다　봉헌증명전　감찰건간심　원수애납수　삼설

<18.孤魂請(고혼청)>

一心奉請a　某人嘖主鬼神靈駕　爲主　先亡父母　多生師長　五族六
일심봉청　모인책주귀신영가　위주　선망부모　다생사장　오족육

親　列名靈駕a　內護竈王大神　外護山王大神a　五方動土神　五方龍
친　열명영가　내호조왕대신　외호산왕대신　오방동토신　오방용

王　五方聖者a　東方甲乙靑色神　南方丙丁赤色神　西方庚辛白色
왕　오방성자　동방갑을청색신　남방병정적색신　서방경신백색

神　北方壬癸黑色神　中方戊己黃色神a　第一夢陀羅尼等　七鬼神a
신　북방임계흑색신　중방무기황색신　제일몽다라니등　칠귀신..

번호	
91	
92	
95	
97	
100 청신사 갑진생 석불자	

東方靑殺神　南方赤殺神　西方白殺神　北方黑殺神　中央黃殺神a
동방청살신　남방적살신　서방백살신　북방흑살신　중앙황살신..

五蘊行件鬼神　客件鬼神a　近界土公神　近界砧鬼神　近界厠鬼神
오온행건귀신　객건귀신　　근계토공신　근계침귀신　근계측귀신

近界道路神　近界庭中神　近界欄中神a　天件鬼神都前　地件鬼神
근계도로신　근계정중신　근계난중신　　천건귀신도전　지건귀신

都前　人件鬼神都前　蘊件鬼神都前　行件鬼神都前　客件鬼神都
도전　인건귀신도전　온건귀신도전　행건귀신도전　객건귀신도

前　路件鬼神都前　山件鬼神都前　水件鬼神都前a　各並眷屬　承三
전　노건귀신도전　산건귀신도전　수건귀신도전　　각병권속　승삼

寶力　來臨醮座　受霑法供a 三說
보력　내림초좌　수점법공　　삼설

<19.香煙請(향연청)>

香煙請 三說
향연청 삼설

<20.歌詠(가영)>

債有主人寃有頭　　只因憎愛未曾休
채유주인원유두　　지인증애미증휴

如今設食兼揚法　　頓悟無生解結讎
여금설식겸양법　　돈오무생해결수

<21.引詣香浴(인예향욕)>

上'來a　已'憑佛'力'法'力　三寶'威神之力'a　召'請'某氏嘖主鬼神　及與
상래　이빙불력법력　삼보위신지력　　소청모씨책주귀신　급여

諸位　靈祇靈魂a　已'屆'道'場　大'衆'聲欽'　請'迎赴'浴'a
제위　영기영혼　이계도량　대중성발　청영부욕

或誦大悲呪及般若心經亦得
혹송대비주급반야심경역득

<22.沐浴眞言(목욕진언)>

以此香湯水　沐浴諸佛子　願承神呪力　普獲於淸淨
이차향탕수　목욕제불자　원승신주력　보획어청정

唵　鉢頭暮　瑟尼灑　阿暮伽　惹嚇　吽 三遍
옴　바다모　사니사　아모까　아례　훔 삼편

【灌浴金(관욕쇠)】

124	**<23.化衣財眞言(화의재진언)>** 南無 三滿多 沒駄喃 唵 般遮那 毗盧枳帝 莎訶　三說 나무 사만다 못다남 옴 바자나 비로기제 사바하　삼설
127	**<24.授衣眞言(수의진언)>** 唵 鉢哩摩囉嚩 嚩日+哩尼 吽　三說 옴 바리마라바 바아리니 훔　삼설
128	**<25.着衣眞言(착의진언)>** 唵 嚩日+羅 嚩沙細 莎訶　三說 옴 바아라　바사세 사바하　삼설
130	**<26.指壇眞言(지단진언)>** 唵 曳二呬 吠路左那野 莎訶　三說 옴 예이혜 베로자나야 사바하　삼설
134	**<27.普禮三寶(보례삼보)>** 普禮十方常住佛　普禮十方常住法　普禮十方常住僧 보례시방상주불　보례시방상주법　보례시방상주승
138 청신사 갑진생 석불자	**<28.受位安座(수위안좌)>** 上來奉請 某人嘖主鬼神靈駕 及與諸位靈祇靈魂a 旣禮三寶 還 상래봉청 모인책주귀신영가 급여제위영기영혼 기례삼보 환 得衣珠 放下身心 依位而坐a 待我加持 受霑法食 解寃釋結 各 득의주 방하신심 의위이좌 대아가지 수점법식 해원석결 각 求解脫a 구해탈 惑 [↓灌浴을 擧行하지 않는 경우] 上來召請 嘖主鬼神 各列位靈駕 상래소청 책주귀신 각열위영가
140	**<29.受位安座眞言(수위안좌진언)>** 我今依敎設珍羞　普饋孤魂及有情 아금의교설진수　보궤고혼급유정 各發歡心次第坐　受我供養證菩提 각발환심차제좌　수아공양증보리

唵 摩尼 軍茶尼 吽吽 娑訶　三說
옴 마니 군다니 훔훔 사바하　삼설

144

<30.茶偈(다게)>

百草林中一味新　趙州常勸幾千人
백초임중일미신　조주상권기천인

烹將石鼎江心水　願使亡靈歇苦輪
팽장석정강심수　원사망령헐고륜

148

<31.宣密偈(선밀게)>

宣密加持　身田潤澤　業火淸凉　各求解脫
선밀가지　신전윤택　업화청량　각구해탈

152

≪32.四陀羅尼(사다라니)≫

<⑴無量威德自在光明勝妙力變食眞言>
(무량위덕자재광명승묘력변식진언)

那莫 薩婆多陀 我多 婆路其帝 唵 三婆羅 三婆羅 吽　一七遍
나막 살바타나 아다 바로기제 옴 삼바라 삼바라 훔　일칠편

<⑵施甘露水眞言(시감로수진언)>

南無 素魯縛耶 怛他揭多耶 怛姪他 唵 素魯素魯 縛羅素魯
나무 소로바야 다타아다야 다냐타 옴 소로소로 바라소로

縛羅素魯 莎訶　一七遍
바라소로 사바하　일칠편

<⑶一字水輪觀眞言(일자수륜관진언)>

唵 鑁鑁鑁鑁　一七遍
옴 밤밤밤밤　일칠편

<⑷乳海眞言(유해진언)>

南無 三滿多 沒陀喃 唵 鑁　一七遍
나무 사만다 못다남 옴 밤　일칠편

165

≪33.稱揚聖號(칭량성호)≫

南無多寶如來　願諸孤魂　破諸慳貪　法財具足
나무다보여래　원제고혼　파제간탐　법재구족

南無妙色身如來　願諸孤魂　離醜陋形　相好圓滿
나무묘색신여래　원제고혼　이추루형　상호원만

南無廣博身如來　願諸孤魂　捨六凡身　悟虛空身
나무광박신여래　원제고혼　사육범신　오허공신

南無離怖畏如來　願諸孤魂　離諸怖畏　得涅槃樂
나무이포외여래　원제고혼　이제포외　득열반락

南無甘露王如來　願我各各　列名靈駕　咽喉開通　獲甘露味
나무감로왕여래　원아각각　열명영가　인후개통　획감로미

178

<34.施食偈(시식게)>

願此加持食　普遍滿十方　食者除飢渴　得生安養國
원차가지식　보변만시방　식자제기갈　득생안양국

180

<35.施鬼食眞言(시귀식진언)>

唵 尾其尾其 野野尾其 娑婆訶 三說
옴 미기미기 야야미기 사바하 삼설

181

<36.普供養眞言(보공양진언)>

唵 阿阿那 三婆婆 婆我羅 或 三說
옴 아아나 삼바바 바아라 혹 삼설

184

<37.施無遮法食眞言(시무차법식진언)>

唵 穆力楞 娑婆訶 三說
옴 목력능 사바하 삼설

186

<38.發菩提心眞言(발보리심진언)>

唵 母地卽多 沒怛 縛那野 弭 三說
옴 모지짓다 모다 바나야 믹 삼설

188

<39.普回向眞言(보회향진언)>

唵 舍摩羅 舍摩羅 尾摩羅 舍羅摩訶 左佉羅縛吽 三說
옴 사마라 사마라 미마나 사라마하 자거라바훔 삼설

189

<40.勸飯偈(권반게)>

受我此法食　何異阿難饌　飢腸咸飽滿　業火頓淸凉
수아차법식　하이아난찬　기장함포만　업화돈청량

頓捨貪嗔癡　常歸佛法僧　念念菩提心　處處安樂國
돈사탐진치　상귀불법승　염념보리심　처처안락국

192 <41.般若偈(반야게)>

凡所有相　皆是虛妄　若見諸相非相　卽見如來
범소유상　개시허망　약견제상비상　즉견여래

194 <42.如來十號(여래십호)>

如來　應供　正遍知　明行足　善逝　世間解　無上士　調御
여래　응공　정변지　명행족　선서　세간해　무상사　조어

丈夫　天人師　佛　世尊
장부　천인사　불　세존

198 <43.法華偈(법화게)>

諸法從本來　常自寂滅相　佛子行道已　來世得作佛
제법종본래　상자적멸상　불자행도이　내세득작불

201 <44.無常偈(무상게)>

諸行無常　是生滅法　生滅滅已　寂滅爲樂
제행무상　시생멸법　생멸멸이　적멸위락

204 ≪45.莊嚴念佛(장엄염불)≫

<(1)發願偈(발원게)>

願我盡生無別念　阿彌陀佛獨相隨
원아진생무별념　아미타불독상수

心心常係玉毫光　念念不離金色相
심심상계옥호광　염념불리금색상

<(2)執珠偈(집주게)>

我執念珠法界觀　虛空爲繩無不貫
아집염주법계관　허공위승무불관

平等舍那無何處　觀求西方阿彌陀
평등사나무하처　관구서방아미타

南無西方大敎主　無量壽如來佛
나무서방대교주　무량수여래불

南無阿彌陀佛 ‥‥
나무아미타불 ‥‥

<(3)極樂世界十種莊嚴(극락세계십종장엄)>

法藏誓願修因莊嚴 법장서원수인장엄	四十八願願力莊嚴 사십팔원원력장엄
彌陀名號壽光莊嚴 미타명호수광장엄	三大士觀寶像莊嚴 삼대사관보상장엄
彌陀國土安樂莊嚴 미타국토안락장엄	寶河淸淨德水莊嚴 보하청정덕수장엄
寶殿如意樓閣莊嚴 보전여의누각장엄	晝夜長遠時分莊嚴 주야장원시분장엄
二十四樂淨土莊嚴 이십사락정토장엄	三十種益功德莊嚴 삼십종익공덕장엄

<(4)彌陀因行四十八願(미타인행사십팔원)>

惡趣無名願 악취무명원	無墮惡道願 무타악도원	同眞金色願 동진금색원	形貌無差願 형모무차원
成就宿命願 성취숙명원	生獲天眼願 생획천안원	生獲天耳願 생획천이원	悉知心行願 실지심행원
神足超越願 신족초월원	淨無我想願 정무아상원	決定正覺願 결정정각원	光明普照願 광명보조원
壽量無窮願 수량무궁원	聲聞無數願 성문무수원	衆生長壽願 중생장수원	皆獲善名願 개획선명원
諸佛稱讚願 제불칭찬원	十念往生願 십념왕생원	臨終現前願 임종현전원	回向皆生願 회향개생원
具足妙相願 구족묘상원	咸階補處願 함계보처원	晨供他方願 신공타방원	所須滿足願 소수만족원
善入本智願 선입본지원	那羅延力願 나라연력원	莊嚴無量願 장엄무량원	寶樹悉知願 보수실지원
獲勝辯才願 획승변재원	大辯無邊願 대변무변원	國淨普照願 국정보조원	無量勝音願 무량승음원
蒙光安樂願 몽광안락원	成就摠持願 성취총지원	永離女身願 영리여신원	聞名至果願 문명지과원
天人敬禮願 천인경례원	須衣隨念願 수의수렴원	纔生心淨願 재생심정원	樹現佛刹願 수현불찰원
無諸根缺願 무제근결원	現證等持願 현증등지원	聞生豪貴願 문생호귀원	具足善根願 구족선근원

供佛堅固願　欲聞自聞願　菩提無退願　現獲忍地願
공불견고원　욕문자문원　보리무퇴원　현획인지원

<⑸諸佛菩薩十種大恩(제불보살십종대은)>

發心普被恩　難行苦行恩　一向爲他恩　隨形六途恩
발심보피은　난행고행은　일향위타은　수형육도은

隨逐衆生恩　大悲深衆恩　隱勝彰劣恩　爲實示權恩
수축중생은　대비심중은　은승창열은　위실시권은

示滅生善恩　悲念無盡恩
시멸생선은　비념무진은

<⑹普賢菩薩十種大願(보현보살십종대원)>

禮敬諸佛願　稱讚如來願　廣修供養願　懺除業障願
예경제불원　칭찬여래원　광수공양원　참제업장원

隨喜功德願　請轉法輪願　諸佛住世願　常隨佛學願
수희공덕원　청전법륜원　제불주세원　상수불학원

恒順衆生願　普皆廻向願
항순중생원　보개회향원

<⑺釋迦如來八相成道(서가여래팔상성도)>

兜率來儀相　毘藍降生相　四門遊觀相　踰城出家相
도솔내의상　비람강생상　사문유관상　유성출가상

雪山修道相　樹下降魔相　鹿苑轉法相　雙林涅槃相
설산수도상　수하항마상　녹원전법상　쌍림열반상

<⑻多生父母十種大恩(다생부모십종대은)>

懷耽守護恩　臨産受苦恩　生子忘憂恩　咽苦吐甘恩
회탐수호은　임산수고은　생자망우은　연고토감은

廻乾就濕恩　乳哺養育恩　洗濯不淨恩　遠行憶念恩
회건취습은　유포양육은　세탁부정은　원행억념은

爲造惡業恩　究竟憐愍恩
위조악업은　구경연민은

<⑼五種大恩銘心不忘(오종대은명심불망)>

各安其所國家之恩　生養劬勞父母之恩
각안기소국가지은　생양구로부모지은

流通正法師長之恩　　四事供養檀越之恩
유통정법사장지은　　사사공양단월지은

琢磨相成朋友之恩　　當可爲報唯此念佛
탁마상성붕우지은　　당가위보유차염불

<⑽高聲念佛十種功德(고성염불십종공덕)>

一者功德能排睡眠　　二者功德天魔驚怖
일자공덕능배수면　　이자공덕천마경포

三者功德聲遍十方　　四者功德三途息苦
삼자공덕성변시방　　사자공덕삼도식고

五者功德外聲不入　　六者功德念心不散
오자공덕외성불입　　육자공덕염심불산

七者功德勇猛精進　　八者功德諸佛歡喜
칠자공덕용맹정진　　팔자공덕제불환회

九者功德三昧現前　　十者功德往生淨土
구자공덕삼매현전　　십자공덕왕생정토

<⑾山海偈(산해게)>

靑山疊疊彌陀窟　　蒼海茫茫寂滅宮
청산첩첩미타굴　　창해망망적멸궁

物物拈來無罣碍　　幾看松亭鶴頭紅
물물염래무가애　　기간송정학두홍

<⑿彌陀嘆白(미타탄백)>

極樂堂前滿月容　　玉毫金色照虛空
극락당전만월용　　옥호금색조허공

若人一念稱名號　　頃刻圓成無量功
약인일념칭명호　　경각원성무량공

<⒀度身偈(도신게)>

三界猶如汲井輪　　百千萬劫歷微塵
삼계유여급정륜　　백천만겁역미진

此身不向今生度　　更待何生度此身
차신불향금생도　　갱대하생도차신

<⒁讚佛偈(찬불게)>

天上天下無如佛　十方世界亦無比
천상천하무여불　시방세계역무비

世間所有我盡見　一切無有如佛者
세간소유아진견　일체무유여불자

<⒂ 讚德偈(찬덕게)>

刹塵心念可數知　大海中水可飮盡
찰진심념가수지　대해중수가음진

虛空可量風可繫　無能盡說佛功德
허공가량풍가계　무능진설불공덕

<⒃ 傳法偈(전법게)>

假使頂戴經塵劫　身爲牀座徧三千
가사정대경진겁　신위상좌변삼천

若不傳法度衆生　畢竟無能報恩者
약불전법도중생　필경무능보은자

<⒄ 淸淨偈(청정게)>

我此普賢殊勝行　無邊勝福皆回向
아차보현수승행　무변승복개회향

普願沈溺諸衆生　速往無量光佛刹
보원침익제중생　속왕무량광불찰

<⒅ 念佛偈(염불게)>

阿彌陀佛在何方　着得心頭切莫忘
아미타불재하방　착득심두절막망

念到念窮無念處　六門常放紫金光
염도염궁무념처　육문상방자금광

<⒆ 如如偈(여여게)>

報化非眞了妄緣　法身淸淨廣無邊
보화비진요망연　법신청정광무변

千江流水千江月　萬里無雲萬里天
천강유수천강월　만리무운만리천

<⒇ 本願偈(본원게)>

十念往生願　往生極樂願　上品上生願　廣度衆生願
십념왕생원　왕생극락원　상품상생원　광도중생원

<**(21)**廻向偈(회향게)>

願共法界諸衆生　同入彌陀大願海
원공법계제중생　동입미타대원해

盡未來際度衆生　自他一時成佛道
진미래제도중생　자타일시성불도

207

<46.功德偈(공덕게)>

願以此功德　普及於一切　我等與衆生　當生極樂國
원이차공덕　보급어일체　아등여중생　당생극락국

同見無量壽　皆共成佛道
동견무량수　개공성불도

210

<47.表白(표백)>

上來a　施食念佛　諷經功德　特爲某人嘖主鬼神靈駕爲首　一切親
상래　시식염불　풍경공덕　특위모인책주귀신영가위수　일체친

屬　列名靈駕諸位　靈祇靈魂佛子a　含寃而逼惱者則　速證法喜之
속　열명영가제위　영기영혼불자　함원이핍뇌자즉　속증법희지

妙果　因餓而侵嘖者則　永飽禪悅之珍羞a　願承觀音大悲之威光
묘과　인아이침책자즉　영포선열지진수　원승관음대비지위광

共入彌陀大願之覺海a
공입미타대원지각해

청신사 갑진생
석불자

214

<48.念願文(염원문)>

念十方三世　一切諸佛　諸尊菩薩摩訶薩　摩訶般若波羅蜜
염시방삼세　일체제불　제존보살마하살　마하반야바라밀

216

<49.願往偈(원왕게)>

願往生　願往生　往生極樂見彌陀　獲蒙摩頂受記莂
원왕생　원왕생　왕생극락견미타　획몽마정수기별

願往生　願往生　願在彌陀會中坐　手執香華常供養
원왕생　원왕생　원재미타회중좌　수집향화상공양

願往生　願往生　往生華藏蓮華界　自他一時成佛道
원왕생　원왕생　왕생화장연화계　자타일시성불도

219

<50.燒錢眞言(소전진언)>

唵　毗魯旣帝　沙訶　三說
옴　비로기제　사바하　삼설

구병시식

220	**<51.奉送眞言(봉송진언)>** 唵 縛日羅 薩陀 目叉目 三說 옴 바아라 사다 목차목 삼설
221	**<52.上品上生眞言(상품상생진언)>** 唵 摩尼陀尼 吽吽縛吒 娑婆訶 三說 옴 마니다니 훔훔바탁 사바하 삼설
223	**<53.解百生冤家陀羅尼(해백생원가다라니)>** 唵 阿阿暗惡 百八遍 옴 아아암악 백팔편
226	**<54.破城偈(파성게)>** 火蕩風搖天地壞　寥寥長在白雲間 화탕풍요천지괴　요요장재백운간 一聲揮破金城壁　但向佛前七寶山 일성휘파금성벽　단향불전칠보산
230	**<55.告佛偈(고불게)>** 南無歡喜藏摩尼寶積佛 나무환희장마니보적불 南無圓滿藏菩薩摩訶薩 나무원만장보살마하살 南無回向藏菩薩摩訶薩 나무회향장보살마하살

救病施食(구병시식)

救病施食(구병시식)

서 론

『석문의범』을 중심으로 볼 때, 현재 한국불교에서 영가를 대상으로 설행되고 있는 법요의 종류는 모두 6종이 있다. 「전시식(奠施食)」 「관음시식(觀音施食)」 「화엄시식(華嚴施食)」 「구병시식(救病施食)」 등 4종의 시식과 「종사영반(宗師靈飯)」 「상용영반(常用靈飯)」 등 2종의 영반이 그것이다.

'시식'과 '영반'은 모두 영가를 대상으로 거행하는 법요이지만 법요의 목적과 대상에서 차이를 보인다. '시식'의 설행 목적은 천도(薦度)에 있고, 주인공격인 영가는 물론 유주무주의 모든 고혼까지를 그 대상으로 한다. 이에 비해 '영반'은 설행 목적이 추모(追慕)에 있으며, 특정 영가를 대상으로 한다는 점에서 시식과 차이가 있다.

여기서 다루고자 하는 것은 위에서 예시한 의식 가운데 「구병시식」이다. 사람에게는 누구나 질환이 있을 수 있다. 그리고 병의 원인과 치료방법을 찾고 정성껏 구완하면 대부분 치료가 가능하다. 하지만 세균이나 바이러스 혹은 외부 요인에 의한 사대(四大)의 불균형과 관계없이 발생하는 즉, 다른 영혼의 침책(侵嘖)[2]이나 빙의(憑依)[3]로 인한 현상이라면 문제가 달라진다. 의학적으로 해결할 수 없는 것인 만큼 해결방법을 달리 모색해야 한다.

어두움은 빛이 약할 때 깃들게 마련이다. 여기서 말하는 어두움이란 모든 번뇌의 근본인 무명(無明)인바 진리의 빛으로 다스려야만 한다. 진리의 빛이라면 불법을 지나칠 것이 없으니, 「구병시식」은 곧 불법으로 병자의 고통을 다스리는 법요(法要)를 말한다.

한 가지 분명히 해둘 것은 「구병시식」은 퇴마(退魔)나 구마(驅魔)와는 전혀 다르다는 점이다. 퇴마나 구마는 선과 악이라는 이분법적 차원에서 책주귀신같은 영가를 악으로 규정하고 물리치려는 것이다. 이에 비해 「구병시식」은 영가천도의식 가운데서도 지혜와 자비가 총동원된 가장 지혜롭고 따뜻한 법요로서 『범망경(梵網經)』의 말씀처럼 육도중생(六道衆生)이 모두 천륜의 관계라는 입장[4]에서 지금의

---

2) 조선 시대에, 물품을 거두어들일 때 트집을 잡아 술이나 돈을 청하던 일.
   귀침(鬼侵) 귀책(鬼責). 사람의 죄악을 징계하기 위하여 귀신이 내리는 벌을 받음.
3) ①다른 것에 몸이나 마음을 기댐 ②영혼(靈魂)이 옮겨 붙음
4) 『梵網經』(大正藏 권 24 p. 1006b) / 若佛子 以慈心故行放生業 一切男子是我父 一切女人是我母 我生生無不從之受生 故六道衆生皆是我父母

악연을 오히려 선연으로 바꾸어 성불의 기회로 삼으려는 것이다.

「구병시식」의 절차상 구성과 내용을 육하원칙에 의거하여 살피면 다음과 같다.

1 「구병시식」을 주도하는 인물은? [←누가]

법력을 갖춘 법주(法主)와 말번(末番)인 바라지를 중심으로 대중이 함께 거행한다. 그렇다면 법력이란 무엇일까? 지혜와 자비는 물론, 『대지도론(大智度論)』과 『법화현의(法華玄義)』에서 지목행족(智目行足)으로 청량지(淸涼池=佛果)에 이른다5)고 했듯 지(智)와 행(行)을 구비함을 이르는 것이다. 「구병시식」에서의 '지(智)'는 의식(儀式)의 내용을 바르게 아는 것을 이르고, '행(行)'은 그 내용과 일치되게 행하는 혹은 행하려 노력함을 말한다. 더 간결하게 말한다면, 관세음보살님의 화신(化身)이 될 만한 스님을 이르는 것이다.

2 「구병시식」을 거행하는 시점은? [←언제]

일시(日時)에 관한 문제로서,

우선 일자(日字)에 대해 '가려서 거행해야 한다'는 쪽과 '가림은 무의미하다'는 쪽이 있다. 후자의 주장은 매우 간단명료하다. 자손이 부모님을 뵙거나 환자가 의사를 찾는데 일진(日辰) 등을 가리지 않음과 같다는 것이다. 이에 비해 전자의 입장은 사안이 인명(人命)에 관한 것인 만큼 '진인사대천명(盡人事待天命)' 즉, 모든 주의를 기울여야 한다는 말이다. 『석문의범』 소수 「부 길흉각종(附 吉凶各種)」에서

諸聖示現日 禮拜下降日 五臘日 獻供施食則 當者消災增福 洎法界含靈 離苦得
제성시현일 예배하강일 오납일 헌공시식즉 당자소재증복 계법계함령 이고득
樂也6)
락야

제성께서 시현(示現)하시는 날, 예배일, 하강일, 오납일에 공양을 올리고 시식(施食)하면 당사자는 재앙을 소멸하고 복이 증장할 것이며, 법계함령은 이고득락 하리라.

라 함도 좋은 예라 하겠다. 이 가운데 「구병시식」의 증명이시자 인로보살(引路菩薩)이신 관세음보살께서 시현하시는 날을 명시하고 있는바7) 이 가운데서 가까운 일자를 택하면 될 것이다.

---

5) 『大智度論』卷83(대정장 권25 p. 640c) / 佛意但一心精進欲學者可入.譬如熱時淸涼池有目有足皆可入.
　『妙法蓮華經玄義』卷第二下(대정장 권33 p. 698b) / 迷理故起惑.解理故生智.智爲行本.因於智目起於行足.目足及境三法爲乘.乘於是乘入淸涼池.
6) 『釋門儀範』卷下 p. 300
7) 『釋門儀範』卷下 p. 300 "정월 8일 / 2월 7, 16일 / 3월 3, 6, 13일 / 4월 2, 12일 / 5월 3, 17 / 6월 16, 18, 23일 / 7월 13일 / 8월16일 / 9월 23일 / 10월 2일 / 11월 19일 / 12월 24일"

시간은 일몰 후로 한다. 사찰에서의 의식은 석존의 일생에 견주어 거행한다. 즉, 하루를 낮과 밤으로 나누어 낮은 '설법도생상거물야(說法度生相擧物也)' 밤은 '설산수도상거물야(雪山修道相擧物也)'[8]라 하여 구분하는데, 천도의식은 석존께서 출가하셔서 수행하시던 시기에 견주어 행하기 때문이다. 또 하나는 자고로 귀신은 음(陰)에 속하기 때문에 야간에 거동한다고 보기 때문이기도 하다. 대체로 오후 7시~11시를 말하고 있는바[9] 계절이나 일기에 따라 조절하면 될 것이다.

3 「구병시식」을 거행하는 장소는? [←어디서]

 해탈문(解脫門) 밖에 영혼단(靈魂壇)과 관욕소(灌浴所)[10]를 설치하고 ≪Ⅰ.소청편(召請篇)≫은 영혼단에서, ≪Ⅱ.목욕편(沐浴篇)≫은 관욕소에서 각각 거행한다. <26.지단진언> 후, 장소를 법전으로 옮겨 삼보님께 보례를 젓순[11]다. 연후에 책주귀신영가를 위시한 고혼영가제위를 감로단에 안좌케 한다. 이어 ≪Ⅲ.시식편(施食篇)≫을 거행하고, 시식을 마치면 소대(燒臺)로 자리를 옮겨 ≪Ⅳ.봉송편(奉送篇)≫을 거행한다.

 그러나 대부분의 경우, 대웅전이나 여타 법전의 외벽 한쪽에 병풍을 치고 이를 배경으로 설단(設壇)하여 그 곳에서 제반절차를 모두 거행한다. 이와 같이 하는 것은 책주귀신영가로 하여금 접근이 용이하게 하기 위함이다. 영가는 생전의 업으로 신중(神衆)이 호위하고 있는 법전 안으로 듦이 용이치 않다고 보기 때문이다.

4 「구병시식」에서 청하는 대상은? [←무엇을 = 누구를]

 <1.거불>과 <13.증명청> 그리고, <18.고혼청>에서 청하는 시방에 상주하시는 삼보님과 관세음보살님, 관세음보살님의 화현이신 대성초면귀왕비증보살(大聖焦面鬼王悲增

---

8) 『작법귀감』 소수 「격금규」(한국불교전서, 권10 p. 604a)

9) 『佛光大辭典』 p879-中 / 【大蒙山施食】 施放*大蒙山施食之時, 以戌亥二時爲宜, 一般施放蒙山亦於晚殿時擧行. ※施放 : 베풀다. 나누어주다.

10)

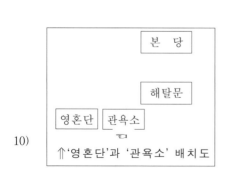

↑'영혼단'과 '관욕소' 배치도

본 당

해탈문

영혼단 관욕소

관욕소⇒내부

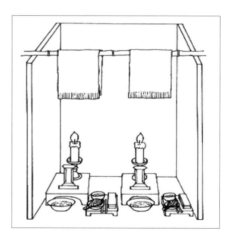

11) 젓수다 : 부처님이나 신명(神明)에게 고하고 빌다.

菩薩) 그리고, 책주귀신영가를 위시한 일체고혼영가제위이다.

5 「구병시식」의 거행은? [←어떻게]

영혼단은 병풍을 치고 운동경기 후, 메달(medal)을 수여하는 단과 유사한 형태로 마련한다. 정 중앙에 증명이신 '나무대성초면귀왕비증보살마하살(南無大聖焦面鬼王悲增菩薩摩訶薩)'의 위목(位目), 좌측에 일단(一段) 낮추어 '모인책주귀신(某人嘖主鬼神)영가'의 위목, 우측에 일단 더 낮추어 '책주귀신영가위주각병권속(嘖主鬼神靈駕爲主各並眷屬)영가'의 위목 그리고, 오방제위영기영혼(五方諸位靈祇靈魂) 등 인연 있는 영가제위의 의지처인 전(錢)은 증명위목 뒤편에 안치한다.12)

제상(祭床) 위에는 영가제위에게 공양할 영반(靈飯)과 진수(珍羞) 그리고, 병과(餅果. 떡과 과일) 등을 별도의 내용13)과 같이 진설한다. 제상 아래 오른쪽에는 전송시 영가제위의 승물(乘物)인 말[馬]과 전별금(餞別金)14) 등을 구비한 마구단(馬廐壇)15)을 준비하여 거행한다.

6 「구병시식」을 베푸는 이유는? [←왜]

병으로 고통 받는 원인이 책주귀신에 의한 것일 경우, 재주와 책주귀신과의 원결을 풀어 재주인 병자는 쾌차하고, 책주귀신영가는 삼보님의 위신력과 가지력으로 이고득락토록 하려는 것이다. 이때 인연이 있는 많은 영가를 초청하는 것은 '시식'이 의도하는 바가 그렇듯 「구병시식」을 이들 영가를 천도할 수 있는 기회로 삼으려는 것이다. 계산적임을 전제로 말한다면 이렇게 함으로써 조성된 선근공덕(善根功德)을 재주와 책주귀신영가에게 회향하여 금일 불사의 원만성취를 기하고자 하는 것이다.

본 「구병시식」의 의문은, 원(元) 몽산덕이(蒙山德異) 화상의 『증수선교시식의문(增壽禪敎施食儀文)』 소수 「구병시식의문(救病施食儀文)」, 백파긍선(白坡亘璇) 편 『작법귀감』 소수 「구병시식의(救病施食儀)」, 안진호(安震湖) 편 『석문의범』 소수 「구병시식(救病施食)」 등 3종의 의식문을 비교 검토 내지 산보(刪補)하여 새롭게 마련한 표준안이다. 또, 이를 공관표로 작성하여 본 서 말미에 첨부하였다.

그리고 이 표준안을 바탕으로 전체 내용을 《Ⅰ.소청편》 《Ⅱ.목욕편》 《Ⅲ.시식편》 《Ⅳ.봉송편》 등 4개의 편으로 나누고, 각 항을 분석 설명하였다.

또, 본서 후미에는 구병시식을 이해하는데 필요한 내용들을 '부록'으로 묶어 소개하였는바 참고하기 바란다.

---

12) 『작법귀감』 소수 <대령정의(對靈正儀)> 가운데, '設靈魂壇於解脫門外 正中安引路幡 左邊下一寸 安宗室幡 右邊下二寸 安孤魂幡錢'를 모범한 것임.
13) 책 말미 '위패 조성법' '전 조성법' 다음에 자세함.
14) 보내는 쪽에서 예를 차려 작별할 때에 떠나는 사람을 위로하는 뜻에서 주는 돈.
15) 권말 부록 '⑪ 구병시식을 위한 준비물'에서 '⑷ 마구단(馬廐壇)의 의의와 준비물'을 참고할 것.

Ⅰ.召請篇(소청편)

<1.擧佛①(거불)>

請하고자 하는 所禮의 명호를 거명하여 귀의를 표명하는 의식

南無②常住③十方④佛⑤
나무상주시방불

시방상주 부처님께 지성귀의 하옵니다.

南無常住十方法⑥
나무상주시방법

시방상주 법보님께 지성귀의 하옵니다.

南無常住十方僧⑦ 三說
나무상주시방승 삼설

시방상주 승보님께 지성귀의 하옵니다.

南無大慈大悲⑧救苦觀世音⑨菩薩⑩ 三說
나무대자대비구고관세음보살 삼설

한량없는 대자비로 중생구제 하옵시는
관음보살 대성인께 지성귀의 하옵니다.

【자구해설】

①擧佛(거불) : 거불보살명(擧佛菩薩名) 혹은 거명불보살(擧名佛菩薩)의 약(略). 의식을 거행함에 있어서 소례이신 불・보살님의 명호를 들어[擧] 의식의 성격을 밝히고, 동시에 귀의를 표명하여 내림(來臨)을 청하는 것.
⇒『각론』Ⅱ권 「재대령(齋對靈)」<거불> 참조할 것.

②南無(나무) : Ⓢnamas. Ⓟnamo. Ⓗ나무(南無). 나모(南謨). Ⓔ귀명(歸命)・경례(敬禮)・귀례(歸禮)・구아(救我)・도아(度我)・굴슬(屈膝)・신종(信從). 진심을 담아 부처님이나 삼보께 귀순하여 믿음을 바친다는 것을 말함. 일심일향(一心一向)으로 예배하고 의지하는 것.

③常住(상주) : 영원불변(永遠不變). 언제까지나 머물러 있는 것. 영구히 존재하는 것.

④十方(시방) : 시방세계(十方世界). 시방에 중생의 세계가 있다는 것의 무량무변한 것을 말함. 동・남・서・북・동북・동남・서북・서남・상・하에 있는 무수한 세계를 말함.

⑤佛(불) : ⓈⓅbuddha. Ⓗ불타(佛陀). 붓다. 깨달은 사람. 진리에 눈을 뜬 사람. 완전한 인격자. 절대의 진리를 깨달은 사람. 스승. 존경받을 만한 사람. 스스로 진리를 깨닫고 타인을 깨닫게 하며, 깨달음의 작용이 지극히 가득한 궁극의 각자(覺者). 불(佛)의 종류로는 법신(法身)・보신(報身)・화신(化身) 등 삼신(三身)이 있다.

⑥法(법) : Ⓢdharma. Ⓗ달마(達摩). 부처님께서 성도(成道) 후 초전법륜시(初轉法輪時)로부터 입멸에 이르시기까지 중생을 위해 설하신 교법. 부처님의 가르침을 불법(佛法)・교법(敎法)・정법(正法)이라 함. 무릇 진리라고 하는 것은 불변하는 보편의 진리이므로 법이라 칭하는데, 그 진리를 설하신 분이 부처님이시기에 흔히 불법(佛法)이라 부른다. 법(法)의 종류로는 경장(經藏)・율장(律藏)・논장(論藏) 등 삼장(三藏)이 있다.

⑦僧(승) : Ⓢsaṁgha. Ⓗ승가(僧伽). Ⓔ중(衆). 화합중(和合衆). 단체의 의미로 수행자의 단체를 가리킴. 즉, 4명 이상의 수행자가 함께 모여 수행하는 단체. 회합. 원래 고대 인도에서는 같은 단어를 정치적으로는 공화국(共和國)을 의미하고, 경제적으로는 조합(組合)을 의미했다. 이것을 불교에서 원용한 것이다. 승(僧)의 종류로는 보살(菩薩)・연각(緣覺)・성문(聲聞) 등 삼승(三乘)이 있다.

⑧慈悲(자비) : 상대에게 기쁨을 주는 자(慈. 與樂. Ⓢmaitri)와, 상대의 괴로움을 없애주는 비(悲. 拔苦. Ⓢkaruṇā)를 말함. 불·보살께서 중생을 측은히 여기고 동정하시는 마음.

⑨觀世音(관세음) : ⓈAvalokiteśvara. 관자재(觀自在)·광세음(光世音)·관세자재(觀世自在)·관세음자재(觀世音自在)·관음(觀音)이라 번역함. 대자대비를 근본 서원(誓願)으로 하시는 보살님의 명호.『무량수경』에 의하면 미타삼존(彌陀三尊)의 한 분으로 아미타불의 좌보처(左補處)로서 부처님의 교화를 돕고 계시다고 한다. 관세음이라 함은 세간의 음성을 관(觀)하는 분이란 뜻으로 사바세계의 중생이 괴로울 때 그 명호를 일심으로 부르면 음성을 듣고 곧 구해 주신다고 한다.

⑩菩薩(보살) : Ⓢbodhisattva. Ⓟbodhisatta. 음보리살타(菩提薩埵). 보리살다(菩提薩多). 의각유정(覺有情)·대심중생(大心衆生)·대사(大士)·고사(高士)·개사(開士). 깨달음의 성취를 바라는 사람. 깨달음의 완성에 노력하는 사람. 깨달음을 구해 수행하는 자. 부처가 되려고 뜻을 세운 자. 대승의 수행자로서 스스로 불도를 구하고, 타인을 구제하여 깨닫게 하는 자. 향상적(向上的)으로는 자리(自利)의 행으로서 깨달음을 체득하고, 향하적(向下的)으로는 이타(利他)의 행으로서 중생을 이익되게 하는 자.

【개요】

'거불(擧佛)'은 거불보살명(擧佛菩薩名) 혹은 거명불보살(擧名佛菩薩)의 약어이다. 의식을 거행함에 있어서 신앙의 대상이신 불·보살님의 명호를 들어[擧] 의식의 성격을 밝히고, 동시에 귀의를 표명하며 내림(來臨)을 청하는 의식이다.

여기서는 시식에 즈음하여 소례이신 관세음보살님뿐 아니라 증명이신 삼보님까지 내외에 천명하며 귀의의 예를 갖추고 내림을 청하고 있다.

【구성과 내용】

보통 세 번에 걸쳐 소례를 거명하는 거불과 달리 '삼보님'을 모시는 거불 삼설(三說)과 '관세음보살님'을 모시는 거불 삼설로 구성되어 있어 파격적 형태를 보여주고 있다. 편의상, 전자를 '증명거불(證明擧佛)' 후자를 '소례거불(所禮擧佛)'로 구분하여 살펴보기로 한다.

'증명거불'은 능례 모두의 깊은 신심을 유발하기 위해 삼보님을 증명으로 모신 것이라 하겠으니, 경명(經名) 앞에 '불설(佛說)' 두 글자를 붙이는 것과 같다 하겠다.

'소례거불'은 본 의식문 가운데 <4.착어> <5.대비주> <12.유치> <47.표백>에서도 볼 수 있듯[16] 본 의식에서 관세음보살님과 대비주(大悲呪)의 위신력은 절대적이다. 또, 그 점에 깊이 귀의하고 있음을 내외에 표명하는 것이다.

【의식】

목탁이나 태징 등 소사물(小四物)[17]을 울리며 염불성(念佛聲)[18]으로 '증명거불'을

---

16) <4.着語> 又況大悲神呪力 云云　　<5.大悲呪> 千手一片爲孤魂 志心諦聽 志心諦受
<12.由致> 不假觀音之威神 寧釋人鬼之結恨 云云 <47.表白> 願承觀音大悲之威光 共入彌陀大願之覺海

세 번 거행하고, 이어 간단없이 '소례거불'을 세 번 거행한다.

각각 삼설(三說)씩 거행하는 것은 『작법귀감』 소수 「구병시식의」에 따른 것이다.[19] 혼자 거행할 때는 대체로 '광쇠'[20]를 이용한다.

단, 참석대중이 많을 경우에는 바라지가 울리는 거불금(擧佛金) 태징에 맞춰 거불성(擧佛聲)으로 거행하면 된다. 이때는 순서대로 한 번씩 거행한다.

【연구】

1 시식(施食)에는 몇 가지 유형의 '거불'이 있는지?

한국불교의식 가운데 시식에서 볼 수 있는 <거불>의 유형은 「전시식(奠施食)」을 위시한 4종의 시식, 그리고 「종사영반(宗師靈飯)」과 「상용영반(常用靈飯)」에서 거행하는 것까지 모두 6종이 있다. 내용은 아래 표에서 보는 바와 같다.

①奠施食	②觀音施食	③華嚴施食
南無冥陽救苦地藏王菩薩 三說	南無圓通教主觀世音菩薩 南無道場教主觀世音菩薩 南無圓通會上佛　菩　薩	南無極樂導師阿彌陀佛 南無大慈大悲觀世音菩薩 南無大喜大捨大勢至菩薩

④救病施食	⑤宗師靈飯	⑥常用靈飯
南無常住十方佛 南無常住十方法 南無常住十方僧 三說 南無大慈大悲救苦觀世音菩薩 三說	南無極樂導師阿彌陀佛 南無大慈大悲觀世音菩薩 南無大喜大捨大勢至菩薩	南無阿彌陀佛 南無觀世音菩薩 南無大勢至菩薩 三說

이들 시식의 거불을 유형별로 간단히 정리하면 다음과 같이 4종으로 분류할 수 있다.

(1)동일한 용(用)과 체(體)로써 거불을 모시는 경우. ⇒ ①전시식

(2)두 번은 체를 같이 하고 마지막 한 번은 달리하는 경우. ⇒ ②관음시식
　※체를 같이 하면서도 용은 달리한다.

(3)체를 각각 달리하는 경우. ⇒ ③화엄시식, ⑤종사영반 ⑥상용영반

(4)증명이신 삼보님과 소례이신 주존을 함께 드는 경우. ⇒ ④구병시식

---

17) 불교의식에서 사용하는 네 가지 법구. 여기에는 대사물(大四物)과 이를 축소한 소사물이 있다.
　*대사물 : 대종(大鍾), 목어(木魚), 운판(雲板), 법고(法鼓).
　*소사물 : 요령(搖鈴), 목탁(木鐸), 태징[太鉦], 소북[小鼓].
　　　　　　　　　　　　※본고에서는 태징을 광쇠와 같은 종류로 취급하였음.
18) 「천수경」을 봉독할 때와 같이 특별한 기교 없이 일정한 박자로 읽어 내려가는 것.
19) 『韓國佛敎全書』第10冊 pp. 601c~602a
20) 소사물(小四物)의 하나. 꽹과리보다 크고 태징보다는 약간 작은 타악기. 소리 역시 꽹과리보다는 무겁고 태징보다는 가볍다. 바닥에 엎어놓고 치기도 하고 손에 들고 울리기도 한다.

② 유형 (4)인 「구병시식」의 <거불>의 형식은 특이한 것 같은데…

「구병시식」에서의 <거불>은 증명이신 삼보님과 소례이신 주존(主尊)을 함께 드는 경우로서 다른 곳에서는 흔히 볼 수 없는 형식이다.

이런 현상에 대한 이해를 돕기 위해 「관음예문(觀音禮文)」의 <청사(請詞)>를 예로 들고자 한다. 이런 예를 드는 이유는,

첫째, 「관음예문」의 경우 총18회에 걸쳐 <청사>를 거행하는데 이 가운데 앞부분에 자리한 4회의 <청사>가 <증명청(證明請)>이다.

둘째, <청사>를 예로 드는 것은 <거불>에서 거명한 소례를 정중히 모시는 절차가 <청사>인만큼 <거불>과 <청사>는 불가분의 관계에 있기 때문이다.

셋째, 영산재 보존사찰인 봉원사 『요집』의 경우, 「관음예문」의 <거불>을 '법보화 삼신불'로 모시고,[21] 『석문의범』에서는 동일한 「관음예문」의 <거불>을 '관세음보살'과 '원통회상불보살'을 모시고 있어[22] 차이를 보이고 있다. 만일 이 두 가지 유형의 <거불>을 하나로 합친다면 어떻게 될까? 결론은, 「구병시식」의 <거불>과 같은 유형을 지니게 된다는 것이다.

이상 세 가지 관점에서 「구병시식」의 <거불>을 정의한다면, 한마디로 <거불> 형식의 파격이며 진화라 할 수 있다. 그리고 이로 미루어 알 수 있는 것은,

(1) 「구병시식」의 <거불>은 성립연대가 「관음예문」보다 뒤일 확률이 높다. 일설에 「관음예문」은 소동파(蘇東坡)[23]와 매씨인 소소매(蘇小妹)[24]의 작(作)이라 한다. 이설이 분분하기는 하지만 성립연대 추정에 단서를 제공하고 있음은 분명하다.

(2) 「관음예문」에서 삼신불을 증명으로 먼저 모신 것은 삼보님의 가피를 구하는 것 외에 「관음예문」의 적법성에 대한 신뢰를 유발하기 위해서라 하겠다. 예컨대 위경(僞經)일수록 경명(經名) 앞에 '불설(佛說)'이라는 두 글자를 첨가하고 있는 것과 같은 맥락에서 이해하면 될 것이다.

(3)무엇보다도 굳이 이런 형식을 취하고 있음은, 쾌차에 대한 열망이 그만큼 간절하기 때문이라 하겠다.

---

21) 南無淸淨法身毘盧遮那佛 南無圓滿報身盧舍那佛 南無千百億化身釋迦牟尼佛
22) 南無圓通敎主觀世音菩薩 南無道場敎主觀世音菩薩 南無圓通會上佛菩薩
23) 당송팔대가(唐宋八大家)의 하나. 호 동파거사(東坡居士. 1036~1101), 본명 소식(蘇軾), 자 자첨(子瞻), 애칭(愛稱) 파공(坡公)·파선(坡仙). 활동분야 문학, 출생지 중국 메이산(眉山:지금의 四川省), 주요작품 『적벽부(赤壁賦)』
24) 소동파의 여동생. 재화(才華)와 용모가 뛰어나 당대(當代)의 재녀(才女)로 유명. 그녀는 관음신앙이 지극하여 관세음보살님께 글을 지어 올렸는데 그것이 곧 「관음예문」이다.

<2.唱魂①(창혼)>

책주귀신영가를 香壇으로 청하려는 齋主의 뜻을 전함

據娑婆世界② / 거사바세계 — 사바세계의

此四天下③ / 차사천하 — 이 사천하 [가운데],

南贍部洲④ / 남섬부주 — 남섬부주에 의지한

海東大韓民國 / 해동대한민국 — 바다 동쪽 대한민국,

某處居住a / 모처거주 — [주소 ◇◇]에 거주하고 있으며,

今夜至極至誠 / 금야지극지성 — 오늘밤 지극한 정성으로

設香壇⑤前 / 설향단전 — 향단을 진설한 앞에서

奉請齋者 / 봉청재자 — 받들어 청하옵는 재자

某人特爲所薦 / 모인특위소천 — [재주=환자] △△이 특별히 천도코자 하옵는

嘖主鬼神⑥靈駕⑦a / 책주귀신영가 — 책주귀신 영가시여!

承佛威神⑧ / 승불위신 — [책주귀신 영가께서는] 부처님의 위신력을 이으시고

仗法加持⑨ / 장법가지 — 법의 가지력을 의지하사

就此淸淨之寶座⑩ / 취차청정지보좌 — 이곳 청정한 보좌(寶座)로 나아가

飽饌禪悅⑪之法供⑫a / 포찬선열지법공 — 선열(禪悅)인 법공(法供)을 만끽하소서.

【자구해설】

①唱魂(창혼) : 진리와 법식(法食)을 베풀기 위해 영단으로 영가를 초청함. 또는 그 의식.

②娑婆世界(사바세계) : ⑤sahā-loka-dhātu. 인토(忍土)・감인토(堪忍土)・인계(忍界)라고 번역. 석존의 교화가 미치는 세계. 어원적으로는 '참다'의 의미로, 이 세계의 중생은 안으로는 여러 가지 번뇌가 있고, 밖으로는 풍우한서(風雨寒暑) 등이 있어 고뇌와 고통을 참고 견뎌야 하기 때문에 이렇게 이름 한다. 또 음성교체세계(音聲教體世界)라고도 한다. 즉 음성을 의사(意思) 전달 방법으로 하고 있는 만큼 부처님께서도 교화의 방법으로 음성을 기본으로 하시는 세계라는 뜻.

③四天下(사천하) : 수미산을 중심으로 한 사방의 세계. 남쪽의 섬부주(贍部洲), 동쪽의 승신주(勝神洲), 서쪽의 우화주(牛貨洲), 북쪽의 구로주(俱盧洲).

④南贍部洲(남섬부주) : 사주(四洲)의 하나. 수미산 남쪽에 있다는 대륙으로, 인간들이 사는 곳이며, 여러 부처님께서 출현하시는 곳은 사주(四洲) 가운데 오직 이곳뿐이라고 한다.

⑤香壇(향단) : 영단(靈壇)의 다른 이름. 명연(冥筵). ↔ 정단(淨壇). 향연(香筵. 삼보님을 모신 곳).

⑥嘖主鬼神(책주귀신) : 정신적・육체적으로 고통을 주고 괴롭히며 시달리게 하는 귀신. 소란한 사태(事態)의 주인공격인 귀신. / 嘖(외칠, 말다툼할 '책')
  ※債鬼(채귀) : 악착같은 빚쟁이가 어떻게든 원금이나 이자를 받으려 졸라대는 것처럼 몹시 조르는 귀신. / 債(빚 '채')

⑦靈駕(영가) : 불교에서 망자의 넋을 높여 부르는 말. 영(靈)은 정신의 불가사의함을 의미하는 것으로 정신 자체를 가리키고, 가(駕)는 상대를 높이는 경칭(敬稱)이다. 그러나 불교에서는 궁극적으로 정신과 육체를 구별하는 이원론(二元論)을 주장하는 것은 아니다.

⑧威神(위신) : 위신력(威神力). 불가사의한 위력. 위광(威光).

⑨加持(가지) : 가호(加護). 호념(護念). 주처(住處)등의 의미였으며 상응하여 관계하는 것. ㉮불・보살께서 불가사의한 힘을 가지고 중생을 돌보아 주시는 신변가지(神變加持). ㉯밀교에서는 불타께서 대비(大悲)와 대지(大智)로 중생에게 응하시는 것이 가(加)이고, 중생이 그것을 받아서 지니는 것을 지(持)라고 한다. 요컨대, 불타와 중생이 상응하여 일치하는 것을 말한다. 이 경우 불타의 삼밀(三密)과 중생의 삼업이 상호 상응상교(相應相交)하고, 남을 거두어 보존하여 주고, 마침내 갖가지 호과(好果)을 성취하게 되므로, 그것을 삼밀가지(三密加持)라고 한다.

⑩寶座(보좌) : 옥좌(玉座). 보왕좌(寶王座). 보화왕좌(寶華王座). 부처님께서 앉으시는 자리. 설법하는 높은 자리. 여기서는 영가가 깨달음을 얻을 수 있는 자리.

⑪禪悅(선열) : 선정(禪定)에 들어선 법열. 즉 선정에 의해 심신이 쾌락한 것을 말함.
  ※禪悅食(선열식) : 선정으로써 몸과 마음을 도우며 선정의 즐거움을 얻어 몸을 길러 혜명(慧命)을 얻는 것이 마치 사람이 음식을 먹어 육체의 여러 기관을 길러 목숨을 보존함과 같으므로 이렇게 이름 한다.

⑫法供(법공) : 법공양(法供養). ㉮불경(佛經)을 남에게 읽어 들려주는 일. ㉯법답게 행하는 대중공양.

【개요】

<창혼(唱魂)>은 말 그대로 진리와 법식(法食)을 베풀기 위해 마련된 영단으로 영가를 초청해 모시는 절차이다.

【구성과 내용】

구성은 '기'와 '결'의 형태를 보이고 있다.

'기'인 거사바세계 차사천하 남섬부주 해동대한민국 모처거주 금야지극지성 설향단전 봉청재자 모인특위소천 책주귀신영가(據娑婆世界 南贍部洲 海東大韓民國 某處居住 今夜至極至誠 設香壇前 奉請齋者 某人特爲所薦 嘖主鬼神靈駕) —사바세계의 / 이 사천하 [가운데] / 남섬부주에 의지한 / 바다 동쪽 대한민국 / [주소 ◇◇]에 거주하고 있으며 / 오늘밤 지극한 정성으로 / 향단을 진설한 앞에서 / 받들어 청하옵는 재자 / [재주] △△ 등이 특별히 천도코자 하옵는 / 책주귀신영가시여!— 에서는, 재주(齋主=환자)의 거주처와 성명, 그리고 책주귀신영가를 초청하고자 하는 간절한 뜻과 초청의 목적이 천도(薦度)에 있음을 밝히고 있다.

'결'인 승불위신 장법가지 취차청정지보좌 포찬선열지법공(承佛威神 仗法加持 就此淸淨之寶座 飽饌禪悅之法供) —[책주귀신 영가께서는] 부처님의 위신력을 이으시고 / 법의 가지력을 의지하사 / 이곳 청정한 보좌(寶座)로 나아가 / 선열(禪悅)인 법공(法供)을 만끽하소서— 에서는, 신앙의 타력적인 면과 자력적인 면을 말하여 천도가 원만히 성취되기를 기원하였다. 즉, 불보의 위신력과 법보의 가지력 등은 타력적인 면이고, 이를 수용하여 보엄좌의 주인공이 되어 선열과 법공을 취(取)하라 함은 자력적인 면을 강조한 것이다. 불교에 있어서 자력과 타력은 새의 두 날개와 같은 것임을 알게 하여, 올바를 방향으로 나가게 하려는 것이다.

【의식】

시작할 때 법주는 요령을 길게 한번 흔들어 놓는다. 이어 소사물의 도움 없이 천천히 읽듯이 거행하는데, 짓는표시 ' a '에서는 소리를 짓고[25] 요령을 흔들어 놓는다.

【연구】

① 본 항의 제목을 '창혼(唱魂)'이라 하였는데?
『석문의범』의 「전시식(奠施食)」[26]에 같은 내용이 있으며, 제목은 '창혼'으로 되어 있다. 한편, 「관음시식(觀音施食)」에도 유사한 내용으로 <고혼청(孤魂請)>[27]이 있는데 영가에게 전하는 법어(法語)가 있어 '창혼'과 구별된다. 따라서 「전시식」에서의 예를 모범하여 '창혼'이라 제목을 붙였고, 이렇게 함으로써 본 항으로 하여금

---

25) 짓다 ; '짓다'에는 대체로 다음과 같이 3가지 의미가 있다.
 ⑴'무리를 짓다'에서처럼, 제창(齊唱=合唱)의 의미로 독창인 홑소리의 상대어.
 ⑵'매듭을 짓다'에서처럼, 안채비 소리에서 의미단락의 구분 위치에 붙이는 쉼표나 마침표 역할.
 ⑶'집을 짓다'에서처럼, 집을 짓거나 물건을 만들 듯 문장에 곡을 붙여 범패로 거행한다는 의미.
여기서는 ⑵의 의미.
26) 安震湖 篇 『釋門儀範』 卷下 p. 65
27) 安震湖 篇 『釋門儀範』 卷下 p. 72

객관적 위치를 지니도록 하였다.

② 천도의 제1보는 영가가 재주(齋主)의 소청에 응해야 하는데, 책주귀신영가가 「구병시식」에 응할 것인지? 또, 책주귀신영가가 응한다면 어떤 마음으로 응해야 하는지?

 영가를 극락세계에 왕생토록 기원하고 돕는 일을 천도(薦度)라 한다. 따라서 천도는 모든 영가가 원하는 바라 하겠다. 그러나 우등생이 되고 싶다고 모두 우등생이 되는 것이 아닌 것처럼 의욕만 가지고 되는 일은 아니다. 불・보살님의 위신력과 가지력을 의지해야 가능한 일이다. 바로 이런 일을 성취할 수 있는 천재일우의 기회를 영가에게 제공하려는 것이 천도의식이고, 「구병시식」도 그 일환이다.

 금일, 책주귀신영가와 재주는 원결을 지닌 모습으로 자리하고 있지만, 단순한 퇴마나 구마의식이 아니라 따뜻한 천도의식인 「구병시식」을 거행하려는 것은 과거 언젠가 양자 사이에 맺어진 선연의 결과임에 또한 틀림없다. 이 점을 깊이 생각하여 지극히 다행스러운 마음으로 재주의 소청에 응하여 <2.창혼> '결'에서 말한 내용의 주인공이 되어야 한다.

 다시 말해 「구병시식」은 책주귀신영가와 재주 모두에게 인연의 도리와 진리를 깨닫게 하려는 것이다. 그리하여 성불을 향해 나갈 수 있는 계기를 제공하고 발심할 수 있도록 용기를 북돋는데 주안이 있다 하겠다.

③ 영가를 천도해야하는 입장에서 호칭을 '책주귀신(嘖主鬼神)'이라 함에는 문제가 있지 않은지?

 '지피지기백전백승(知彼知己百戰百勝)'이라는 말처럼 매사를 바르게 처리하기 위해서는 상대와 자신이 처해있는 위치를 분명히 함이 때로는 도움이 된다. 바로 지금이 그런 때이다.

 다시 말해 지금의 바람직하지 않은 사태를 해결하기 위해서는 무작정 영가를 달래거나 함부로 겁주기보다 재주와 영가가 함께 풀어보려는 진지한 자세가 필요하다. 그런 의미에서 호칭을 '책주귀신영가'로 하는 것이 바람직하다 할 것이다. 이런 부분을 확실히 언급한 것이 <12.유치>28)이니 참고할 일이다.

---

28) 凡夫不知病根而痛傷 鬼神不知罪相而侵嘖 鬼不知人之苦惱而妄怒 人不知鬼之飢虛而徒憎 不假觀音之威神 寧釋人鬼之結恨(범부는 병의 근원도 모르는 채 괴로워하며 / 귀신은 죄상을 모르고 침책하나 / 귀신은 사람의 고뇌를 모르는 채 망령되이 노하고 / 사람은 귀신의 배고픔을 모르고 미워하니 / 관세음보살님의 위신력을 의지하지 않으면 / 어찌 사람과 귀신 사이에 맺힌 한이 풀리리요)

<3.振鈴偈(진령게)> 요령을 울려 영가제위를 향단으로 청하는 게송

以此①振鈴伸召請②	하옵기로 요령울려 모시고자 아뢰오니
이차진령신소청	
冥途鬼界普聞知	명부세계 귀계까지 널리듣고 짐작하사
명도귀계보문지	
願承三寶力加持③	원하오니 삼보님의 가지력을 이으시어
원승삼보역가지	
今夜今時來赴④會	지금바로 이법회에 왕림하여 주옵소서.
금야금시내부회	

【자구해설】

①以此(이차) : 연사(連詞)로서 결과나 결론을 나타내며, 분구(分句)나 구의 맨 앞에 쓰이고, 위를 이어서 원인을 설명하는 분구나 구를 유도한다. '…때문에', '…까닭에' 등으로 해석한다. '차이(此以)'라고도 쓴다.

②伸召請(신소청) : 모시고자 사뢰오니.

③力加持(역가지) : ㉮加持力(가지력)의 도치. ㉯'力'은 '뛰어난'의 뜻. 즉 형용사적 용법.

　　예) 역간(力幹) : 뛰어난 기량. 역사(力士) : 뛰어나게 힘이 센 사람.

④來赴(내부) : '오다'의 뜻. 흔히 '와서 알림'으로 되어 있으나, '赴(부)'에는 다음의 예에서와 같이 '오다' '가다'라는 의미가 있다.

　　예) 부참(赴參) : 대중이 설법을 듣기 위해 법당·침당(寢堂)으로 오는 것.
　　　　부청(赴請) : 시주의 청에 응해 가는 것.

【개요】

본 게송은 책주귀신영가를 내빈(來賓)으로 예우하는 차원에서 법석에 마련된 향단(香壇)으로 안내하는 의식이다.

【구성 및 내용】

칠언절구인 본 게송은 기·승·전·결의 구성을 보이고 있다.

'기'인 이차진령신소청(以此振鈴伸召請) ─하옵기로 요령울려 모시고자 아뢰오니─ 에서는, 「구병시식」의 주인공인 책주귀신영가와 <18.고혼청(孤魂請)>29)에 보이는

---

29) 一心奉請 某人嘖主鬼神靈駕 爲主 先亡父母 多生師長 五族六親 列名靈駕 內護竈王大神 外護山王大神 五方動土神 五方龍王 五方聖者 東方甲乙靑色神 南方丙丁赤色神 西方庚辛白色神 北方壬癸黑色神 中方戊己黃色神 第一夢陀羅尼等 七鬼神 東方靑殺神 南方赤殺神 西方白殺神 北方黑殺神 中央黃殺神 五蘊行件鬼神 客件鬼神 近界土公神 近界砧神 近界廁鬼神 近界道路神 近界庭中神 近界欄中神 天件鬼神都前 地件鬼神都前 人件鬼神都前 蘊件鬼神都前 行件鬼神都前 客件鬼神都前 路件鬼神都前 山件

명부의 중생 제위에게 향단으로 자리할 것을 바라는 재주의 정성을 요령소리에 담아 알린다.

단, 이때 사용되는 사물은 '범종'의 축소형인 '요령'이다. 이유는 청하고자 하는 대상이 명부세계의 중생이기 때문이다.[30] 또, 『칙수백장청규(勅修百丈淸規)』의 「법기장(法器章)」[31]에서도 언급하였듯 중생의 혼태(昏怠)를 깨우치고 교령(敎令)을 엄숙히 하며, 몽매함을 인도하여 신인(神人)을 화(和)하게 하기 위함인 것이다.

'승'인 명도귀계보문지(冥途鬼界普聞知) —명부세계 귀계까지 널리듣고 짐작하사— 에서는, <18.고혼청(孤魂請)>에서 보듯 금일 「구병시식」의 주인공인 책주귀신영가를 위로하고, 깨우침을 줄 수 있는 제신(諸神)을 함께 청하려는 재주의 마음을 헤아려 반드시 청에 응해 줄 것을 당부하고 있다. 한 가지 유념할 것은 '명도귀계'라는 대목인데, 불교의 존재 이유가 뭇 중생을 제도함에 있다는 것이며, '원통교주 관세음보살(圓通敎主 觀世音菩薩)'에서 '원통'은 고해 중생의 소리를 두루 살필 수 있는 '이근원통(耳根圓通)'임을 생각하면 그 뜻이 더욱 명료하다.

'전'인 원승삼보력가지(願承三寶力加持) —원하오니 삼보님의 가지력을 이으시어— 에서는, 재주의 청에 응하고자 하는 영가제위로 하여금 삼보님의 가지력에 의지토록 권하고 있다. 능청인 재주는 영가제위를 법석으로 청하기 위해 정성을 다하고 있고, 소청인 영가제위 역시 법석에 참례하여 이고득락(離苦得樂)의 계기를 얻으려는 원이 있음은 물론이다. 그러나 능청과 소청이 모두 중생임을 감안하면 이들의 소원이 뜻대로 이루어질지는 미지수가 아닐 수 없다. 때문에 삼보님의 가지(加持)하심을 의지하여 원하는 바를 이루고자 하는 것이다.

'결'인 금야금시내부회(今夜今時來赴會) —지금바로 이법회에 왕림하여 주옵소서—

鬼神都前 水件鬼神都前 各並眷屬 承三寶力 來臨醮座 受霑法供

30) 大鍾請冥府衆(대종청명부중)   땡 —   한울림은 명부중생 청함이요
   木魚請水府衆(목어청수부중)   수중중생 청하올젠 나무고기 두드리고,
   雲板請空界衆(운판청공계중)   구름모양 쇠소리는 허공중생 청함이며
   法鼓請世間衆(법고청세간중)   두 둥 둥 북소리는 세간중생 청함이라.   『釋門儀範』 卷上 p. 128

31) 『大正藏』 卷48 p. 1155b /
   [前略] 無假修證不涉功用 而昧者茫然自失 若聾瞽焉 於是隨機設敎擊犍椎 以集衆演之爲三藏 修之爲禪
   [전략] 무가수증불섭공용 이매자망연자실 약롱고언 어시수기설교격건추 이집중연지위삼장 수지위선
   定 迄于四十九年而化儀終矣 梵語犍椎凡瓦木銅鐵之有聲者 若鍾磬鐃鼓椎板螺唄 叢林至今傚其制而用之
   정 흘우사십구년이화의종의 범어건추범와목동철지유성자 약종경요고추판라패 총림지금방기제이용지
   于以警昏怠 肅敎令導幽滯而和神人也 [後略]
   우이경혼태 숙교령도유체이화신인야 [후략]
   [전략] 수증(修證)을 의지치 않으면 공용(功用)에 깊이 들어갈 수 없어, 매(昧)하게 된 자는 망연자실하여 귀머거리 소경과 같다. 이에 근기에 따라 가르침을 베푸심에 건추를 두드려 대중을 모아 말씀하시니 이것이 삼장(三藏)이요, 이를 닦음이 선정(禪定)이라. 마침내 사십구년에 이르사 화의(化儀)를 마치셨다.
   범어 '건추(犍椎・犍槌・乾槌 ghaṇṭā)'는 와(瓦)・목(木)・동(銅)・철(鐵)로 소리를 낼 수 있는 것인데, 지금의 종・경쇠・요발(鐃鉢)・북・추(椎)・판(板)・라패(螺唄)등과 같다. 총림(叢林)에서는 지금 이러한 제도를 본받아서 사용하니, 혼태(昏怠)를 깨우치고, 교령(敎令)을 엄숙히 하고, 몽매함을 인도하여 신인(神人)을 화(和)하게 한다. [후략]

에서는, 삼자(三者), 즉 능청과 소청 그리고 삼보님의 가지력(加持力)이 하나가 됐음을 전제로, 만나기 어려운 불법을 만나게 되었음에 감사하며 지체 없이 진리가 베풀어지는 법석으로 자리를 옮길 것을 촉구하고 있다.

【의식】

법주가 요령을 울리며 '기'구를 홑소리로 거행하면 대중은 바라지의 태징에 맞추어 '승'구를 창화한다. 같은 방법으로 '전'구는 법주가, '결'구는 대중이 받는다. 이때의 소리는 '헌좌게성(獻座揭聲)'이다. 그러나 이적(理的)인 면을 소중히 하는 안채비 의식이기 때문에 소리는 가급적 간결하게 짧은소리로 거행한다.

법주 1인이 홀로 거행하는 경우에는, 요령을 울리며 염불성(念佛聲)으로 천천히 거행한다.

【연구】

1 「구병시식」의 주인공인 책주귀신영가 외에 <18.고혼청(孤魂請)>에서 보듯 많은 영가를 청하는 이유는?

시공을 초월한 진리인 불법을 갈망하는 중생은 수없이 많다. 하지만 인연이 성숙해야 만날 수 있는 것이 불법임을 감안하면, 현재의 상황이 악연만은 아니라 할 것이다. 즉, 오늘의 이 자리가 문법개오(聞法開悟)의 현장이 될 수 있다는 말이다. 때문에 책주귀신영가는 물론 인연 있는 영가제위를 운집토록 하려는 것이다.

또 '6 「구병시식」을 베푸는 이유 [←왜]'에서도 언급했듯, 다분히 계산적임을 전제로 말한다면, 이렇게 함으로써 조성된 선근공덕(善根功德)을 재주와 책주귀신영가에게 회향하여 금일 불사의 원만성취를 기하고자 하는 것이다.

<4.着語①(착어)>   자비와 지혜 그리고, 大悲呪의 중요성을 강조한 게송

慈光②照'處'蓮花③出' 자광조처연화출	자비광명 비추는곳 연꽃송이 피어나고
慧'眼'④觀時地'獄'空 혜안관시지옥공	슬기로써 헤아릴때 모든지옥 사라지네.
又'況'大'悲神呪'⑤力' 우황대비신주력	거기에다 대비주의 신묘한힘 보태지면
衆'生成佛'刹'那⑥中 중생성불찰나중	중생들의 성불또한 한순간의 일이라네.

【자구해설】

①着語(착어) : 하어(下語) 또는 간어(揀語)라고도 함. 선어록(禪語錄)의 본칙(本則) 및 송(頌) 등의 구(句) 밑에 붙이는 단평(短評). 자신의 종승안(宗乘眼)으로 고인(古人)의 어구나 행동을 간변(揀辨)·창화(唱和)하고, 또는 자신의 종지(宗旨)를 건립하여 자유롭게 살활(殺活)의 기(機)를 쓰는 것. 이언설상(離言說相)인 진리를 억지로 설명하려는 사족(蛇足)과 같은 말이란 뜻.

②慈光(자광) : 부처님의 크신 자비 광명.

③蓮華(연화) : 소택(沼澤)에서 생(生)하는 숙근초본식물(宿根草本植物). 꽃의 색향(色香)이 사랑스러우며 진흙 가운데 나서 청정한 꽃을 피우는 이른바 처염상정(處染常淨)]을 덕으로 한다. 인도에서는 고래로 진중(珍重)한 보배로 여기고, 불교에서도 그 가치를 높이 취급하여 부처님이나 보살의 좌(座)를 흔히 연화대로 한다.

④慧眼(혜안) : 우주의 진리를 밝게 보는 눈. 곧 만유(萬有)의 모든 현상을 공(空)·무상(無常)·무작(無作)·무생(無生)·무멸(無滅)이라고 보아 모든 집착을 여의고, 현상계를 차별적으로 보지 않는 지혜. 지혜의 역할을 눈에 견준 것.

⑤大悲神呪(대비신주) : 대비주(大悲呪). 「신묘장구대다라니(神妙章句大多羅尼)」를 말함.

⑥利那(찰나) : Ⓢkṣaṇa. Ⓟ又拏(차나) Ⓗ염경(念頃)·일념(一念)·발의경(發意頃)·념(念). 시간의 최소단위.

【개요】

「구병시식」의 원만성취를 위해서는 정삼업(淨三業)·참회(懺悔)·수관행(修觀行) 등의 공능을 지닌 '대비주(大悲呪)'를 지송(持誦)할 필요가 있다. 본 게송은 대비주의 중요함과 함께 대비주 지송에 앞서 그 마음은 자비와 지혜가 바탕이 되어야 함을 책주귀신영가를 위시한 영가제위에게 알리는 의식이다.

【구 성 및 내 용】

칠언절구인 본 게송은 기·승·전·결의 형태를 보이고 있다.

'기'인 자광조처연화출(慈光照處花蓮出) ―자비광명 비추는곳 연꽃송이 피어나고― 에서는, 극락왕생의 제일 조건이자 <5.대비주> 지송에 있어서 기본적으로 갖추어야 할 자비의 회복을 노래하였다. 자(慈)와 비(悲)는 각기 즐거움을 준다는 여락(與樂)과 괴로움으로부터 구제한다는 발고(拔苦)로 정의되고, 연꽃으로 상징되는 극락은 그 자비로부터 발(發)하는 광명이 존재할 때라야 가능함을 말한 것이다.

'승'인 혜안관시지옥공(慧眼觀時地獄空) ―슬기로써 헤아릴때 모든지옥 사라지네― 에서는, 해탈의 제일조건이자 역시 <5.대비주> 지송에 있어서 기본인 지혜의 회복을 노래하였다. 중생이 겪는 모든 고통의 뿌리는 외부에 있는 것이 아니라 삼독심(三毒心)에 눈이 어두워 만유의 실체를 바로 보지 못하는 자신에 있음을 갈파한 것이다. 따라서 삼법인(三法印)에 입각한 지혜를 회복한다면 고통은 물론 일체의 지옥까지도 사라짐을 말한 것이다.

'전'인 우황대비신주력(又況大悲神呪力) ―거기에다 대비주의 신묘한힘 보태지면― 에서는, 자비와 지혜가 회복되었음을 전제로 장차 지송할 <5.대비주>가 시식의 목적인 해원결(解冤結)을 원만히 성취하는데 큰 힘이 됨을 노래하였다. 본 <5.대비주>에는 『천수경』에서 관세음보살께서 직접 말씀하신 9가지의 공능[32)]이 그리고 사명사문(四明沙門) 지례(智禮)가 『천수안대비심주행법(千手眼大悲心呪行法)』에서 밝힌 10종의 공능[33)]이 있다.

'결'인 중생성불찰나중(衆生成佛刹那中) ―중생들의 성불또한 한순간의 일이라네― 에서는, 삼법(三法) 즉, '자비' '지혜' '대비주'가 하나로 될 때, 해원결(解冤結)만이 아니라 성불에 이르게 됨을 노래하였다. 또, 그 신속함을 '찰나중(刹那中)'이라 하였으니 중생에게는 무한한 희망을 부여하는 수기(授記)와 같은 말씀이다. 한 가지 잊지 말아야 할 것은 '기'구와 '승'구에서의 내용인 자비와 지혜의 회복이니 이는 소례이신 관세음보살님의 몫이 아니라 <3.진령게>에 의해 초청된 영가제위 각자의 몫이라는 점이다.

뿐만 아니라, 관세음보살께서는 대비주의 가지가지 공능을 말씀하시면서도,

　오직 한 가지는 예외이니, 대비주에 대해 의심을 내면 작은 죄업도 소멸하지 못하리니 하물며 무거운 죄이겠는가.'[34)]

---

32) 본 항 【연구】 ①의 '대비주의 공덕(Ⅰ)-(3)'
33) 『大止藏』 卷46 p. 973a / ①엄도량(嚴道場) ②정삼업(淨三業) ③결계(結界) ④수공양(修供養) ⑤청삼보제천(請三寶諸天) ⑥찬탄신성(讚歎伸誠) ⑦작례(作禮) ⑧발원지주(發願持呪) ⑨참회(懺悔) ⑩수관행(修觀行)

라 하셨고 또,

　착하지 못하거나 지극한 정성이 아닌 경우는 제외되옵니다.[35]

고 부처님께 고하신 점을 유념해야 한다.

【의식】

법주가 거행하며, 고하자(高下字)에 준하여 사물의 사용 없이 안차비 가운데 '착어성(着語聲)'으로 거행한다.

법주 1인이 홀로 거행하는 경우에는, 사물의 사용 없이 합장하고 염불성으로 천천히 거행해도 된다.

【연구】

① 대비주의 공덕에 대해 구체적으로 알고싶은데…

가범달마(伽梵達摩) 역본 『천수경』에 의하면, 본 경의 원래 설주(說主)는 '천광왕정주여래(千光王靜住如來)'이시고, 석존의 회상에서 관세음보살에 의해 비로소 알려지게 되었다. 경명(經名)은 '광대원만무애대비심다라니(廣大圓滿無礙大悲心陀羅尼)'이다.

경 가운데 해당 내용과 함께 대비주의 공덕(Ⅰ)을 소개하면 다음과 같다.

(1)爾時觀世音菩薩從座而起整理衣服向佛合掌。白佛言。(2)世尊。我有大悲心陀羅尼　今當欲說　(3)①爲諸衆生得安樂故。②除一切病故。③得壽命故得富饒故。④滅除一切惡業重罪故。⑤離障難故。⑥增長一切白法諸功德故。⑦成就一切諸善根故。⑧遠離一切諸怖畏故。⑨速能滿足一切諸希求故。惟願世尊慈哀聽許。(4)佛言善男子。汝大慈悲安樂衆生欲說神咒。今正是時宜應速說。如來隨喜諸佛亦然。(5)觀世音菩薩重白佛言。世尊我念過去無量億劫。有佛出世。名曰千光王靜住如來。彼佛世尊憐念我故。及爲一切諸衆生故。說此廣大圓滿無礙大悲心陀羅尼。(6)以金色手摩我頂上作如是言。善男子汝當持此心咒。普爲未來惡世一切衆生作大利樂。(7)我於是時始住初地。一聞此咒故超第八地。(8)我時心歡喜故卽發誓言。若我當來堪能利益安樂一切衆生者。令我卽時身生千手千眼具足。發是願已。應時身上千手千眼悉皆具足。十方大地六種震動。十方千佛悉放光明照[36]

(1)그때 관세음보살이 자리에서 일어나 의복을 정리하고 부처님을 향하여 합장하고 사뢰었다.

(2)"세존이시여! 제게 대비심다라니주(大悲心陀羅尼咒)가 있어 지금 설하고자 하나이다.

34) 본항 【연구】 ①의 '대비주의 공덕(Ⅱ)-(4)'
35) 본항 【연구】 ①의 '대비주의 공덕(Ⅲ)-(5)'
36) 伽梵達摩 譯 『千手經』(大正藏 卷20 p. 106b)

(3)①모든 중생이 안락을 얻게 하고자 함이며, ②모든 병을 없애고자 함이며, ③오래 살고 넉넉히 살게 하고자 함이며, ④모든 악업과 중죄를 없애고자 함이며, ⑤어려움을 없애고자 함이며, ⑥모든 좋은 일과 공덕을 증장하게 하고자 함이며, ⑦모든 선근을 성취하게 하고자 함이며, ⑧모든 공포와 두려움을 멀리 여의게 하고자 함이며, ⑨구하고자 하는 모든 것을 속히 만족하게 하고자 함이옵니다. 오직 세존께서 자애로 받아 들이사 허락하시옴을 바라옵나이다."

(4)부처님께서 말씀하셨다. "선남자야, 그대가 대자비로 중생을 안락하게 하고자 신주(神呪)를 설하고자 하는구나. 지금이 바로 적당한 때이니 속히 설하도록 하라." 여래께서 기뻐하셨고, 제불께서도 그와 같으셨다.

(5)관세음보살께서 거듭 부처님께 사뢰었다. "세존이시여 제가 과거 무량억겁을 생각하오니, 부처님께서 세상에 출현하셨는데, <u>명호가 '천광왕정주여래'이셨습니다. 그 부처님께서 저를 어여삐 여기시고 또, 모든 중생을 위하시어 이 '광대원만 무애대비 심다라니'를 설하셨습니다.</u>

(6)금색의 손으로 이마를 만져주시며 이렇게 말씀하셨습니다. '선남자야 네가 마땅히 이 <u>심주(心呪)</u>를 지니고 널리 미래 악세의 일체중생을 위하여 큰 이익을 지으라' 하셨습니다.

(7)저는 그때 비로소 초지(初地)에 머물고 있었는데, 한 번 이 주를 들음으로써 제8지(第八地)로 뛰어올랐습니다.

(8)저는 그때 마음이 환희하여 곧 서원을 발했습니다. '내가 장차 일체 중생을 이익되고 안락하게 할 수 있다면, 나로 하여금 몸에 천 개의 손과 천 개의 눈을 구족하게 하여지이다.'라고 이렇게 발원하자 바로 몸 위에 천 개의 손과 천 개의 눈을 모두 갖추게 되었고, 시방의 대지는 육종(六種)으로 진동[37]하였으며, 시방의 천불께서 모두 빛을 놓으사 밝게 비추셨나이다."

대비주의 공덕(Ⅱ)

(1)若諸衆生 侵損常住飮食財物 千佛出世 不通懺悔 縱懺亦不除滅 今誦大悲神呪 卽得除滅 (2)若侵損食用常住飮食財物 要對十方師 懺謝然始除滅 今誦大悲陀羅尼時 十方師卽來 爲作證明 一切罪障悉皆消滅 (3)一切十惡五逆 謗人謗法 破齋破戒 破塔壞寺 偸僧祇物[38] 汚淨梵行 如是等 一切惡業重罪 悉皆滅盡 (4)唯除一事 於呪生疑者 乃至小罪輕業亦不得滅 何況重罪[39]

(1)모든 중생이 상주(常住)의 음식이나 재물을 침해함에, 천 분의 부처님이 세상에 나오셔도 참회가 통하지 않으며, 비록 참회를 한다해도 또한 없애지

---

37) 부처님의 설법을 알리는 조짐. ㉠동(動)-한쪽으로 움직이는 것. ㉡기(起)-흔들려 일어나는 것. ㉢용(涌)-솟아나는 것. [이상은 땅이 흔들림을 말한 것이며, 이하는 그 소리를 가리킴.] ㉣각(覺) 또는 격(擊)-큰 소리. ㉤진(震)-은은한 소리. ㉥후(吼)-부르짖는 소리.
38) 승지물(僧祇物) ; 승가(僧家)에 딸린 재물. 승물(僧物).
39) 伽梵達摩 譯 『千手經』(大正藏 卷20 p. 107a)

못한다. 지금 대비신주(大悲神呪)를 지송하면 곧 없앰을 얻을 수 있느니라.

⑵모든 중생이 상주(常住)의 음식이나 재물을 침해함에, 시방의 스승을 대하여 참회해야 비로소 없앨 수 있거니와 지금 대비다라니를 지송하면 시방의 스승이 곧 와서 증명을 지어주심에 모든 죄장(罪障)이 다 없어지느니라.

⑶일체 십악(十惡) 오역죄(五逆罪)와 사람이나 법을 비방하고, 재(齋)와 계(戒)를 파하고 탑과 승원(僧院)을 파하고, 승가의 재물을 훔치고, 청정한 행을 오염시킨 이런 모든 악업과 중죄도 모두 없애느니라.

⑷오직 한가지는 예외이니, 대비주에 대해 의심을 내면 작은 죄업도 소멸하지 못하리니 하물며 무거운 죄이겠는가.

대비주의 공덕(Ⅲ)

⑴復白佛言 世尊 若諸衆生 誦持大悲神呪 墮三惡道者 我誓不成正覺 ⑵誦持大悲神呪者 若不生諸佛國者 我誓不成正覺 ⑶誦持大悲神呪者 若不得無量三昧辯才者 我誓不成正覺 ⑷誦持大悲神呪者 於現在生中一切所求 若不果遂者 不得爲大悲心陀羅尼也 ⑸唯除不善除不至誠[40]

⑴다시 부처님께 말씀드렸다. "세존이시여, 만일 모든 중생이 대비신주를 지송하옴에도 삼악도(三惡道)에 떨어진다면, 저는 서원커니와 정각을 이루지 아니하겠나이다.

⑵대비신주를 지송한 사람이 만일 여러 부처님의 국토에 태어나지 못한다면 저는 서원커니와 정각을 이루지 아니하겠나이다.

⑶대비신주를 지송한 사람이 만일 무량삼매와 변재(辯才)를 얻지 못한다면 저는 서원커니와 정각을 이루지 아니하겠나이다.

⑷대비신주를 지송한 사람이 만일 현생(現生)에서 구하는 바를 만일 이루지 못한다면 대비심다라니라 못할 것입니다.

⑸비록 그렇기는 하오나, 착하지 못하거나 지극한 정성이 아닌 경우는 제외되옵니다."

외에도 다음과 같은 공덕을 더 들 수 있다.

發是願已 至心稱念我之名字 亦應專念我本師阿彌陀如來 然後卽當誦此陀羅尼神呪 一宿誦滿五遍 除滅身中百千萬億劫生死重罪[41]

이런 원을 발하고, 지극한 마음으로 내 이름을 칭명하며 나의 본사이신 아미타여래를 전념하라. 그런 후에 곧 이 다라니신주를 지송하되, 하루 저녁에 5편을 채우면 몸 가운데 있는 백천만억겁을 드나들며 지은 중죄를 멸하리라.

---

40) 伽梵達摩 譯『千手經』(大正藏 卷20, p. 107a)
41)『大正藏』卷20 p. 107a

<5.大悲呪(대비주)> 前項에서 지시한 바 대비주의 지송을 거행하는 의식

『救病施食』‖ Ⅰ.召請篇 1.擧佛 2.唱魂 3.振鈴偈 4.着語 **5.大悲呪** 6.破地獄偈 7.破地獄眞言 8.滅惡趣眞言 9.召餓鬼眞言 10.普召請眞言 11.祭文 12.由致 13.證明請 14.香華請 15.歌詠 16.獻座眞言 17.茶偈 18.孤魂請 19.香煙請 20.歌詠 Ⅱ.沐浴篇 21.引詣香浴 22.沐浴眞言 23.化衣財眞言 24.授衣眞言 25.着衣眞言 26.指壇眞言 27.普禮三寶 28.受位安座 29.受位安座眞言 30.茶偈 Ⅲ.施食篇 31.宣密偈 32.四陀羅尼 33.稱揚聖號 34.施食偈 35.施鬼食眞言 36.普供養眞言 37.施無遮法食眞言 38.發菩提心眞言 39.普回向眞言 40.勸飯偈 41.般若偈 42.如來十號 43.法華偈 44.無常偈 45.莊嚴念佛 46.功德偈 Ⅳ.奉送篇 47.表白 48.念願文 49.願往偈 50.燒錢眞言 51.奉送眞言 52.上品上生眞言 53.解百生冤家陀羅尼 54.破城偈 55.告佛偈

千手'一'遍'①爲'孤魂 천수일편위고혼	영가고혼 위하여서 천수일편 모시오니
志'心②諦'聽'③ 지심제청	지성스런 마음으로 귀기울여 들으시고
志'心諦'受'a④ 지심제수	정성스런 마음으로 수지토록 하십시오.

神妙章句大陀羅尼(신묘장구대다라니)

나모라。드나。드라야야。나막。알약。바로기데。시바라야。모디。사드바야。마하。사드바야。마하。가로니가야。옴。살바。바예수。드라나。가라야。다사명。나막。끄리드바。이맘。알야。바로기데。시바라。다바。이라간타。나막。흐리나야。마발다。이샤미。살발타。사다남。슈반。애예염。살바。보다남。바바말아。미수다감。다냐타。옴。아로계。아로가。마디로가。디ㄱ란데。혜혜。하례。마하모디。사드바。스마라。스마라。흐리나야。구로。구로。갈마。사다야。사다야。도로。도로。미연데。마하。미연데。다라다라。다린ㄴ례。시바라。자라자라。마라。미마라。아마라。몰데。예혜혜。로계。시바라。라아。미사미。나사야。ㄴ베。사미。사미。나사야。모하。자라。미사미。나사야。호로。호로。마라。호로。하례。바ㄴ마。나바。사라。사라。시리。시리。소로소로。몯댜몯댜。모다야。모다야。믿드리야。니라간타。가마샤。눌사남。브라。흐라。나야。마낙。스바하。싣다야。스바하。마하。싣다야。스바하。싣다유예。시바라야。스바하。니라。간타야。스바하。바라하。목카。싱하。목카야。스바하。바ㄴ마。하짜야。스바하。자ㄱ라。욕다야。스바하。상카。셥나네。모다나야。스바하。마하라。구타。다라야。스바하。바마。스간타。니샤。시톄다。ㄱ릿나。이나야。스바하。먀ㄱ라。잘마。니바。사나야。스바하。나모라。드나드라。야야。나막。알야。바로기데。시바라야。스바하

※위 <대비주(大悲呪)>의 음(音)은 『진언집(眞言集)』제22장을 옮긴 것임.

【자구해설】

①一遍(일편) : '遍두루 편'은 처음부터 끝까지 한차례 하는 일을 말한다. 즉 대비주를 처음부터 끝까지 한차례 지송(持誦)한다는 의미다.

②志心(지심) : 지구심(志求心). 지심(至心) 또는 一心과 同. 마음[뜻]으로부터 구하는 마

음. 적극적으로 구하는 마음.

③諦聽(제청) : 주의하여 자세히 들음. '諦_{살필 체}'는 원음이 '체'이지만 불교의식에서는 '제'
  로 발음한다.

④諦受(제수) : 주의하여 자세히 [다라니를] 수지(受持)42)함.

【개요】

<4.착어>에서 지시한바 대비주의 지송을 실행에 옮겨 거행하는 의식이다.

【구 성 및 내 용】

대비주 지송에 앞서 영가고혼의 주의를 환기케 하는 지문(地文)과 대비주로 구성
되어 있다.

천수일편위고혼 지심제청 지심제수(千手一片爲孤魂 志心諦聽 志心諦受) ―영
가고혼 위하여서 천수일편 모시오니 / 지성스런 마음으로 귀기울여 들으시고 / 정성스런
마음으로 수지토록 하십시오― 에서, '천수'는 '대비주'를 가리키는 것이며, 책주귀신
영가와 고혼영가제위로 하여금 정신을 집중하여 자세히 듣고 마음에 새기도록 주
위를 환기시키고 있다.

【의식】

지문에 해당하는 부분은 고하자(高下字)에 따라 착어성(着語聲)으로 거행한다. 간
단히 거행하는 경우에는 충충 읽어 내려가기도 한다. 이어지는 <5.대비주>는 소
사물을 울리며 염불성으로 대중이 함께 지송한다.

【연구】

1 「관음시식」에서는 <4.착어>와 <5.대비주>를 분리하지 않고 묶어서 <표백
(表白)>이라 하였는데?

『석문의범』 외에도 원(元)의 몽산화상(蒙山和尙) 편 『대찰사명일영혼시식의문(大
刹四明日迎魂施食儀文)』(1710 해인사 간), 천연자(天然子) 의원(義圓) 서 『운수단
의문(雲水壇儀文)』(1732년 묘향산 간), 삼각산 백련사 해운(海運) 서 『청문요집(請
文要集)』 등에는 <착어(着語)>로 되어 있고, 『작법귀감』과 『권공제반문(勸供諸般
文)』(1574년 안변 석왕사 개판) 등에는 <천수착어(千手着語)>로 되어 있다.

한편, 『제반문(諸般文)』(1694 금구 모악산 금산사 간) 에는 <표백(表白)>으로 되
어 있고, 의문(儀文)의 자구(字句)는 일치하지 않지만 내용이나 위치에 있어서 통
하는 원(元)의 몽산덕이(蒙山德異) 수주(修註) 『증수선교시식의문(增修禪敎施食儀
文)』에도 <표백>으로 되어 있다.

여타 지환(智還) 편 『천지명양수륙재의범음산보집(天地冥陽水陸齋儀梵音刪補集)』

---

42) 受持(수지) : 받아서 늘 잊지 않고 마음에 새김.

(곡성 도림사 중간)에는 단지 '자광조처 운운'으로 표시되어 있기도 하다. 또, 같은 『범음산보집』이면서도 <천수게(千手偈)>라 한 곳43)도 있다.

이상의 내용을 종합컨대 본 의문의 명칭이 일정치 않음을 알 수 있다. 따라서 본 고에서는 의식문의 내용과 전체의식 가운데서의 역할 즉, '착어'와 '대비주'의 역할 이 다르고 특히 <4.착어>와 <5.대비주>의 연결 부분에 지문이 들어있음이 자연 스럽지 않다고 판단하여 제목을 분리하였을 뿐 내용에 있어서 차이는 없다.

---

43) 智還 集 『天地冥陽水陸齋梵音刪補集』(한국불교전서 권11 p. 501a)

<6.破地獄偈①(파지옥게)> 지옥고까지 벗어나게 하는 『화엄경』 으뜸가는 게송

「救病施食」 Ⅰ.召請篇 1.擧佛 2.唱魂 3.振鈴偈 4.着語 5.大悲呪 6.破地獄偈 7.破地獄眞言 8.滅惡趣眞言 9.召餓鬼眞言 10.普召請眞言 11.祭文 12.由致 13.證明請 14.香華請 15.歌詠 16.獻座眞言 17.茶偈 18.孤魂請 19.香煙請 20.歌詠 Ⅱ.沐浴篇 21.引詣香浴 22.沐浴眞言 23.化衣財眞言 24.授衣眞言 25.着衣眞言 26.指壇眞言 27.普禮三寶 28.受位安座 29.受位安座眞言 30.茶偈 Ⅲ.施食篇 31.宣密偈 32.四陀羅尼 33.稱揚聖號 34.施食偈 35.施鬼食眞言 36.普供養眞言 37.施無遮法食眞言 38.發菩提心眞言 39.普回向眞言 40.勸飯偈 41.般若偈 42.如來十號 43.法華偈 44.無常偈 45.莊嚴念佛 46.功德偈 Ⅳ.奉送篇 47.表白 48.念願文 49.願往偈 50.燒錢眞言 51.奉送眞言 52.上品上生眞言 53.解百生冤家陀羅尼 54.破城偈 55.告佛偈

若人欲了知② 약인욕요지	누구라도 불법요지 깨닫고자 하올진대
三世③一切佛 삼세일체불	삼세여래 일체제불 이분들을 뵈올지라.
應觀法界④性 응관법계성	다른생각 접어두고 법계성품 觀할지니
一切唯心造 일체유심조	삼라만상 예외없이 이마음의 조화니라.

【자구해설】

①破地獄偈(파지옥게) : 본 게송이 지니는 의미를 『화엄경대소초(華嚴經大疏鈔)』 권19 및 『종경록(宗鏡錄)』 권9의 내용을 참고로 '제일게(第一偈)'[44]를 개제(改題)한 것임. 【연구】 내용을 참조할 것.

※第一偈(제일게) : 일경(一經)에 보이는 게송 가운데 그 경(經)의 대의(大義)를 함축적으로 가장 잘 표현한 게송이라는 뜻. 본 조례종송의 제일게는 팔십권본 『대방광불화엄경』 야마천궁게찬품(夜摩天宮偈讚品) 제이십[45]에 보이고 있으며, 외에도 『석문의범』의 대례참례(大禮懺禮)에 의하면,

『법화경』의 제일게는,

諸法從本來 常自寂滅相 佛子行道已 來世得作佛
제법종본래 상자적멸상 불자행도이 내세득작불 이고,

『금강경』의 제일게는,

凡所有相 皆是虛妄 若見諸相非相 卽見如來
범소유상 개시허망 약견제상비상 즉견여래 라 하였다.[46]

②了知(요지) : 확실히 그리고 끝까지 제대로 아는 것.

③三世(삼세) : 과거·현재·미래 혹은, 전세·현세·내세를 말한다. 또한 이(已)·금(今)·당(當)이라고도 하며, 전제(前際)·중제(中際)·후제(後際)의 3제로도 표현한다.

④法界(법계) : 제법(諸法). 각각의 분제(分齊)[47]를 보유해서 구별되는 것. 삼라만상.

【개요】

삼계육도(三界六道)가 모두 마음의 조화로 이루어진 것임을 갈파한 것이 『화엄경』

---

44) 安震湖 篇 『釋門儀範』 卷下 p. 150
45) 『大正藏』 卷10 p. 102a
46) 安震湖 篇 『釋門儀範』 卷上 pp. 23~24
47) 차별된 내용. 범위. 정도. 한계. 경계.

이다. 따라서 지옥고를 받고 있거나 받아야 할 중생들이 제일 먼저 깨닫지 않으면 안 되는 이치(理致)가 이것이기로, 『화엄경』의 핵심이 들어있다 하여 예로부터 '제일게(第一偈)'로 칭송되어온 본 게송을 책주귀신영가와 고혼영가제위에게 전하여 지옥고를 면하게 하려는 의식이다.

【구성과 내용】

본 게송은 오언절구로 기·승·전·결의 형태를 보이고 있다.

'기'인 약인욕요지(若人欲了知) ―누구라도 불법요지 깨닫고자 하올진대― 에서는, 목적어를 생략한 채 그 이치를 제대로 알고자 하는가를 묻고 있다. 이는 누구라도 알지 않으면 안 되는 '일대사인연(一大事因緣)[48]'이 있음을 암시한 것이다.

'승'인 삼세일체불(三世一切佛) ―삼세여래 일체제불 이분들을 뵈올지라― 에서는, 화엄(華嚴)의 도리(道理)에 눈을 뜬 능례자에게 삼세제불께서 깨치신 도리가 있음을 제시하여 보다 깊은 이치에 착안(着眼)토록 하였다. 굳이 삼세의 모든 부처님을 든 것은 '만법귀일(萬法歸一)[49]'이라는 공안(公案)과 같이 그 도리가 하나임을 보인 것이다.

'전'인 응관법계성(應觀法界性) ―다른생각 접어두고 법계성품 觀할지니― 에서는, 일체 삼라만상의 본바탕을 살피도록 설도(說道)[50]하고 있다. 이와 같은 요구는 삼라만상의 바탕이 본래 공(空)함을 관하도록 하려는 것임에 재론의 여지가 없다. 자칫 유(有)에 집착하기 쉬운 중생의 마음을 살(殺)의 이치로 다스린 것이라 하겠

---

48) 『妙法蓮華經』(大正藏. 卷9 p. 7a) / 舍利弗。諸佛隨宜說法意趣難解。所以者何。我以無數方便種種因緣譬喩言辭演說諸法。是法非思量分別之所能解。唯有諸佛乃能知之。所以者何。諸佛世尊。唯以一大事因緣故出現於世。舍利弗。云何名諸佛世尊唯以一大事因緣故出現於世。諸佛世尊。欲令衆生開佛知見使得淸淨故出現於世。欲示衆生佛之知見故出現於世。欲令衆生悟佛知見故出現於世。欲令衆生入佛知見道故出現於世。舍利弗。是爲諸佛以一大事因緣故出現於世 [⇨開示悟入]
사리불아, 부처님들께서 근기에 따라 법을 설하시나 취지 이해하기 어려우니, 무슨 까닭이냐. 내 무수한 방편과 여러 가지 인연과 비유와 언사로 여러 가지 법을 설하지만, 이 법은 사고·분별로 능히 이해할 바 아니요, 오직 부처님들께서만이 아실 수 있기 때문이니라.
무슨 까닭이냐. 모든 부처님들께선 오직 일대사인연 때문에 세상에 나오시느니라. 사리불아, 무엇을 이름해 모든 부처님들께오서 오직 일대사인연으로 세상에 나오신다 하는가. 모든 부처님께서 중생들로 하여금 부처의 지견(知見) 열어 청정하게 하려 하시므로 세상에 나오시며, 중생들에게 부처의 지견을 나타내 보이려 하시므로 세상에 나오시며, 중생들로 하여금 부처의 지견을 깨닫도록 하려 하시므로 세상에 나오시며, 중생들로 하여 부처의 지견의 도(道)에 들게 하려 하시므로 세상에 나오시나니, 사리불아, 이를 모든 부처님들께오서 일대사인연으로 하여 세상에 나오신다 하느니라. [⇨개시오입]

49) 『碧巖錄』 卷5 第45則 '趙州布衫(조주포삼)', (大正藏, 卷48 p. 181c) / 僧問趙州 萬法歸一 一歸何處 州云 我在靑州 作一領布衫 重七斤(한 승려가 조주에게 '우주의 모든 것이 하나로 돌아간다고 하는데, 그럼 그 하나는 어디로 돌아갑니까'고 물었다. 조주는 '내가 청주에 있을 때 베적삼 하나를 지었는데, 그 무게가 일곱 근이었네'라고 답하였다). 진리란 논리로써 접근할 일이 아니고 직접 맞닥뜨려야 함을 보인 것.

50) 도리를 설명함.
※설도사문(說道沙門) : 설법하여 깨달음으로 나아가는 길을 보이는 승려. 시도사문(示導沙門)

다.

'결'인 일체유심조(一切唯心造) ―삼라만상 예외없이 이마음의 조화니라― 에서는, '전'구에서 밝혔듯 삼라만상의 근본 바탕이 예외 없이 공(空)임에도 불구하고 현실은 엄연히 존재하고 있음에 대해 해명하였다. 바탕이 공이고 보면 만물의 구성 요소가 반드시 물질(物質)이어야 할 까닭도 없다. 물질이 아니면서도 만물을 존재케 하는 바탕! 그것을 화엄에서는 '심(心)'이라 규정한 것이다. 어찌됐건 '결'구에서 말하는 일체 가운데 부처를 포함시킨다면, 부처를 이룸도 역시 마음의 조화라 하겠다. 따라서 이 대목은 만물의 실체를 바로 보게 함과 동시에 모든 가능성을 지닌 그 마음으로 성불할 것을 재촉하는 말씀이다.

【의식】
<5.대비주>에 이어 박자를 유지하며 대중이 함께 염불성으로 거행한다.

【연구】
1 본 게송에 대한 제목이 『석문의범』에는 <제일게(第一偈)>로 되어 있는데, <파지옥게(破地獄偈)>로 고친 것은?
다음과 같은 내용이 『화엄경대소초(華嚴經大疏鈔)』 권19 및 『종경록(宗鏡錄)』 권9에 있다.

> 당(唐) 문명원년(文明元年. 684), 낙양(洛陽)의 왕명간(王明幹)은 계(戒)를 지키지 않았고 착한 일도 하지 않아 사후 지옥에 떨어졌다. 그때 지장보살께서 지옥문 앞에 계셨는데 이 게송을 일러주시며 말씀하시기를 '이 게송을 염송하는 사람은 능히 지옥고를 면하리라'하셨다. 왕은 명부의 왕인 염라대왕 앞에서 이 게송을 외웠다. 그러자 불법의 영험함으로 지옥에 떨어짐을 면하게 되었다. 뿐만 아니라 이 게송을 읊는 소리가 들리는 곳의 죄인들은 모두 제도되었다. 삼일 후, 왕은 소생(蘇生)하였고, 공관사(空觀寺) 승려인 정법사(定法師)에게 그간의 경과를 말하였다.[51]

이러한 연유로 『화엄경』의 제일게(第一偈)로 꼽히는 본 게송이 <파지옥진언(破地獄眞言)>과 함께 실리게 된 것이라 사료된다. 기실 『석문의범』 소수 조례종송에서는 본 게송을 '제일게'라 하고 있다. 그러나 '제일게'라는 제목은 『화엄경』에만 적용되는 것이 아니고, 게송이 있는 경전이면 어떤 경전이든 경전의 대의가 가장 잘 나타난 게송에 붙여지는 명칭이기에 고유명사로 쓰기에는 문제가 있다. 때문에 여기서는 위 설화의 내용을 근거로 이 게송의 명칭을 '파지옥게'로 하였다.

---

51) 『佛光大辭典』(佛光大藏經編修委員會, 1989) p. 4232a
　　『宗鏡錄』 券9(大正藏 卷10, p. 102a) 참고.

<7.破地獄眞言(파지옥진언)> 지옥을 부수려는 원을 실행에 옮기는 진언

「救病施食」Ⅱ Ⅰ.召請篇 1.擧佛 2.唱魂 3.振鈴偈 4.着語 5.大悲呪 6.破地獄偈 **7.破地獄眞言** 8.滅惡趣眞言 9.召餓鬼眞言 10.普召請眞言 11.祭文 12.由致 13.證明請 14.香華請 15.歌詠 16.獻座眞言 17.茶偈 18.孤魂請 19.香煙請 20.歌詠 Ⅱ.沐浴篇 21.引詣香浴 22.沐浴眞言 23.化衣財眞言 24.授衣眞言 25.着衣眞言 26.指壇眞言 27.普禮三寶 28.受位安座 29.受位安座眞言 30.茶偈 Ⅲ.施食篇 31.宣密偈 32.四陀羅尼 33.稱揚聖號 34.施食偈 35.施鬼食眞言 36.普供養眞言 37.施無遮法食眞言 38.發菩提心眞言 39.普回向眞言 40.勸飯偈 41.般若偈 42.如來十號 43.法華偈 44.無常偈 45.莊嚴念佛 46.功德偈 Ⅳ.奉送篇 47.表白 48.念願文 49.願往偈 50.燒錢眞言 51.奉送眞言 52.上品上生眞言 53.解百生冤家陀羅尼 54.破城偈 55.告佛偈

曩謨 阿灑吒 始地喃 三藐三沒馱 鳩致喃 唵 惹左那 縛婆始 地哩地哩 吽 三說
나무 아따 시지남 삼먁삼못다 구치남 옴 아자나 바바시 지리지리 훔 삼설

【개요】

제목과 같이 지옥을 부수는 진언이다.52) 한편, 지옥의 근원이 각자 마음에 있는 바 그 마음을 청정하게 하는 진언의식이기도 하다.

【구성 및 내용】

진언의 '제목'과 '진언'으로 되어 있다.

【의식】

<6.파지옥게>에 이어 제목은 한 번, 진언은 세 번 대중이 함께 염불성으로 지송한다.

【연구】

1 위 <파지옥진언>의 전거에 대해 자세히 알고 싶은데?

『유가집요염구시식의(瑜伽集要焰口施食儀)』에서 관련 내용을 소개하면,

次結破地獄印 二羽金剛拳 檀慧兩相鉤 進力竪側合 心想開地獄 三誦三掣開 眞
차결파지옥인 이우금강권 단혜양상구 진력수측합 심상개지옥 삼송삼체개 진

言曰 那麻阿瑟吒二合瑟吒二合攝諦喃三藐三勃塔俱胝喃唵引撮引辣引納嚩婆細提
언왈 나마아슬타이합슬타이합섭체남삼먁삼발탑구지남옴인촬인랄인납박바세제

哩提哩吽 此破地獄印呪 出破阿毘地獄智炬陀羅尼經 又准滅惡趣王本續說 從印
리제리훔 차파지옥인주 출파아비지옥지거다라니경 우준멸악취왕본속설 종인

流出火光 口誦神呪 口出無量火光 心月輪上 紅色□字 放赤色火光 三光同照阿
유출화광 구송신주 구출무량화광 심월륜상 홍색라자 방적색화광 삼광동조아

毘地獄等 三誦三掣 關鎖自開 所有罪人 悉皆得出 此擧難破 偏云地獄 若准下
비지옥등 삼송삼체 관쇄자개 소유죄인 실개득출 차거난파 편운지옥 약준하

文 理應光照通餘五趣 意令專注故 偏擧此 由此印呪威神力故 所有諸趣 地獄之
문 이응광조통여오취 의령전주고 편거차 유차인주위신력고 소유제취 지옥지

---

52) 『각론』 권2 소수 <3.地獄偈(지옥게)>
鐵圍山間沃焦山(철위산간옥초산) 일세계끝 철륜위산 깊은바다 옥초산엔
鑊湯爐炭劍樹刀(확탕노탄검수도) 확탕노탄 검수도산 모든지옥 있습니다.
八萬四千地獄門(팔만사천지옥문) 지옥문을 세어보니 그숫자가 팔만사천
仗秘呪力今日開(장비주력금일개) 신비스런 주력으로 이순간에 열리과저.

門 隨此印呪 豁然自開[53]
문 수차인주 활연자개

다음, 파지옥인(破地獄印)을 맺는다.[54] 두 손은 금강권을 쥐고, 단(壇. 右手 小指)과 혜(慧. 左手 小指)를 걸며, 진(進. 右手 頭指)과 력(力. 左手 頭指)은 세워서 측면(側面)을 합친다. 마음으로 지옥이 열림을 생각하며, [진언을] 세 번 외우고 [맺은 결인을] 세 번 당겨 연다. 진언은, 「나마아슬타ㅇ합슬타ㅇ합섭체남삼먁삼발탑구지남옴ㅇ찰ㅇ랄ㅇ납박바세제리제리훔」이다.

이 파지옥印과 진언은 『파아비지옥지거다라니경』과 『준멸악취왕본속설』이 출처이다. 인계(印契)로부터 화광(火光)이 흘러나오고, 입으로 신주(神呪)를 지송함에 입에서도 무량한 화광이 나오며, 마음은 월륜(月輪) 위에서 홍색인 '라'자로부터 적색 화광을 방출한다. [삼밀(三密)로부터 방출하는] 세 가지 광명이 함께 아비지옥 등을 비추고, 세 번 지송하며 세 번 빗장을 당기면 자물쇠가 저절로 열리고, 죄인들은 모두 다 나오게 된다. 이는 깨트리기 어려움을 들어 지옥을 운운하였다. 만일 아래 글에 준하면, 이치가 응당 나머지 오취(五趣)를 모두 비춘다. [그럼에도 지옥만을 운운한 것은] 뜻을 한결같이 하려고 이 [지옥만]을 든 것이다. 이 인계와 진언의 위신력을 말미암으면 제취(諸趣)와 지옥의 문은 이 계인과 진언을 따라 활연(豁然)히 저절로 열린다.

---

53) 『大正藏』 卷21 p. 476c
54) ※10바라밀(波羅蜜)과 각지(各指) 그리고 오대(五大)와의 관계

禪定(선정)… 右手 大拇指(대무지)	← 空[團. 카] →	智(지) … 左手 大拇指
精進(정진)… 〃 頭 指(두 지)	← 風[半月. 하] →	力(력) … 〃 頭 指
忍辱(인욕)… 〃 中 指(중 지)	← 火[三角. 라] →	願(원) … 〃 中 指
持戒(지계)… 〃 無名指(무명지)	← 水[圓 . 바] →	方便(방편)… 〃 無名指
布施(보시)… 〃 小 指(소 지)	← 地[方 . 아] →	智慧(지혜)… 〃 小 指

『佛光大辭典』 1-336 '십이합장(十二合掌)' 참조.

<8. 滅惡趣①眞言(멸악취진언)> 삼악도(三惡道)를 소멸하는 진언

唵 阿謨迦 尾魯左那 摩訶 母那羅 摩尼婆那摩 阿婆羅婆羅 密多野 吽 三說
옴 아모가 미로자나 마하 모나라 마니바나마 아바라바라 밋다야 훔 삼설

【자구해설】

①惡趣(악취) : 악한 짓이 원인이 되어 태어난다고 하는 고통을 받는 악한 곳. 곧 삼악취(三惡趣)이니, 지옥(地獄=火塗)・아귀(餓鬼=刀塗)・축생(畜生=血塗).
　　※趣(취) : 취향(趣向)의 약. 하고 싶은 마음이 쏠리는 방향.
　　예) 旨趣也 旨는 意向也니 意之所歸를 爲趣라.[55]

【개요】

지옥취(地獄趣)를 포함한 아귀취와 축생취 등 삼악취를 소멸토록 하는 진언의식이다.

【구성 및 내용】

진언의 '제목'과 '진언'으로 되어 있다.

【의식】

<7.파지옥진언>에 이어 제목은 한 번, 진언은 세 번 염불성으로 지송한다.

---

55) 安震湖 編 『緇門』 1후13

<9.召餓鬼①眞言(소아귀진언)> 아귀를 향단으로 초청하는 진언

唵 卽那卽迦 曳醯醯 娑婆訶 三說
옴 직나직가 예혜혜 사바하 삼설

【자구해설】

①餓鬼(아귀) : 전항 <7.파지옥진언> 및 <8.멸악취진언> 등에 의해 삼악도가 사라진 상황을 상정하여 그곳에 있던 제영가(諸靈駕)를 말하는 것이다. 자고로 아귀란 주림을 고통으로 하는 중생을 말하는데, 여기서는 법식 즉 진리에 주림을 나타내는 것이기도 하다.

【개요】

모든 악취가 소멸됨에 따라 방면(放免)이 되었을지라도, 가야할 목적지와 그곳에 이르는 방법을 모른다면 문제다. 이제 이 두 가지를 깨닫게 하기 위해 영가제위를 본 향단(香壇)으로 청하는 진언의식이다.

【구성 및 내용】

진언의 '제목'과 '진언'으로 되어 있다.

【의식】

<8.멸악취진언>에 이어 제목은 한 번, 진언은 세 번 염불성으로 지송한다.

<10.普召請①眞言(보소청진언)> 관음보살님과 초면귀왕 등 영가제위를 향단으로 청하는 진언

「救病施食」‖ Ⅰ.召請篇 1.擧佛 2.唱魂 3.振鈴偈 4.着語 5.大悲呪 6.破地獄偈 7.破地獄眞言 8.滅惡趣眞言 9.召餓鬼眞言 **10.普召請眞言** 11.祭文 12.由致 13.證明請 14.香華請 15.歌詠 16.獻座眞言 17.茶偈 18.孤魂請 19.香煙請 20.歌詠 Ⅱ.沐浴篇 21.引詣香浴 22.沐浴眞言 23.化衣財眞言 24.授衣眞言 25.着衣眞言 26.指壇眞言 27.禮三寶 28.受位安座 29.受位安座眞言 30.茶偈 Ⅲ.施食篇 31.宣密偈 32.四陀羅尼 33.稱揚聖號 34.施食偈 35.施鬼食眞言 36.普供養眞言 37.施無遮法食眞言 38.發菩提心眞言 39.普回向眞言 40.勸飯偈 41.般若偈 42.如來十號 43.法華偈 44.無常偈 45.莊嚴念佛 46.功德偈 Ⅳ.奉送篇 47.表白 48.念願文 49.願往偈 50.燒錢眞言 51.奉送眞言 52.上品上生眞言 53.解百生冤家陀羅尼 54.破城偈 55.告佛偈

南謨 步步諦哩 迦哩多哩 多陀 揭多野 三說
나무 보보제리 가리다리 다타 아다야 삼설

【자구해설】

①普召請(보소청) : 의식에서는 신앙행위의 대상이 되는 특정의 불·보살 혹은 영가를
　　청하게 되는데, 이때 그 권속을 함께 청함으로 '보소청'이라 한다.
　　⊙召請(소청) : 제불보살님을 권청(勸請)하는 것.
　　⊙普請(보청) : 널리 대중을 청하여 근로(勤勞)하게 하는 것.

【개요】

　장차 <13.증명청>과 <18.고혼청>에서 모시고자 하는 관세음보살님과 초면귀왕을 위
시해 영가제위를 향단으로 청해 모시고자 하는 뜻을 전하는 진언의식이다.

【구성 및 내용】

　진언의 제목과 내용으로 구성되어 있다.

【의식】

　법주는 무릎을 꿇고 요령을 길게 한번 흔들어 놓은 뒤, 합장한 자세에서 제목을
한번 읊으며 일배(一拜) 한다. 다시 일어서서 요령을 천천히 울리며 진언은 세 번
염불성으로 지송한다. 지송이 끝나면 반배하며 마친다.

【연구】

1 본 진언의 전거는?
　불공(不空)삼장 역 『시제아귀음식급수법병수인(施諸餓鬼飮食及水法幷手印)』에 다
음과 같은 내용을 살필 수 있다.

　　[前略] 合掌當心56)誦此偈 以印作召請開喉印 以右手大指與中指　面相捻　餘三指相
　　[전략] 합장당심송차게 이인작소청개후인 이우수대지여중지 면상념 여삼지상

　　去 微作曲勢卽是 名普集印 呪曰
　　거 미작곡세즉시 명보집인 주왈

---

56) 當心(당심) : ①물건을 가슴 높이로 받들어 드는 일. ②중앙 중심에 맞음. 또는 그것에 맞힘.
　③삼감. 조심함. ④중심.

曩謨步布_入哩迦哩多哩怛他蘗多_引也[57]
낭모보보_입리가리다리달타얼다_인야

[전략] 합장하여 가슴에 두고 이 게를 읽으며, 인(印)으로는 소청개후인을 짓는다. 오른손 어미손가락과 가운데 손가락을 [마주보게 하여] 서로 누른다. 나머지 세 손가락은 제 방향으로 가게 하는데 약간 구부리면 되고, 이름하여 '보집인'이라 한다. 주문은,   낭모보보_입리가리다리달타얼다_인야

충주 월악산 덕주사 간 『수륙무차평등재의촬요(水陸無遮平等齋儀撮要)』 17장에 다음과 같은 내용이 있다.

普召請眞言曰
보소청진언왈

印法二手頭指中指無名指小指右押左掌內相叉相鉤急握伸二大指上下來去
인법이수두지중지무명지소지우압좌장내상차상구급악신이대지상하래거

曩謨步步地哩伽哩多哩怛他葛多野[58]
낭모보보지리가리다리달타갈다야

망월사 판 『진언집(眞言集)』 상권 3장에는,

普召請眞言
南無步布帝哩伽哩多哩怛佗葛多野
나모。보보뎨리。가리다리。다타아다야。

57) 『大正藏』 卷21 p. 467a.
58) 『韓國佛敎儀禮資料叢書』 第一輯 p. 631a

<11.祭文①(제문)> 疏의 일종으로 시식를 거행하는 취지를 책주귀신에게 밝히는 글

「救病施食」‖ Ⅰ.召請篇 1.擧佛 2.唱魂 3.振鈴偈 4.着語 5.大悲呪 6.破地獄偈 7.破地獄眞言 8.滅惡趣眞言 9.召餓鬼眞言 10.普召請眞言 **11.祭文** 12.由致 13.證明請 14.香華請 15.歌詠 16.獻座眞言 17.茶偈 18.孤魂請 19.香煙請 20.歌詠 Ⅱ.沐浴篇 21.引詣香浴 22.沐浴眞言 23.化衣財眞言 24.授衣眞言 25.着衣眞言 26.指壇眞言 27.普禮三寶 28.受位安座 29.受位安座眞言 30.茶偈 Ⅲ.施食篇 31.宣密偈 32.四陀羅尼 33.稱揚聖號 34.施食偈 35.施鬼食偈 36.普供養眞言 37.施無遮法食眞言 38.發菩提心眞言 39.普回向眞言 40.勸飯偈 41.般若偈 42.如來十號 43.法華偈 44.無常偈 45.莊嚴念佛 46.功德偈 Ⅳ.奉送篇 47.表白 48.念願文 49.願往偈 50.燒錢眞言 51.奉送眞言 52.上品上生眞言 53.解百生冤家陀羅尼 54.破城偈 55.告佛偈

維歲次②
유세차
바야흐로 세성(歲星)의 차서(次序)는

某年某月某日
모년모월모일
모년 모월 모일 이옵니다.

某處居住某人
모처거주모인
모처에 거주하는 아무개는

得病難除
득병난제
병을 얻음에 없애기 어려워,

撲床呻吟③
박상신음
병상(病床)에서 괴로워하며 신음하고 있나이다.

謹備香燈飯餅錢馬④
근비향등반병전마
삼가 향과 등불, 음식과 전마(錢馬)를 갖추옵고

邀請⑤嘖主鬼神靈駕
요청 책주귀신 영가
책주귀신 영가와

及與五方諸位靈祇⑥靈魂⑦
급여오방제위영기영혼
오방(五方)의 모든 영기(靈祇)의 영혼을 청하여

以伸供養
이신공양
공양을 올리고자하나이다.

伏願
복원
엎드려 바라옵니다.

某人嘖主鬼神諸位靈駕
모인 책주귀신 제위영가
아무개의 책주귀신 제위 영가시여!

來臨醮座⑧
내림초좌
초좌(醮座)에 내림(來臨)하시어

受霑法供⑩
수점법공
법공(法供)을 받으시고,

解冤⑨釋結
해원석결
원결(冤結)59)을 푸시어

病患消除
병환소제
병환을 없게 하시고

---

59) 원망(怨望)의 마음이 얽혀 풀리지 않는 것을 말함. 원한(怨恨)으로 맺어진 인연. 冤 = 寃 원통할 '원'. 怨 원망할 '원'.

身强力足　　　　　　몸은 강건하고 힘은 충만하여
신강역족

所求如願　　　　　　구하는바 원(願)과 같이
소구여원

一一成就　　　　　　낱낱이 성취하게 하소서.
일일성취

【자구해설】

①祭文(제문) : 망자에 대하여 애도의 뜻을 나타낸 글. 흔히 제물을 올리고 축문처럼 읽는다.

　　※축문(祝文) : 제사 때에 읽어 신명(神明)께 고하는 글. 대개 축문은 죽은 사람이나 조상 또는 토지신(土地神)에게 제수(祭需)를 드리니 받으라는 내용의 간단한 글이지만, 제문은 죽은 사람을 추도, 추모하는 내용을 담은 글이기 때문에 자연히 길어지게 마련이다.

②維歲次(유세차) : [간지(干支)로 따져 볼 때의] 해의 차례(次例). 제문(祭文)·축문(祝文)의 첫머리에 쓰는 관용어.

　　※維(유) : 바야흐로. 허사(虛詞)로서 시간을 이끌어내는 데 사용하며 해석하지 않아도 된다.

　　※歲(세차) : 간지(干支)를 따라 정한 해의 차례. 세성(歲星=木星)이 머무는 곳. 목성은 궤도를 1주(周)하는데 12년이 걸린다. 따라서 목성이 머무는 곳을 그 해의 간지로 보아 왔다.

③撲床呻吟(박상신음) : 병상(病床)에 누어 신음(呻吟)함. 고통을 못 이겨 병상을 치며 신음함. / 撲(칠 '박'). 床(평상 '상'). 呻(끙끙거릴 '신'). 吟(읊을, 끙끙 앓을 '음').ⓢ

④飯餠錢馬(반병전마) : 음식과 떡 그리고 돈과 말. 구병시식에서 책주귀신영가에게 접대할 음식과 봉송시(奉送時) 전별금(餞別金)과 타고 갈 말[馬].ⓢ

　　飯餠(반병) : 인절미. 飯餠　今俗呼䭏고* 인절미 『사성통해(四聲通解)』[60](1517) 상:13 / 䭏(떡 고)

⑤邀請(요청) : 청요(請邀*). 연청(延請). 초청하다. 초대하다. / 邀(맞을, 초대할 '요(료)')

⑥靈祇(영기) : 신령스런 토지신, 예컨대 산신, 해신, 토지신 등 땅이나 하천 기타 산천에 있어 이를 주관한다고 생각되는 신.

⑦靈魂(영혼) : 영(靈)은 불가사의란 뜻. 육체 외에 따로 존재한다고 사유되는 정신적 실체를 말한다. 영혼의 존재가 처음에는 물리적 현상으로서의 기식(氣息)·풍(風)에 착상(着想)되었으니, 산스크리트어의 아트만(atman), 헤브라이어의 루아아(ruah), 그리스어의 프쉬케(psyche)의 어원적 의미에서도 드러나고 있다. 이와 같은 물리적 현상을 의미한 말이 인간으로 하여금 인간을 인간답게 만드는 본질을 나타내는 말이 되고, 점차 이것을 철학적으로 정신화시켜 일종의 인간의 존재양식을 결정하는 원리로까지 높여 '자아'의 관념으로 발전되었으니, 이러한 사변을 구체화시킨 것은 인도인 유태인 그리스인들이었다.

---

60) <책명> 조선 시대에, 최세진이 엮은 운서(韻書). 『홍무정운(洪武正韻)』을 바탕으로 하고 『사성통고(四聲通攷)』의 결점을 보완하여 펴낸 것으로, 한자의 고음(古音)·금음(今音)·정음(正音)·속음(俗音)을 한글로 적고 뜻을 달았으며, 글자를 음모(音母)에 따라 분류하였다. 450여 개의 국어 낱말이 수록되어 있어 국어 연구의 귀중한 자료이다. 중종 12년(1517)에 간행되었다. 2권 2책.

단, 불교에서는 궁극적인 면에서 정신과 육체를 구별하는 이원론(二元論)에 입각
한 영혼은 인정하지 않는다.
⑧醮座(초좌) : 제사지내는 자리. / 醮(초례, 제사지낼 '초')
⑨解寃(해원) : 원통한 마음을 품.
　　寃結(원결) : 원한으로 맺혀있는 일. / 寃⇒冤(원통할 '원')의 속자.
⑩法供(법공) : 불공(佛供)과 같은 말로 부처님 전에 올리는 공양을 말한다. 여기서는 법
　　답게 준비해 대중 앞에 제공하는 공양 내지 불경의 내용을 전하는 일을 말한다.

【개요】

　구병시식은 재주(齋主)와 원결이 있을 것으로 생각되는 책주귀신영가와의 해원석
결(解寃釋結)을 목적으로 거행하는 의식이다. 따라서 제수(祭需)를 정성껏 마련하
고 책주귀신영가는 물론 인연이 있을만한 영가들을 함께 초청하려는 뜻을 당사자
들에게 전하는 글이다.

【구성 및 내용】

'기'인 유세차 모년모월모일 모처거주모인 득병난제 박상신음(維歲次 某年某月
某日 某處居住某人 得病難除 撲床呻吟) ―바야흐로 세성(歲星)의 차서(次序)는 / 모
년 모월 모일 이옵니다. / 모처에 거주하는 아무개는 / 병을 얻음에 없애기 어려워 / 병상
(病床)에서 괴로워하며 신음하고 있나이다― 에서는, 본 의식을 거행하는 일자(日字)
와 재주 그리고 재주의 상태를 밝히고 있다. 일자를 밝힘은 좋은 날을 받아 정성
을 다하고 있음을 강조함이며, 재주와 재주의 상태를 말함은 상황의 심각성을 하
소연하기 위함이다.

'서'인 근비향등반병전마 요청책주귀신영가 급여오방제위영기영혼 이신공양(謹
備香燈飯餠錢馬 邀請嘖主鬼神靈駕 及與五方諸位靈祇靈魂 以伸供養) ―삼가 향
과 등불, 음식과 전마(錢馬)를 갖추옵고 / 책주귀신 영가와 / 오방(五方)의 모든 영기(靈祇)
의 영혼을 청하여 / 공양을 올리고자하나이다― 에서는, 준비한 제수의 품목과 소시
(所施)[61]를 분명히 하였다. 이는 여법(如法)히 준비한 법공양임과 초청의 대상을
거듭 밝혀 재주의 뜻이 간절함을 전하려는 것이다.

'결'인 복원 모인책주귀신제위영가 내림초좌 수점법공 해원석결 병환소제 신강
역족 소구여원 일일성취(伏願 某人嘖主鬼神諸位靈駕 來臨醮座 受霑法供 解寃
釋結 病患消除 身强力足 所求如願 一一成就) ―엎드려 바라옵니다 / 아무개의 책주
귀신 제위영가시여! / 초좌(醮座)에 내림(來臨)하시어 / 법공(法供)을 받으시고 / 원결(寃結)

---

61) 『心地觀經』 序品(大正藏 卷3 p. 296b) / <三輪淸淨偈(삼륜청정게)>
　　能施所施及施物(능시소시급시물)　能施와 所施 그리고 施物 등 세 가지는,
　　於三世中無所得(어삼세중무소득)　과·현·미 가운데선 얻을 수 없는 것입니다.
　　我等安住最勝心(아등안주최승심)　저희들은 최승심에 안주하옵기로
　　供養一切十方佛(공양일체시방불)　시방에 계신 모든 부처님께 공양 올리나이다.

을 푸시어 / 병환을 없게 하시고 / 몸은 강건하고 / 힘은 충만하여 / 구하는바 원(願)과 같이 / 낱낱이 성취하게 하소서— 에서는, 책주귀신 제위영가에게 초좌(醮座) 즉, 향단(香壇)으로 임하여 공양에 응해 줄 것 권하고 있다. 또, 이를 인연으로 원결을 풀어 환자인 재주로 하여금 건강을 되찾고 원하는 바를 이룰 수 있게 되기를 부탁하고 있다.

【의식】
법주가 글을 읽듯 천천히 읽어 내려간다. 소사물의 사용은 없다.

【연구】
① 소청에 대한 호칭을 '서'에서는 '책주귀신영가 급여오방제위영기영혼(嘖主鬼神靈駕 及與五方諸位靈祇靈魂)'이라 하였는데, '결'에서는 '책주귀신제위영가(嘖主鬼神諸位靈駕)'라 하였다. 어떤 차이가 있는지…
결론부터 말하면 차이는 없다.
예컨대 빚을 짐에 채권자가 여럿일 수 있고, 또 금액에도 다소의 차이가 있을 수 있다. '서'에서의 호칭은 가장 많은 빚을 준 채권자와 그 외 채권자라는 의미이고, '결'에서의 호칭은 채권의 다소에 구별 없이 채권자 전원을 지칭한 것이다.

② '결'의 내용을 보면 재주가 지나치게 하심(下心)을 하는 것이 아닌지?
공양물을 준비함은 자신을 낮춤에서 가능한 일이고, 원결이 풀어지기를 바라고 있음을 먼저 밝히는 것은 원결의 원인을 자신에게 돌려 참회하고 있음을 말한 것이다. 이에 더해 자신의 건강과 원하는 바의 성취에 대한 재량(裁量)까지 책주귀신 제위영가에 있음을 말하고 있으니, 이는 상대에 대한 최상의 예우라 할 수 있다. 따라서 상대와 우열의 관계가 아닌 사태해결에 적극성을 띤다는 의미로 봄이 옳을 것이다.
하심은 함께 이길 수 있는 최선의 방법이다.

<12.由致①(유치)> 고혼제위를 청하는 연유와 관세음보살님께 의지함을 밝히는 의식

切以②a
절이
간절히 생각하옵니다.

冥路③茫茫孤魂擾擾④
명로망망고혼요요
명부의 길이 아득함에
[길을 찾지 못한] 고혼들은 어수선합니다.

或入幽關⑤永世楚毒⑥
혹입유관영세초독
혹자는 깊고 깊은 지옥에 들어
긴 세월 동안 고통을 받고,

或處中陰⑦長劫飢虛
혹처중음장겁기허
혹자는 중음신(中陰神)으로
여러 겁을 굶주리니

斯殃斯苦難忍難當a
사앙사고난인난당
이런 재앙과 이런 고통은
참기 어렵고 감당하기 어렵습니다.

千載未獲超昇之路
천재미획초승지로
천년(千年)을 지내도
벗어날 길을 얻지 못하고

四時永無享祭⑧之儀
사시영무향제지의
사시(四時)를 보내면서도
제사(祭祀)조차 없으니

糊口⑨四方終無一飽
호구사방종무일포
입에 풀칠이라도 하려 사방으로 다니나
마침내 한 번도 배부른 적이 없는지라

幸托財色而損物
행탁재색이손물
혹, 재색(財色)에 의탁하여
물명(物命)62)을 해롭게 하고

亦付酒食而侵人
역부주식이침입
또, 술과 음식에 붙어 사람을
침노(侵擄)63)하며

或不忘情愛而追尋⑩
혹불망정애이추심
혹, 정(情)이나 사랑을 못 잊어
따라 다니거나

或未釋冤憎而逼迫
혹미석원증이핍박
혹, 원결(冤結)을 풀지 못하여
핍박하며,

或因鼎釜槽甕⑪出納而生禍
혹인정부조옹출납이생화
혹, 솥·가마솥·구유·독 등의
출납으로 인하여 앙화(殃禍)를 만들거나

或緣瓦石土木犯動而流災a
혹연와석토목범동이유재
혹, 기와·돌·흙·나무를 범하거나
움직임을 이유로 재난을 만드는 것입니다.

凡夫不知病根而痛傷⑫
범부부지병근이통상
범부는 병의 근원도 모르는 채
괴로워하며

---

62) 사람의 목숨.
63) 성가시게 달라붙어 손해를 끼치거나 해침.

鬼神不知罪相而侵嘖⑬　　귀신은 죄상(罪相)을 모르고
귀신부지죄상이침책　　　침책(侵責)함에

鬼不知人之苦惱而妄怒　귀신은 사람의 고뇌를 모르는 채
귀부지인지고뇌이망노　　망령되이 노하고

人不知鬼之飢虛而徒憎　사람은 귀신의 배고픔을 모르고
인부지귀지기허이도증　　다만 미워만하니

不假觀音之威神　　　　　관세음보살님의 위신력을 의지하지 않으면
불가관음지위신

寧釋人鬼之結恨ⓐ　　　　어찌 사람과 귀신 사이에 맺힌 한이 풀리리오.
영석인귀지결한

肆以ⓐ　　　　　　　　　　나름대로 생각하여,
사이

運心平等設食無遮　　　　평등한 마음으로
운심평등설식무차　　　　차별 없이 법식(法食)을 베푸오니

願諸無主孤魂　　　　　　원컨대 무주고혼(無主孤魂)께서는
원제무주고혼

仰仗觀音妙力　　　　　　관세음보살님의 신묘(神妙)하신 힘을 의지하시어
앙장관음묘력

咸脫苦趣來赴法筵　　　　모두 고취(苦趣)를 벗어나
함탈고취내부법연　　　　한달음에 법연(法筵)으로 오소서.

謹秉一心先陣三請ⓐ　　　삼가 마음을 가다듬고
근병일심선진삼청　　　　먼저 모시는 말씀을 세 번 올리나이다.

【자구해설】

①由致(유치) : 치성(致誠)을 올리는 연유. 즉, 신앙의 대상이 되는 분의 이력(履歷)과 덕
　　(德)을 열거한 글. 중요한 것은 '청사(請詞)'가 신앙의 대상을 청(請)함을 주제로
　　하고 있음에 비해 '유치'는 신앙의 대상이 어떤 분인가를 대중에게 알림을 주제로
　　하고 있다. / 由(유) : 곡절·사정·이유·원인·까닭 / 致(치) : 이르다. 다하다.

②切以(절이) : 엎드려 생각하다. [以. 생각하다]

③冥路(명로) : 명도(冥途). 사람이 죽은 뒤에 간다는 영혼의 세계.

④擾擾(요요) : 뒤숭숭하고 어수선하다. / 擾(어지러울 '요')

⑤幽關(유관) : 깊은 지옥. 빠져나오기 어려운 지옥. ⓢ

⑥楚毒(초독) : 고초(苦楚). 고난(苦難). 괴로움과 어려움을 아울러 이르는 말. ⓢ

⑦中陰(중음) : 중유오음(中有五陰). 사람이 죽은 뒤 다음 생(生)을 받을 때까지의 상태.

⑧享祭(향제) : 시향제(時享祭)·시사(時祀)·시향(時享)이라고도 한다. ⑴음력 2월, 5월,
　　8월, 11월에 가묘에 지내는 제사. ⑵음력 10월에 5대 이상의 조상 무덤에 지내는
　　제사. 묘소에 가서 벌초하고 청소한 다음 절차에 따라 분향하고 제사를 지내는데,
　　이때에는 멀고 가까운 친족들이 많이 모이는 것을 자랑으로 삼는다. 반병(飯餅)과
　　주찬(酒饌) 등 제물은 장손이나 묘지를 관리하는 산지기가 마련하며, 비용은 대개

　　문중 소유의 위토(位土)를 마련해 충당한다.
⑨糊口(호구) : 입에 풀칠을 한다는 뜻으로, 겨우 끼니를 이어 감을 이르는 말. / 糊(풀
　　'호')
⑩追尋(추심) : 나중에 찾아 조사함.
⑪鼎釜槽甕(정부조옹) : 솥, 가마솥, 구유64), 독 등
⑫痛傷(통상) : 몹시 슬퍼하고 아프게 여김.
⑬侵責(침책) : 조선 시대에, 물품을 거두어들일 때 트집을 잡아 술이나 돈을 청하던 일.
　　　　귀침(鬼侵) 귀책(鬼責). 사람의 죄악을 징계하기 위하여 귀신이 내리는 벌을 받
　　　　음.

【개요】
　금일의 상황이 전개되게 된 원인을 분석하여 영가제위와 재주, 관세음보살님과
영가제위의 만남이 필요함을 인지토록 하는 글이다. 문제해결을 위해서는 갑과 을
의 만남과 소통이 중요함을 강조한 것이 돋보인다. 또, 소례를 관세음보살님으로
하는 이유도 명백히 하였다.

【구성 및 내용】

　'기'인 절이 명로망망 고혼요요 혹입유관 영세초독 혹처중음 장겁기허 사앙사
고 난인난당(切以 冥路茫茫 孤魂擾擾 或入幽關 永世楚毒 或處中陰 長劫飢虛
斯殃斯苦 難忍難當) —간절히 생각하옵니다 / 명부의 길은 아득함에 [길을 찾지 못한]
고혼들은 어수선합니다 / 혹자는 깊고 깊은 지옥에 들어 긴 세월 동안 고통을 받고 / 혹
자는 중음신(中陰神)으로 여러 겁을 굶주리니 / 이런 재앙과 이런 고통은 참기 어렵고 감
당하기 어렵습니다— 에서는, 많은 영가들이 겪고 있는 고초를 말하고 있다. 비교적
복이 많은 인취(人趣)로서는 쉽게 이해하기 어려운 상황이다. 그러나 재주(齋主)가
처한 어려움을 풀어나가려면 역지사지(易地思之) 즉, 명계(冥界)나 외로운 영가에
대한 새로운 안목과 이해를 필요로 함을 강조한 대목이다.

　'서1'인 천재미획초승지로 사시영무향제지의 호구사방종무일포 행탁재색이손
물 역부주식이침입 혹불망정애이추심 혹미석원증이핍박 혹인정부조옹출납이생
화 혹연와석토목범동이유재(千載未獲超昇之路 四時永無享祭之儀 糊口四方終無一
飽 幸托財色而損物 亦付酒食而侵人 或不忘情愛而追尋 或未釋寃憎而逼迫 或因
鼎釜槽甕出納而生禍 或緣瓦石土木犯動而流災) —천년을 지내도 벗어날 길을 얻지 못하
고 / 사시(四時)를 보내면서도 제사조차 없으니 / 입에 풀칠이라도 하려 사방으로 다니나
마침내 한 번도 배부른 적이 없는지라 / 혹, 재색(財色)에 의탁하여 물명(物命)을 해롭게
하고 / 또, 술과 음식에 붙어 사람을 침노(侵擄)하며 / 혹, 정(情)이나 사랑을 못 잊어 따라
다니거나 / 혹, 원결(寃結)을 풀지 못하여 핍박하며 / 혹, 솥·가마솥·구유·독 등의 출납

----
64) 죽통. 소나 말 따위의 가축들에게 먹이를 담아 주는 그릇. 흔히 큰 나무토막이나 큰돌을 길쭉하게
　　파내어 만든다.

으로 인하여 앙화(殃禍)를 만들거나 / 혹, 기와·돌·흙·나무를 범하거나 움직임을 이유로 재난을 만드는 것입니다— 에서는, '기'에서 말한 고혼 가운데 책주귀신의 입장을 대변하고 있다. 오늘 책주귀신과 재주와의 사이에 나타난 바람직하지 않은 결과에 대한 원인으로 든 것이 호구지책(糊口之策), 정(情), 원결(寃結), 주처(住處) 등임을 말하였다. 즉, 병을 고치기 위해서는 발병의 원인을 규명하는 것이 순서임을 말하고 있다.

'서2'인 범부부지병근이통상 귀신부지죄상이침책 귀부지인지고뇌이망노 인부지귀지기허이도증 불가관음지위신 영석인귀지결한(凡夫不知病根而痛傷 鬼神不知罪相而侵嘖 鬼不知人之苦惱而妄怒 人不知鬼之飢虛而徒憎 不假觀音之威神 寧釋人鬼之結恨) —범부는 병의 근원도 모르는 채 괴로워하며 / 귀신은 죄상(罪相)을 모르고 침책(侵責)함에 / 귀신은 사람의 고뇌를 모르는 채 망령되이 노하고 / 사람은 귀신의 배고픔을 모르고 다만 미워만하니 / 관세음보살님의 위신력을 의지하지 않으면 / 어찌 사람과 귀신 사이에 맺힌 한이 풀리리오— 에서는, 재주의 병이 깊어진 것에 대한 원인이 양자 모두에 있음과 관세음보살님의 위신력에 의지하면 해결할 수 있음을 밝히고 있다. 분쟁이 종식되기 위해서는 양자가 상대의 입장이 되어 생각해보아야 한다는 말이다. 그리고 이런 일이 원만히 해결되기 위해서는 관세음보살님의 가피력이 반드시 필요하지만, 이에 못지않게 피차가 관세음보살님과 같은 마음을 지녀야만 가능한 일이기에 관세음보살님의 위신력에 의지해야 한다고 한 것이다.

'결'인 사이 운심평등 설식무차 원제무주고혼 앙장관음묘력 함탈고취 내부법연 근병일심 선진삼청(肆以 運心平等 設食無遮 願諸無主孤魂 仰仗觀音妙力 咸脫苦趣 來赴法筵 謹秉一心 先陣三請) —나름대로 생각하여 / 평등한 마음으로 차별없이 법식(法食)을 베푸오니 / 원컨대 무주고혼(無主孤魂)께서는 / 관세음보살님의 신묘(神妙)하신 힘을 의지하시어 / 모두 고취(苦趣)를 벗어나 한달음에 법연(法筵)으로 오소서 / 삼가 마음을 가다듬고 먼저 모시는 말씀을 세 번 올리나이다— 에서는, '기'와 '서'에서 깨달은 점을 실행에 옮기려는 의지를 표명하고 있다. 무주고혼 영가제위를 손님으로 간주하고 그들을 맞이하기 위해 음식을 장만하여 삼청(三請)으로 초청하고 있다. 더욱이 관세음보살님의 묘력(妙力)을 의지하여 청한다 함은, <1.거불>에서 관세음보살님을 '대자대비구고(大慈大悲救苦)'하신 어른이라 했듯 거리낌 없이 참석하라는 의미이기도 하다.

【의식】
법주는 합장하고 정신을 오롯이 하여 천천히 읽어 내려간다.

【연구】
① '서1'에서 언급한 '혹, 솥·가마솥·구유·독 등의 출납(出納)으로 인하여

앙화(殃禍)를 만들거나 / 혹, 기와·돌·흙·나무를 범하거나 움직임을 이유로 재난을 만드는 것입니다(或因鼎釜槽甕出納而生禍 或緣瓦石土木犯動而流災)'라 함에 대하여 구체적으로…

사람에게 집이 필요하듯 영가에게도 의지처가 필요하다. 사람이 집을 지음에 방위와 장소를 가리듯 영가 역시 선호하는 의지처가 있다. 영가가 선호하는 의지처는, '기'의 '혹자는 중음신(中陰神)으로 여러 겁을 굶주리니(或處中陰 長劫飢虛)'라는 대목에서 알 수 있듯 가급적 주림을 달래기 좋은 곳이어야 한다. 외에도 「전시식(奠施食)」<창백(唱魄)>에 '의초부목 일체귀신(依草附木 一切鬼神)'[65]이라는 말에서 보듯 영가는 어디에라도 의지하려는 속성이 있다. 그 가운데 쉽게 움직이지 않는 '기와·돌·흙·나무' 등은 영가가 선호하는 의지처이다.

요는 이런 곳에 있음에도 주림을 면하기 어렵다던가 혹은 자신들의 의지와 관계없이 의지처가 함부로 파괴되거나 옮겨진다면 영가의 입장에서는 참기 어려울 것이다. 즉, 이런 영가의 분노가 곧 앙화나 재난으로 이어진다는 결론이다.

단, 여기서 말한 영가는 제때 천도 받지 못한 중음신(中陰神)을 말하는 것이다.

② '서2'의 내용 가운데 '귀신부지죄상이침책(鬼神不知罪相而侵嘖)'이 여타의 본에는 모두 '귀신요지죄상이침책(鬼神了知罪相而侵嘖)'로 되어있다. 밑줄 친 '부지(不知)'와 '요지(了知)'의 의미는 정 반대가 아닌지?

'부지(不知)'는 알지 못한다는 말이고, '요지(了知)'는 속속들이 잘 안다는 말이다. 예컨대 문장이 '범부부지병근이통상 귀신요지죄상이침책(凡夫不知病根而痛傷 鬼神了知罪相而侵嘖)'으로 끝난다면 '了知'라 해도 나름대로 인정할 수 있다. 그러나 이어지는 내용이 '귀부지인지고뇌이망노 인부지귀지기허이도증(鬼不知人之苦惱而妄怒 人不知鬼之飢虛而徒憎)'임을 감안하면 '了知'라 해서는 안 된다.

만일 뒷 문장인 '귀부지인지고뇌이망노(鬼不知人之苦惱而妄怒)'마저 '귀요지인지고뇌이망노(鬼了知人之苦惱而妄怒)'로 고치자고 한다면 이는 더 큰일이다. 해원석결을 목적으로 영가를 초청해 놓고 아주 고약한 영가를 만들어버리고 마는 것이니 원결을 풀자는 것이 아니라 한 번 더 맺는 결과를 초래할 것이다.

짐작컨대 『증수선교시식의문(增壽禪敎施食儀文)』이 목판본이고, '不'자와 '了'자의 생김새가 비슷하여 잘못 판독된 것이 오늘에 이르고 있는 것이 아닌가 의심된다. 어쨌거나 이와 같이 주장함에 책임질 일이 있다면 감수하기로 하고, 본고에서는 '부지(不知)'로 한다.

---

65) 『석문의범』 권하 p. 66

<13.證明請(증명청)> 증명이신 관세음보살님을 청함에 즈음하여 귀의·찬탄하는 의식

南無一心奉請
나무일심봉청
귀의하오며, 일심으로 받들어 청하옵니다.

乘權①起敎
승권 기고
방편으로 교(敎)를 일으켜

普濟飢虛
보제기허
널리 주림을 제도하시고

爲救於惡道衆生
위구어악도중생
악도(惡道)로부터 중생을 구원하시기 위해

故現此尫羸②之相
고현차왕리지상
짐짓 파리한 모습을 나타내신

大聖焦面鬼王③
대성초면귀왕
위대하신 성인 초면귀왕

悲增菩薩④摩訶薩
비증보살마하살
자비가 남다르신 보살 위대한 보살님이시여!

唯願不違本誓
유원불위본서
오직 바라오니 본래의 서원 저버리지 마시고

降臨道場
강림도량
도량에 강림하사

證明功德 三說
증명공덕 삼설
공덕을 증명하옵소서.

【자구해설】

①乘權(승권) : 권승(權乘). 방편교(方便敎).

②尫羸(왕리) : 허약하고 여윈 모습. / 尫(절름발이, 허약할 '왕') 羸(여윌 '리')

③焦面鬼王(초면귀왕) : 붉은 얼굴을 하고있는 아귀의 대왕.『구면연아귀다라니신주경(救面然餓鬼陀羅尼神呪經)』66)『염구궤의경(焰口軌儀經)』67) 등에 보임. 염구아귀(焰口餓鬼). 면연귀왕(面燃鬼王)와 동(同).

　　　　　일본에서는 시아귀회(施餓鬼會)를 거행할 때, 붉은 종이에 '초면대귀왕(焦面大鬼王)'이라 써서 건다.

　　　　　'사방에 사천왕번(四天王幡)을 걸고 중간에는 붉은 종이 위에 쓴 초면귀왕이라 써서 건다.'68)

---

66)『大正藏』卷21 p. 465c

67)『大正藏』권21 p. 469a

④悲增菩薩(비증보살) : 중생에게 공덕과 이익을 베풀어 구제함을 본원으로 하고, 자비
　　　　의 마음으로 중생계에 오래 머물면서 중생들을 이롭게 하기 위하여 성불조차 뒤
　　　　로 미루는 보살.

【개요】

　<12.유치>에서 밝힌 소례 가운데 먼저 증명이신 관세음보살님을 청하는 의식이
다. 단지 보살님의 호칭을 권현(權現)[69]이신 초면귀왕으로 하고 있음에 주의할 필
요가 있다.

【구성 및 내용】

　'기'인 나무일심봉청(南無一心奉請) —귀의하오며, 일심으로 받들어 청하옵니다—
에서는, 유치에서 살핀 현 상황을 타개할 수 있는 것은 오직 증명으로 모신 관세
음보살님의 위신력뿐임을 절감하였기로, 귀의를 표명하고 증명으로 모시고자 정중
히 청하고 있다.

　'서'인 승권기교 보제기허 위구어악도중생 고현차왕리지상 대성초면귀왕 비증
보살마하살(乘權起敎 普濟飢虛 爲救於惡道衆生 故現此尫羸之相 大聖焦面鬼王
悲增菩薩摩訶薩) —방편으로 교(敎)를 일으켜 / 널리 주림을 제도하시고 / 악도(惡道)로
부터 중생을 구원하시기 위해 / 짐짓 파리한 모습을 나타내신 / 위대하신 성인 초면귀왕
/ 자비가 남다르신 보살 위대한 보살님이시여!— 에서는, 증명이신 관세음보살께서 권
현으로 나투신 모습을 노래하였다. 굳이 귀왕(鬼王)의 모습을 보이심은 여타 고혼
영가들을 다스리기 위함이다. 귀신을 다스림에 귀신의 왕의 모습을 보이는 이상
효과적인 방법은 없을 것이다. 동사섭(同事攝)의 한 예라 하겠다.

　'결'인 유원 불위본서 강림도량 증명공덕(唯願 不違本誓 降臨道場 證明功德)
—오직 바라오니 본래의 서원 저버리지 마시고 / 도량에 강림하사 / 공덕을 증명하옵소
서— 에서는, 도량에 강림하사 재주의 정성과 시식의 공덕을 증명해 주시기를 발
원하고 있다.

【의식】

　음성으로만 진행하던 <유치>와는 달리 법주가 '요령(搖鈴)'을 울리며 삼설(三說)
로 거행한다. 법주는 '나무일심봉청'에서 일배 씩 모두 삼배를 한다.

【연구】

────────────
68) 『椙樹林淸規창수림청규』 下, 年中行事
69) 부처님이나 보살이 중생을 구하기 위하여 다른 모습으로 변하여 세상에 나타남.

① 증명(證明)을 꼭 모셔야 하는지?

증명이란 어떤 사항이나 판단 따위에 대하여 그것이 진실인지 아닌지를 밝히는 것을 말한다. 예컨대 물건을 구입함에 증명서가 없으면 믿을 수 없듯, 의식을 거행함에 있어서 증명을 지어주시는 어른이 계시지 않으면 의식에 대한 신뢰도는 그만큼 떨어진다고 해야 할 것이다.

『법화경』에서 다보여래(多寶如來)[70]의 출현이 그래서 중요하고, 용상방(龍象榜)에서 증명이 회주(會主) 앞에 자리하는 것도 그래서 이다.

---

70) 경주 불국사의 예를 보면 '다보탑'이 주(主)의 위치에, '석가탑'이 빈(賓)의 위치에 자리하고 있다.

<14.香華①請(향화청)> 향과 꽃을 사르고 뿌리며 성중의 강림을 환영하는 절차

香華請 三說
향화청 삼설

향사르고 꽃을뿌려 청하옴을 아룁니다.

【자구해설】

①香華(향화) : 향과 꽃. 향과 꽃은 모두 이쪽의 뜻을 상대에 전하는 공능(功能)이 있다고 한다.

예)殺豬狗牛羊祭祀鬼神 長有憎惡終無利益 不如破魔屬佛懸繒幡蓋燒香散華歌詠讚歎[71]

【개요】

<13.증명청>을 올린 결과 소례이신 관세음보살님께서 이 도량에 강림하셨음을 전제로 향을 사르고 꽃을 뿌리며 환영하는 의식이다.

【구성 및 내용】

모두 3자인 '향화청'은 제목이자 내용이므로 구성은 달리 논할 것이 없다.

【의식】

<13.증명청>의 시작 부분인 '나무∨일심∨봉청 ○○∨'에서 표시와 같이 태징만 찍고 울려준다. 청사의 끝 부분인 '유원'에서 법주가 요령을 잠시 멈춰 신호하면 [∞○○○○○∨○○○]하고 거불쇠를 울린 후 '향화 에이야~'하고 <14.향화청(香華請)>을 소리를 한다. 이때 바라지가 하는 소리는 '홑소리'이며, 이와 같이 하는 것을 '소리를 받는다'고 한다. 한편 법주는 요령을 놓고 상단을 향해 일배(一拜) 올리고 다시 두 번째 청사를 봉행한다. 간단히 할 경우에는 '향화청'만 삼설한다.

【연구】

① 향화(香華)의 해석으로 '향기로운 꽃'과 '향과 꽃' 가운데 어느 것을 취해야 하는지?

【자구해설】에서 소개한 『대비경(大悲經)』의 내용에 의거하여 전자를 표준으로 채택하였다. 그러나 경의 내용을 전제로 하지 않는다면, 두 가지 해석이 모두 가능하다 하겠다.

---

71) 『大悲經』(大正藏, 卷85 p. 1368b) / 돼지·개·소·양 등을 잡아 귀신에게 제사를 지내면 오래도록 증오만 남아있을 뿐 마침내 이익은 없느니라. 마군(魔軍)을 부수고 부처님을 공경하기 위해 비단으로 된 번(幡)이나 덮개를 달고 향을 사르고 꽃을 뿌리며 가영(歌詠)으로 찬탄함만 못하다.

<15.歌詠①(가영)> 　　소례이신 관세음보살님의 공덕을 찬탄한 노래

「救病施食」‖ Ⅰ.召請篇 1.擧佛 2.唱魂 3.振鈴偈 4.着語 5.大悲呪 6.破地獄偈 7.破地獄眞言 8.滅惡趣眞言 9.召餓鬼眞言 10. 普召請眞言 11.祭文 12.由致 13.證明請 14.香華請 **15.歌詠** 16.獻座眞言 17.茶偈 18.孤魂請 19.香煙請 20.歌詠 Ⅱ.沐浴篇 21. 引詣香浴 22.沐浴眞言 23.化衣財眞言 24.授衣眞言 25.着衣眞言 26.指壇眞言 27.普禮三寶 28.受位安座 29.受位安座眞 30.茶 偈 Ⅲ.施食篇 31.宣密偈 32.四陀羅尼 33.稱揚聖號 34.施偈 35.施鬼食偈 36.普供養眞言 37.施無遮法食眞言 38.發菩提心眞 言 39.普回向眞言 40.勸飯偈 41.般若偈 42.如來十號 43.法華偈 44.無常偈 45.莊嚴念佛 46.功德偈 Ⅳ.奉送篇 47.表白 48.念願 文 49.願往偈 50.燒錢眞言 51.奉送眞言 52.上品上生眞言 53.解百生冤家陀羅尼 54.破城偈 55.告佛偈

悲增示跡大菩薩　　　　　자비로써 나투시면 인자하신 대보살님
비증시적대보살

權現②有形是鬼王　　　　권현으로 보이시면 바로그분 초면귀왕
권현유형시귀왕

尊貴位中留不住　　　　　존귀하신 자리에도 머무시지 않으시니
존귀위중유부주

蘆花③明月自茫茫④　　　갈대꽃에 밝은저달 제스스로 망망하네.
노화명월자망망

故我一心歸命頂禮　　　　하옵기로 마음모아 귀명정례 하옵니다.
고아일심귀명정례

【자구해설】
①歌詠(가영) : 불·보살님을 찬탄하여 부르는 게송. 불조(佛祖)의 공덕을 찬탄한 노래.
②權現(권현) : 권화(權化). 불보살님께서 중생을 구하기 위해 다른 모습으로 변하여 세
　　　　　　　상에 나타나심. 또는 그 화신.
③蘆花(노화) : 갈대꽃.
④茫茫(망망) : 넓고 멀다. 막연하고 아득하다.

【개요】
'가영(歌詠)'이라는 단어가 의미하듯, 소례이신 불·보살님의 공덕을 찬탄하는 것
이다. 여기서의 소례는 관세음보살님이시다.

【구성 및 내용】
'고아일심귀명정례'를 제외하면 본 가영은 칠언절구의 게송으로 기·승·전·결
의 형태를 보이고 있다.

'기'인 비증시적대보살(悲增示跡大菩薩) ―자비로써 나투시면 인자하신 대보살님―
에서는, 증명이신 관세음보살님께서 다름 아닌 비증보살(悲增菩薩)이심을 들어 찬
탄하였다. 비증보살이란, 중생에게 공덕과 이익을 베풀어 구제함을 본원으로 하고,
자비의 마음으로 중생계에 오래 머무시며 중생들을 이롭게 하기 위하여 성불조차
뒤로 미루신 보살님을 이르는 말이다.

'승'인 권현유형시귀왕(權現有形是鬼王) ―권현으로 보이시면 바로그분 초면귀왕―

에서는, 무주고혼 영가제위를 다스리기 위해 그들의 왕의 모습으로 나투신 모습을 노래하였다. '기'구의 모습이 당근을 드신 모습이라면, 여기서의 모습은 채찍을 드신 모습이라 하겠다. 즉, 중생의 눈높이에서 제도하고 계심을 말한 것이다. 밀교에서 말하는 삼륜신(三輪身)72) 가운데 교령륜신(敎令輪身)에 해당한다.

'전'인 존귀위중유부주(尊貴位中留不住) —존귀하신 자리에도 머무시지 않으시니— 에서는, 중생을 위하시는 자모(慈母)의 모습을 노래하였다. 즉, 지혜가 있으시니 중생계에 머물지 않으시고, 자비가 있으시니 열반에도 머물지 않으신다는 무주처열반(無住處涅槃)의 경지를 말씀하고 있다. 『유마경』 문질품(問疾品)에서 유마거사께서는 이런 경지를 '중생이 병이 들면 보살도 병이 든다'73)고 단적으로 언급한 바 있다.

'결'인 노화명월자망망(蘆花明月自茫茫) —갈대꽃에 밝은저달 제스스로 망망하네— 에서는, 관세음보살께서 무주고혼 영가제위를 위해 교화를 펼치고 계심을 노래하였다. 갈대는 수가 많음을 나타낼 때 많이 쓰이는 비유이니 곧 무주고혼 영가제위를 가리킨 것이라 하겠다. 그리고 그 꽃은 빛깔이 희다하였으니, 계절로 보면 가을이며 여기에 관세음보살의 비유로써 명월을 노래하여 그 빛과 호응(呼應)하고 있음을 말하였다. 특히 그 범위를 망망하다 하여 무주고혼 영가제위가 고루 그 덕화를 입고 있음을 찬탄한 것이다.

【의식】
바라지가 거행하며, 이때 소리를 '가영성(歌詠聲)'이라 한다. 간단히 모실 경우에는 '쓰는소리'로 거행하기도 한다. '결'구에 이어 후렴인 '고아일심귀명정례'는 대중이 동음으로 창화하는데, 이를 '고아게(故我偈)'라 칭한다.

【연구】
① <가영>이 신앙의 대상이 되는 불·보살님의 공덕을 찬탄하는 것이라면 <청사>와는 어떤 차이가 있는가?
<청사>의 내용 역시 신앙의 대상에 대한 찬탄으로 이루어진 것이지만, <청사>

---

72) 삼륜신(三輪身) : 삼종륜신(三種輪身). 밀교에서, 대일여래께서 중생을 구제키 위해 짐짓 보살이나 명왕(明王)의 모습을 나타내는 순서를 세 가지로 나눈 것.
①대일여래께서 본지자성(本地自性)의 불체(佛體)로서 중생을 교화 이익케 하는 자성륜신(自性輪身).
②보살신(菩薩身)을 나타내어 정법을 설함으로써 중생을 교화 이익케 하는 정법륜신(正法輪身).
③강강(剛强)하여 교화키 어려운 중생을 위해 부동명왕(不動明王)과 같은 대분노의 상(相)을 나타내어 교화 이익케 하는 교령륜신(敎令輪身).
73) 『大正藏』 卷14, p. 544b / 世尊慇懃致問無量。居士。是疾何所因起。其生久如。當云何滅。維摩詰言。從癡有愛則我病生。以一切衆生病是故我病。若一切衆生病滅則我病滅。所以者何。菩薩爲衆生故入生死。有生死則有病。若衆生得離病者。則菩薩無復病。譬如長者唯有一子其得病父母亦病。若子病愈父母亦愈。菩薩如是。於諸衆生愛之若子。衆生病則菩薩病。衆生病愈菩薩亦愈。又言。是疾何所因起。菩薩病者以大悲起。

와 <가영> 양자 사이에는 장소와 시점 그리고 형태가 다르고, 거행하는 사람도 다르다.

첫째 장소 면에서 볼 때, <청사>가 주도량(主道場=普陀洛迦山)에 계신 소례(所禮)를 대상으로 함에 견주어, <가영>은 재도량(齋道場=재를 설판한 곳)에 강림하신 소례를 대상으로 하고 있다.

둘째, 시점 면에서 볼 때, <청사>가 소례께서 강림하시기 전임에 비해, <가영>은 재도량에 강림하신 후에 베풀어진다.

셋째, 형태면에서 볼 때, <청사>가 산문(散文)임에 대해, <가영>은 게송(偈頌)의 형태를 띤다.

넷째, 주관하는 인물을 보면, <청사>는 법주가 거행하고, <가영>은 바라지가 거행한다.

<16.獻座眞言(헌좌진언)> 소례이신 관음보살님과 성중에게 자리를 권하는 진언의식

妙菩提座①勝莊嚴②　　　묘하도다 보리좌여 수승해라 장엄이여!
묘보리좌승장엄

諸佛坐已成正覺　　　　일체제불 자리하사 큰깨달음 이루셨네.
제불좌이성정각

我今獻座亦如是　　　　제가지금 권하옵는 이자리도 그와같아
아금헌좌역여시

自他一時成佛道　　　　우리모두 한날한시 저佛道를 이루과저.
자타일시성불도

唵　縛日羅　未那野　娑婆訶　三說
옴　바아라　미나야　사바하　삼설

【자구해설】

①妙菩提座(묘보리좌) : ⑴진공(眞空)과 묘유(妙有)가 갖추어진 자리 곧, 불법이 베풀어
　　　지고 있는 자리로 깨달음을 얻을 수 있는 자리. ⑵묘각위(妙覺位)와 같은 의미.
　　　보살수행의 52위(位) 혹은 42지(地)의 단계 가운데 최후의 계위. 등각위(等覺位)를
　　　전(轉)하여 번뇌를 모두 끊고, 지혜가 원만 구족한 위(位)를 '좌(座)'에 견준 것.
②勝莊嚴(승장엄) : 장식·배치 등이 수묘(殊妙)하고 장려단엄(壯麗端嚴)하게 장치됨.

【개요】

'헌좌(獻座)'는 초청에 응한 손님에게 준비한 자리를 예(禮)에 맞도록 권하는 의
식이다. 여기서는 <13.증명청>으로 청해 모신 관세음보살님과 그분의 회상에 함
께 자리하신 성중에게 자리를 권하는 것이다.

【구성과 내용】

구성면에서 본 게송은 기·승·전·결의 형태를 지니고 있다.

'기'인 묘보리좌승장엄(妙菩提座勝莊嚴) ―묘하도다 보리좌여 수승해라 장엄이여―
에서는, 관세음보살께서 처하신 자리의 수승함을 말하였다. 즉 관세음보살님께서
는 이미 정각을 이루신 분인 바, 그 공(功)을 그분께서 처하셨던 자리에까지 돌려
정각을 가능케 하는 자리로 보았다. 따라서 그분께서 앉으실 자리야말로 최상의
가치를 지닌 자리가 되며, 장엄 또한 같은 의미에서 무비(無比)의 것이라 한 것이
다. 정리컨대 준비한 자리 자체의 뛰어남을 말하려는 깃이 아니라 소례이신 관세
음보살님께서 자리하시겠기로 '묘보리좌'요 '승장엄'일 수 있다는 말이다.

'승'인 제불좌이성정각(諸佛坐已成正覺) —일체제불 자리하사 큰깨달음 이루셨네— 에서는, '묘각위(妙覺位)'의 공능을 '좌(座)'에 견주어 노래하였다. 즉 '좌'란 심신을 편케 하기 위한 장치이듯 여기서 말하는 '보리좌'는 일체의 번뇌와 미망을 떨치고 정각을 이룰 수 있게 하는 자리다. 따라서 시방삼세의 모든 부처님께서 이미 이 자리에 앉으셨다 함은 곧 진공과 묘유가 갖추어진 자리로서 일체의 번뇌와 미망을 떨치셨다는 말이며, 정각을 이루셨다 함은 그 자리가 곧 '보리좌'임을 증명하는 것이다.

'전'인 아금헌좌역여시(我今獻座亦如是) —제가지금 권하옵는 이자리도 그와같아— 에서는, 금일 구병시식에 즈음하여 준비한 자리도 정각을 위한 자리가 되기를 발원하고 있다. 즉, 관세음보살님께 올리고자 마련한 자리이지만 처처안락국(處處安樂國)이라는 말씀이 있듯, 관세음보살님께서 자리하심으로 해서 이 자리도 '묘보리좌'가 되고 '승장엄'이기를 발원하는 것이다.

'결'인 자타일시성불도(自他一時成佛道) —우리모두 한날한시 저佛道를 이루과저— 에서는, 관세음보살님을 청해 모시는 본회(本懷)가 드러나는 부분이다. 즉 본 구병시식에 관세음보살님을 청해 모시는 것은, 기실 참석대중 모두가 보살님의 가피력으로 그분께서 이루신 것과 같이 정각을 이루고자 하는데 있음을 말한 것이다. 한 가지 유념할 것은, 정각을 이루고자 본 게송에서 발하는 중생들의 원과 중생을 제도하시려는 관세음보살님의 원이 일치하기에 본 원의 성취는 개연성을 지닌다는 점이다.

【의식】

홀수 구(句)는 법주, 짝수 구는 대중이 맡게 되는데, 법주가 기구(起句)를 선창하면 그 소리가 끝나기 직전에 바라지는 태징을 울리고 이를 신호로 대중이 승구를 창화한다. 이와 같이 법주의 선창에 이어 대중이 함께 창화하는 것을 '소리를 받는다'고 한다. 전구와 결구도 똑 같은 방법으로 거행한다.

게송 끝의 '진언' 역시 법주와 대중이 엇갈려 가며 세 번씩 총 여섯 번을 창화한다. 단, 세 번째 진언에서 법주는 긴소리로 하며 바라지와 대중은 앞에서와 같은 방법으로 소리를 받는다. 이때 선창은 법주 외의 스님이 대행해도 무방하다.

한편, <헌좌진언>의 소리는 다른 소리와 크게 구별됨으로 '헌좌게성(獻座揭聲)'이라 칭한다.

<17.茶偈(다게)>
증명이신 관세음보살님께 다공양을 올리는 의식

今將①甘露②茶
금장감로다
이순간을 생각하며 마련하온 감로다를

奉獻證明前
봉헌증명전
두손으로 받들어서 증명전에 올리오니

鑑察③虔懇④心
감찰건간심
간절하온 정성심을 부디굽어 살피시고

願垂哀⑤納受⑥ 三說
원수애납수 삼설
대자비를 드리우사 물리치지 마옵소서.

【자구해설】
①將(장) : 목적어를 동사 앞에 놓을 때 사용하는 조사(助詞). ~을(를).
　　　예)「和尙便問 汝將多少錢 與匠人」—『祖堂集』九, 羅山道閑章 —
②甘露(감로) : ⑤amṛta. 불사(不死)·천주(天酒)라 번역. 천신들의 음료로 불로장생의 묘약(妙藥)이라 함.
③鑑察(감찰) : 보아 살피심.
④虔懇(건간) : 두 글자가 모두 '정성'이라는 뜻이다. 즉 매우 간절한 정성을 나타냄.
⑤哀(애) : 사랑하다.
⑥納受(납수) : 받아들임. 수납(受納).

【개요】
<16.헌좌진언(獻座眞言)>으로 단(壇)에 자리하신 관세음보살님께 다공양을 올리는 헌다의식이다.

【구성 및 내용】
오언절구인 본 게송은 기·승·전·결의 형태를 보이고 있다.

'기'인 금장감로다(今將甘露茶) —이순간을 생각하며 정성다한 감로다를— 에서는, 다(茶)를 올리려는 시점과 다(茶)의 종류를 밝혀 다를 올리려 함을 말하였다. 여기서 주의할 것은 '다'의 종류이다. 자칫 거짓 내지는 과장법적인 것으로 생각할 수 있으나 『현우인연경(賢愚因緣經)』에 보이는 '아쇼카왕(阿育王. Aśoka. B.C.268-B.C.232 재위)'의 전생이야기를 참고로 보면 이런 내용에 타당성이 충분히 있음을 알 수 있다.

'승'인 봉헌증명전(奉獻證明前) —두손으로 받을어서 증명전에 올리오니— 에서는,

소례가 어느 분이신지를 천명하였고 또, 소례께 다공양을 올리고자 함을 아뢰고 있다.

'전'인 감찰건간심(鑑察虔懇心) —간절하온 정성심을 부디굽어 살피시고— 에서는, 이 자리와 이 공양을 올리는 재자들의 마음을 살펴주실 것을 말하고 있으니, 감찰 (鑑察)이라는 말에서 엿볼 수 있듯 능례가 정성을 다하고 있음을 말하였다.

'결'인 원수애납수(願垂哀納受) —대자비를 드리우사 물리치지 마옵소서— 에서는, 정성을 다하면서도 범부인 자신의 입장과 능례로서의 겸손을 잊지 않고, 설혹 부족한 점이 있더라도 꼭 받아주실 것을 소례(所禮=관세음보살)께 발원하고 있다.

【의식】

갖추어 거행하는 경우에는 대중이 우요하며 다게성(茶偈聲)으로 거행한다. 간단히 거행할 때는, 바라지가 태징을 3망치 울리며 '금장감로다 봉헌관음전 감찰건간심 원수애납수'까지 천천히 독송하고, 끝 부분에서 태징을 다시 3망치 울린다. 이어 '원수애납수' '원수자비애납수'를 차례로 독송하며 태징을 3망치씩 울린다. 태징 대신 목탁을 내려도 되고, 함께 사용해도 된다.

또, '원수애납수'에서 목탁을 내리며 오체투지함이 원칙이나 생략하기도 한다.

【연구】

① '기'구에서 언급한 『현우인연경(賢愚因緣經)』의 말씀이란?

아수가시토품(阿輸迦施土品)에 다음과 같은 말씀이 있다.

> 나는 이와 같이 들었다. 어느 때 부처님께서는 사위국의 기수급고독원에 계셨다. 그 때 부처님께서는 새벽에 아난과 함께 성에 들어가 걸식하셨다. 도중에서 아이들이 소꿉장난하는 것을 보셨다. 아이들은 흙을 모아 집과 창고를 짓고 보물과 곡식을 만들었다.
> 한 아이가 멀리서 오시는 부처님의 그 빛나는 모습을 뵙고 마음으로 공경하고 기뻐하여 보시할 마음이 생겼다. 그는 곧 창고에서 곡식이라 이름 지은 흙을 한 줌 쥐어 부처님께 보시하려 하였다. 그러나 키가 작아 미치지 못하자 한 아이에게 말하였다.
> 「나는 네 위에 올라가 이 곡식을 부처님께 보시하겠다.」
> 그 아이도 매우 기뻐하여 좋다고 대답하였다. 그래서 그 아이 어깨에 올라서서 부처님께 흙을 바쳤다. 부처님께서는 발우를 낮추고 머리를 숙여 그것을 받아 아난에게 주시면서 말씀하셨다.
> 「이것을 가지고 가서 내 방바닥을 바르도록 해라.」
> 걸식을 마치고 절에 돌아왔다. 아난은 그 흙으로 부처님 방바닥을 발랐다. 한 귀퉁이를 바르자 흙은 다 되었다. 그는 옷을 바르게 하고 부처님께 나아

가 아뢰었다.

　부처님께서는 말씀하셨다.

「아까 그 아이가 기쁘게 흙을 보시하여 내 방 한 귀퉁이를 발랐다. 그는 그 공덕으로 말미암아 내가 열반한 지 백 년 뒤, 국왕이 되어 이름을 아수가(阿輸伽)라 할 것이요, 엎드렸던 그 아이는 대신이 되어 이 염부제의 모든 나라를 함께 맡아 3보(寶)를 드러내고 널리 공양을 베풀며, 사리(舍利)를 펴 염부제에 두루하게 하고, 또 나를 위해 8만 4천의 탑을 세울 것이다.」[74]

　위의 내용을 근거로 생각컨대, 부처님께서 귀하게 여기시는 것은 물질이 아니라 능공(能供)의 마음임을 알 수 있다. 즉 능공의 순진무구하고 천진난만한 마음이 참다운 공양이니, 『현우인연경』에서 보듯 <17.다게>에서 올리는 '다(茶)'의 실체는 한낱 냉수(冷水)일 지라도 능공의 순진무구한 정성이 담긴 것이라면 감로(甘露)로 변할 수 있다고 보는 것이다. 결론적으로 <17.다게>에서 올리는 청정수는 능공이 올리려는 청정심의 물질적 표현이라 하겠다.

74) 『大正藏』 卷4 p. 368c / 如是我聞。一時佛在舍衛國祇樹給孤獨園。爾時世尊。晨與阿難。入城乞食。見群小兒於道中戲。各聚地土。用作宮舍。及作倉藏財寶五穀。有一小兒。遙見佛來。見佛光相。敬心內發。歡喜踊躍。生布施心。卽取倉中名爲穀者。卽以手掬。欲用施佛。身小不逮。語一小兒。我登汝上。以穀布施。小兒歡喜。報言可爾。卽蹋肩上。以土奉佛。佛卽下鉢。低頭受土。受之已訖授與阿難語言。持此塗汚我房。乞食旣得。還詣祇洹。阿難以土。塗佛房地。齊汚一邊。其土便盡。汚已。整衣服。具以白佛。佛告阿難。向者小兒。歡喜施土。土足塗汚佛房一邊。緣斯功德。我般涅槃百歲之後。當作國王。字阿輸迦。其次小兒。當作大臣。共領閻浮提一切國土。興顯三寶。廣設供養。分布舍利。遍閻浮提。當爲我起八萬四千塔。

<18.孤魂請(고혼청)> 책주귀신을 위시한 인연 있는 영가를 향단으로 청하는 의식

一心奉請
일심봉청

일심으로 받들어 청하옵니다.

某人嘖主鬼神靈駕 爲主
모인책주귀신영가 위주

아무개의 책주귀신 영가를 주빈으로 하고

先亡父母 多生師長
선망부모 다생사장

윗대에 먼저 가신 부모님,
많은 생의 스승님

五族六親①列名②靈駕
오족육친 열명영가

오족 육친 등
열거하온 이름의 영가들이시여!

內護竈王大神 外護山王大神
내호조왕대신 외호산왕대신

안에서 옹호하시는 조왕대신
밖에서 보호하시는 산왕대신

五方動土③神 五方龍王
오방동토신 오방용왕

오방의 동토신, 오방의 용왕

五方聖者④
오방성자

오방의 성자

東方甲乙靑色神
동방갑을청색신

동방의 갑을 청색신

南方丙丁赤色神
남방병정적색신

남방의 병정 적색신

西方庚辛白色神
서방경신백색신

서방의 경신 백색신

北方壬癸黑色神
북방임계흑색신

북방의 임계 흑색신

中方戊己黃色神
중방무기황색신

중방의 무기 황색신

第一夢陀羅尼⑤等 七鬼神
제일몽다라니등 칠귀신

제일 몽다라니등 일곱 귀신

東方靑殺神 南方赤殺神
동방청살신 남방적살신

동방의 청살신, 남방의 적살신

西方白殺神 北方黑殺神
서방백살신 북방흑살신

서방의 백살신, 북방의 흑살신

中央黃殺神
중앙황살신

중앙의 황살신

五蘊行件鬼神 客件鬼神　　　　오온행건귀신, 객건귀신
오온행건귀신 객건귀신

近界土公神⑥近界砧鬼神⑦　　　주변의 토공신, 주변의 침귀신
근계토공신 근계침귀신

近界厠鬼神⑧近界道路神　　　　주변의 측귀신, 주변의 도로신
근계측귀신 근계도로신

近界庭中神 近界欄中神　　　　주변의 정중신, 주변의 난중신
근계정중신 근계난중신

天件⑨鬼神都前 地件鬼神都前　천건귀신도전, 지건귀신도전
천건귀신도전 지건귀신도전

人件鬼神都前 蘊件鬼神⑩都前⑪　인건귀신도전, 온건귀신도전
인건귀신도전 온건귀신도전

行件鬼神都前 客件鬼神⑫都前　행건귀신도전, 객건귀신도전
행건귀신도전 객건귀신도전

路件鬼神都前 山件鬼神都前　　노건귀신도전, 산건귀신도전
노건귀신도전 산건귀신도전

水件鬼神都前　　　　　　　　　수건귀신도전
수건귀신도전

各並眷屬 承三寶力　　　　　　각자 권속과 함께 삼보님의 위신력으로
각병권속 승삼보력

來臨醮座 受霑法供 三說　　　초좌(醮座)에 내림하시어 법공을 받으소서.
내림초좌 수점법공 삼설

【자구해설】

①五族六親(오족육친) : 일가친척(一家親戚). '오족(五族)'은 본인·모친·조모·증조모·
　　처가 등을 중심으로 한 친인척을, '육친(六親)'은 부모·형제·처자를 통틀어 이르
　　는 말.
②列名(열명) : 두 사람 이상의 이름을 한 곳에 잇따라 씀. 연명(連名). 여기서 '열명영가
　　(列名靈駕)'는 실제 의식에서는 흔히 '열위열명영가(列位列名靈駕)'로 거행한다. 즉
　　차서에 따라 거명된 영가 여러분이라는 뜻.
　　※列位(열위) : (1)차례. 서열. (2)벼슬에 오름. (3)여러분. 제군.
③動土(동토) : 터 닦기를 시작함. '동티'. 땅, 돌, 나무 따위를 잘못 건드려 지신(地神)을 화
　　나게 하여 재앙을 받는 일. 여기서는 '동티'의 뜻.
④方位神(방위신) : 각 방위를 관장하여 지키는 신. 동서남북과 중앙의 5방위에는 오방장
　　군(五方將軍)이라 하여 동에는 청제(靑帝), 서에는 백제(白帝), 남에는 적제(赤帝),
　　북에는 흑제(黑帝), 중앙에는 황제(黃帝)가 있다. 오방장군은 오방신(五方神) 또는
　　오방신장(五方神將)이라고도 한다. 오방을 청·백·적·흑·황의 색채로 표시하는
　　것은 춘하추동의 계절과도 관계가 있는 것으로 방위·색채·계절은 서로 일련의
　　관계가 있다고 할 수 있다.75)

⑤夢陀羅尼(몽다라니) : 몽다난귀(夢多難鬼). 세간에 유행하는 병을 초래하는 악한 귀신
　　을 행역귀(行疫鬼)라 하며, 행역귀에는 7종류의 귀신이 있으니 이들을 7귀신이라
　　한다. 『각온황신주경(郤溫黃神咒經)』에 의하면, 몽다난귀(夢多難鬼)·아구니귀(阿
　　佉尼鬼)·이구시귀(尼佉尸鬼)·아구나귀(阿佉那鬼)·바라니귀(波羅尼鬼)·아비라
　　귀(阿毘羅鬼)·바제려귀(波提黎鬼) 등이 있다.76)

⑥土公神(토공신) : 땅을 맡은 귀신. 음양가(陰陽家)에서 말하는 땅의 신. 봄에는 부엌에,
　　여름에는 문에, 가을에는 우물에, 겨울에는 마당에 있다고 하는 데, 그 때에 그
　　장소를 움직이면 신화가 있다고 함.

⑦砧鬼神(침귀신) : 다듬이돌 귀신 / 砧(다듬잇돌 '침')

⑧厠鬼神(측귀신) : 측신(厠神). 측귀(厠鬼). 뒷간을 맡아 지킨다는 여신.

⑨件(건) : 어떤 일이나 문제를 일으킬 만한 특정한 일이나 사건.

⑩五蘊行件鬼神(오온행건귀신) : 중음신(中陰神) 즉, 중유오음(中有五陰)의 상태로 돌아
　　다니는 귀신. ※오음(五陰)=오온(五蘊)ⓢ

⑪都前(도전) : 여러분. / 都(도읍, 모일 도)ⓢ

⑫客件鬼神(객건귀신) : 객귀(客鬼). 사람이 천수(天壽)를 다하지 못하고 집 밖의 객지에
　　서 죽었을 때 그 혼령이 승천(昇天)하지 못하고 원귀(寃鬼)가 되어 자기 가족이나
　　친척 등을 괴롭힌다는 귀신. 객사한 자는 그 시신(屍身)을 집 안에 들이지 않았으
　　며 장례도 제도로 격식을 갖추지 않았다. 집 밖에서 비명에 죽어서 된 원귀 중에
　　서도 사람이 제일 두려워하는 귀신은 자살한 자의 원귀다. 인생을 버리고 스스로
　　목숨을 끊을 때에는 세상의 원한도 많았을 것이니, 그만큼 더 잔인한 악귀로 나
　　타난다는 것이다.

【개요】

　삼보님의 위신력으로 우선 재주의 책주귀신을 주빈으로 하고, 금일 재주의 병과
인연이 있을만한 고혼영가제위를 초좌(醮座) 즉, 향단(香壇)으로 초청하는 의식이
다. 이리하여 법식(法食)을 베풀며 인연의 이치를 깨닫게 하고, 이를 계기로 재주
(齋主)가 쾌유토록 단초를 마련하려는 의식이다.

【구성 및 내용】

　구성면에서 기·서·결의 구조를 보이고 있다.

　'기'인 일심봉청(一心奉請) ―일심으로 받들어 청하옵니다.― 에서는, '일심봉청'이
란 짧은 말로 정성을 다하여 고혼영가제위를 청하려는 뜻을 전하고 있다.

　'서'에서는 본「구병시식」에 초청될 고혼영가제위를 낱낱이 거명하고 있다. 초청
의 대상이 다양한 만큼 거명된 류(類)를 다음과 같이 3부분으로 구분하여 살피기
로 한다.

　　'서(1)'인 모인책주귀신영가 위주 선망부모 다생사장 오족육친 열명영가

---

75) 민족문화사 편『한국민속대백과』(민중서관, 1998) p. 615
76)『불광사전』p. 2556-中【행역신行疫神】참조.

－ 102 －

(某人嘖主鬼神靈駕 爲主 先亡父母 多生師長 五族六親 列名靈駕) ―아무개의 책주귀신 영가를 주빈으로 하고 / 윗대에 먼저 가신 부모님 / 많은 생의 스승님 / 오족 육친 등 열거하온 이름의 [주인공이신] 영가들이시여!― 에서는, 책주귀신을 모시기 위한 자리인 만큼 책주귀신을 먼저 거명하였고, 이어 재주를 복위로 한 선망부모와 일가친척을 거명하여 청하고 있다. 가깝기 때문에 자칫 소홀할 수 있고 또, 생각지 않은 오해가 있을 수 있기 때문이다.

'서(2)'인 내호조왕대신 외호산왕대신 오방동토신 오방용왕 오방성자 동방갑을청색신 남방병정적색신 서방경신백색신 북방임계흑색신 중방무기황색신(內護竈王大神 外護山王大神 五方動土神 五方龍王 五方聖者 東方甲乙靑色神 南方丙丁赤色神 西方庚辛白色神 北方壬癸黑色神 中方戊己黃色神) ―안에서 옹호하시는 조왕대신, 밖에서 보호하시는 산왕대신 / 오방의 동토신, 오방의 용왕, 오방의 성자, 동방의 갑을 청색신, 남방의 병정 적색신, 서방의 경신 백색신, 북방의 임계 흑색신, 중방의 무기 황색신― 에서는, 재주를 옹호하는 선신(善神)을 거명하여 청하고 있다. 이분들이 초청의 대상으로 언급되고 있는 것은 '서(1)'에서와 같은 이유이다.

'서(3)'인 제일몽다라니등 칠귀신 동방청살신 남방적살신 서방백살신 북방흑살신 중앙황살신 오온행건귀신 객건귀신 근계토공신 근계침귀신 근계측귀신 근계도로신 근계정중신 근계난중신 천건귀신도전 지건귀신도전 인건귀신도전 온건귀신도전 행건귀신도전 객건귀신도전 노건귀신도전 산건귀신도전 수건귀신도전(第一夢陀羅尼等 七鬼神 東方靑殺神 南方赤殺神 西方白殺神 北方黑殺神 中央黃殺神 五蘊行件鬼神 客件鬼神 近界土公神 近界砧鬼神 近界厠鬼神 近界道路神 近界庭中神 近界欄中神天件鬼神都前 地件鬼神都前 人件鬼神都前 蘊件鬼神都前 行件鬼神都前客件鬼神都前 路件鬼神都前 山件鬼神都前 水件鬼神都前) ―제일 몽다라니등 일곱 귀신 / 동방의 청살신, 남방의 적살신, 서방의 백살신, 북방의 흑살신, 중앙의 황살신 / 오온행건귀신, 객건귀신 / 주변의 토공신, 주변의 침귀신, 주변의 측귀신, 주변의 도로신, 주변의 정중신, 주변의 난중신 / 천건귀신도전, 지건귀신도전, 인건귀신도전, 온건귀신도전, 행건귀신도전, 객건귀신도전, 노건귀신도전, 산건귀신도전, 수건귀신도전― 에서는, 행역귀(行疫鬼)인 '몽다라니(夢陀羅尼)'나 '〜살신(殺神)'등의 명칭에서 보듯 재주의 입장에서 볼 때 악신(惡神)인 이들을 거명하여 초청하고 있다. 사천왕의 휘하에 있는 팔부(八部)의 신중[77]에서 보듯 약(藥)과 독(毒)은 쓰기 나름이다.

---

77) 부처님의 가르침을 수호하는 신들. 건달바·부단나(乾闥婆·富單那. 東), 구반다·폐려다(鳩槃茶·薜荔茶. 南), 용·비사사(龍·毘舍闍. 西), 야차·나찰(夜叉·羅刹. 北).

'결'인 각병권속 승삼보력 내림초좌 수점법공(各並眷屬 承三寶力 來臨醮座 受霑法供) —각자 권속과 함께 삼보님의 위신력으로 초좌(醮座)에 내림(來臨)하시어 법공(法供)을 받으소서— 에서는, '서'에서 거명한 고혼영가제위와 그 권속들에게 향단에 이르러 재주가 올리는 공양을 흠향키를 원하고 있다. 다만 다겁생래(多劫生來)의 업장으로 용이치 않을까 염려하여, 삼보의 가지력에 의지하여 흠향이 이루어지기를 축원하였다.

【의식】

<13.증명청>에서처럼 법주가 '요령(搖鈴)'을 울리며 삼설(三說)로 거행한다. 법주는 '일심봉청'에서 일배 씩 모두 삼배를 한다.

【연구】

① '서(1)'과 '서(2)'에서의 소청(所請)은 가족과 선신(善神)이다. 이들이 재주를 괴롭힐 이유가 없지 않은지?

예컨대 집안에 환갑이나 혼사 등 경사가 있을 때 먼저 조상에게 아뢰었으니 이 일을 '예탐(豫探)'이라 했다. 이는 집안의 위계질서를 공고히 하고 웃어른들의 경륜과 지혜를 빌리기 위함이다.

또, 묘(墓)를 쓰거나 이장(移葬)을 할 때 혹은 집을 수리할 때는 산왕대신(山王大神)의 외호와 조왕대신(竈王大神)의 내호를 구했다. 그 방법이 산신이나 지신에게 제사를 올리는 것이다.

이렇게 하지 않는다고 조상님이나 선신이 재앙을 내리는 것은 아니겠지만 최소한 그분들의 옹호를 기대할 수 없을 것이다. 그래서 늦기는 했지만 금일 거행하는 「구병시식」에 이분들을 청해 모시는 것이다.

또, 이와 같은 사려는 그 자체만으로도 자칫 자만하기 쉬운 그간의 자신을 되돌아보는 계기도 된다.

② '동토(動土)'에 대해 구체적으로…

'동토'란 흙을 파서 옮기는 것을 말한다. 본래 한자어이지만 흔히 '동티'라고도 한다. '동티가 났다'라고 하는 것은 건드려서는 안 될 땅을 파거나 돌을 옮기거나 나무를 베었을 때 이것을 맡은 지신(地神)이 화를 내어 받게 된다는 재앙을 말한다. 또 신체(神體)를 상징하는 물체, 귀신이 거주하거나 관장하는 물체 등을 훼손하거나 침범했을 경우 갑자기 질병에 걸리거나 죽음에 이르는 일까지도 생기게 되는데, 이것 역시 동티가 났다고 한다.

동티를 예방하기 위해서는 그날의 일진(日辰)을 잘 살펴 '손(損)'[78]이 없는 쪽에서 일을 해야 하는 세심한 주의가 필요하다. 또 묘(墓)를 쓰거나 이장(移葬)을 할 때 또는, 집을 수리할 때에도 먼저 산신이나 지신에게 제사를 올렸다. 오늘날에도 큰일을 앞두고 고사를 지내거나 하는 등 이런 주술적 믿음은 생활 곳곳에서 볼 수 있다.

민간에서는 동티가 나서 생긴 병을 치유하려면 먼저 그 원인에 따라서 동티를 잡아 멀리 쫓아야 한다고 한다. 무당을 불러 푸닥거리[79]를 하거나 맹격(盲覡. 눈 먼 무당)에게 『동토경(動土經)』을 읽게 하여 쫓는 것이 그 방법이었다. 『동토경』의 내용은 동토신을 멀리 천리 밖으로 쫓아 버리거나 죽이는 것으로 되어 있다고 한다.

---

78) 날짜에 따라 사방으로 옮겨 다니며 사람의 일을 방해하는 귀신.
　※ 음력으로 1일 2일 11일 12일 21일 22일 즉 끝수가 1·2일인 날에는 동쪽에 손이 있다. 또, 끝수 가 3·4일인 날에는 남쪽, 끝수가 5·6일인 날에는 서쪽, 끝수가 7·8일인 날에는 북쪽에서 귀신이 나 악귀가 활동하는 날이다. 즉, 손이 있는 방위라 한다. 따라서 손이 있는 방위를 피하는 것을 택일 한다고 한다. 한편, 끝수가 9·0일인 날에는 어디에도 손이 없어 방위를 가릴 필요가 없다고 한다.
79) 무당이 하는 굿의 하나. 간단하게 음식을 차려 놓고 부정이나 살 따위를 푼다.

<19.香煙請(향연청)> 영가제위를 향단으로 청하기 위한 의지를 향을 사르며 표하는 의식

香煙請 三說　　　　　　　향을 사르오며 청하나이다.
향연청 삼설

【개요】

향을 올리며 <19.고혼청>의 내용을 거듭 표명하여 영가를 향단으로 영접하는 의식

【구성 및 내용】

'향연청' 3자(字)가 의식의 제목이자 내용이다.

【의식】

바라지의 태징에 맞춰 대중이 함께 창화한다. <14.향화청(香華請)>에서와 같은 방법이다.

【연구】

① 향연청(香煙請)과 향화청(香華請)의 차이는?

『삼국유사』 신라본기(新羅本紀) 제4에는 향이 한반도에 수입된 경위와 덕에 대해 다음과 같이 기술되어 있다.

> 15년에 불법을 처음으로 행하였다. 앞서 눌지왕 때에 묵호자란 중이 고구려에서 일선군에 옴에, 군인 모례란 자가 자기 집에 토굴실을 짓고 그를 모셔 두었다. 그 때 양나라에서 사신을 보내 의복과 향을 주었다. 군신이 그 향명과 그것의 소용을 알지 못하여 사람을 시켜 향을 가지고 돌아다니며 물었다. 묵호자가 이를 보고 그 이름을 일러주며 말하되, "<u>이것을 사르면 향기가 아름답게 퍼져 신성에게 정성을 통할 수 있으며, 이른바 신성은 삼보에서 더 지나갈 것이 없으니, 첫째 불타요, 둘째 달마요, 셋째 승가이다. 만일 이를 사르어 축원을 드리면 반드시 영검이 있으리라</u>"고 하였다. 이 때 왕녀가 갑자기 병으로 위독할새 왕이 호자로 하여금 향을 사르고 축원을 드리게 하였더니 왕녀의 병이 미구에 낫는지라, 왕이 매우 기뻐하여 예물을 후히 주었다. 호자는 나와서 모례를 보고 얻은 물건을 주며 이르기를, 나는 이제 갈 곳이 있다하고 작별을 청하더니 얼마 아니하여 간 곳을 모르게 되었다 …80)

---

80) 十五年 肇行佛法 初訥祗王時 沙門墨胡子 自高麗 至一善郡 郡人毛禮(或作毛祿) 於家中 作堀室安置 於時 梁遣使 賜衣著香物 君臣不知其香名與其所用 遣人齎香徧問 墨胡子見之 稱其名目曰此焚之 則香

이상으로 『삼국유사』에서 살핀 향의 공능(功能)은 앞서 <18.고혼청>의 내용에 참석 대중 모두가 동의하고 있음을 향의 연기에 담아 표하는 것으로 <19.향연청>을 정의 할 수 있는 단서가 된다.

한 가지 유의할 점은 위치나 성격상 <19.향연청>과 유사한 의식이 있으니, 다름 아닌 각종 「권공(勸供)」에서 <청사(請詞)> 뒤에 보이는 <향화청(香華請)>이다. 양자 모두가 청하고자 하는 대상에 대한 대중의 생각이 한결같음을 표한다는 점에서 같고, 본 항에 이어지는 의식에서 소례에 대한 공양이 베풀어진다는 점도 같다. 다만, 의식에서 사용하는 공양물이 '향'이냐 '꽃'이냐 아니면, '향+꽃'이냐에 따라 차이가 있다고 보아진다.

이를 확인하기 위해, <청사(請詞)> 뒤에 보이는 <향화청> 전후로 이어지는 절차를 살펴보면 다음과 같다.

> … 유치(由致)·청사(請詞) ⇨ <u>산화락(散華落)</u> ⇨ 내림게(來臨偈) ⇨ 향화청
> (香華請) ⇨ 가영(歌詠) …

즉, 성중을 청하는 의식으로 꽃을 흩뿌리는 밑줄 친 '산화락(散華落)'이 선행의식(先行儀式)이었기 때문에 '향화청(香華請)'으로 함이 마땅하다.

또, 『대비경(大悲經)』의 다음과 같은 내용을 참고하면, <향화청>에서의 공양물은 '향+꽃'임을 알 수 있다.

殺　狗牛羊　祭祀鬼神　長有憎惡　終無利益　不如破魔屬佛　懸繪幡蓋　燒香散華　歌
살저구우양　제사귀신　장유증오　종무이익　불여파마촉불　현증번개　<u>소향산화　가</u>
詠讚歎[81]
<u>영찬탄</u>
즉, 밑줄 친 의미를 보면 '향을 사르고 꽃을 뿌리며 가영으로 찬탄하옵니다'가 된다. 이에 비해, 「대령(對靈)」을 위시한 영가를 맞이하는 의식의 절차에는 아래에서 보듯 <고혼청> 다음에 <산화락>과 <내림게>가 없다. 때문에 단지 '향연청(香煙請)'이라 한 것이다.

> … 고혼청(孤魂請) ⇨ 향연청(香煙請) ⇨ 가영(歌詠) …

氣芬馥　所以達誠於神聖　所謂神聖　未有過於三寶　一曰佛陀　二曰達摩　三曰僧伽　若燒此發願　則必有靈應
時王女病革　王使胡子焚香表誓　王女之病尋愈　王甚喜　餽贈尤厚　胡子出見毛禮　以所得物贈之　因語曰　吾
今有所歸　請辭　俄而不知所歸 …
81) <14.향화청>【자구해설】①을 참고할 것.

<20.歌詠(가영)>　초청된 영가제위가 장차 성취케 될 결과를 찬탄한 노래

債有主人冤有頭① / 채유주인원유두　　빚에따라 주인있고 원결에도 시작있네.

只因憎愛未曾休 / 지인증애미증휴　　미워하고 사랑함을 쉬어보지 못하더니

如今②設食兼揚法 / 여금설식겸양법　　떡과음식 차려놓고 무진법문 드날림에

頓悟無生③解結讐 / 돈오무생해결수　　무생법인 깨닫고서 묵은원수 해결하네.

【자구해설】

①頭(두) : 처음, 시초를 나타냄.
②如今(여금) : [비교적 먼 과거에 대비하여] 지금. 이제. 오늘날. ['現在'는 극히 짧은 시간을 가리키는 동시에 상당히 긴 시간도 가리키지만, '如今'은 상당히 긴 시간을 가리킬 경우에만 쓰임]
③無生(무생) : 무생인(無生忍). 무생법인(無生法忍). 무생의 법리(法理). 곧 불생불멸의 진여를 깨달아 알고, 거기에 안주하여 움직이지 않는 것. 보살이 초지(初地)나 7·8·9지에서 얻는 깨달음. 인(忍)은 인가(忍可)·인인(認忍)의 뜻으로, 확실히 그렇다고 인정하는 것. 진실의 이치를 깨달은 마음의 평온.

【개요】

단순히 고혼영가제위를 청함을 찬탄한 것이 아니라 인과의 도리를 깨닫고 장차 미래의 부처로 자리할 주인공임과 그 이치를 찬탄한 것이 본 가영이다. 중생 모두에게 불성(佛性)이 있음을 설파한 것이 불교이기에 이런 말씀이 가능하다.

【구성 및 내용】

본 가영은 칠언절구의 게송으로 기·승·전·결의 형태를 보이고 있다.

'기'인 채유주인원유두(債有主人冤有頭) —빚에따라 주인있고 원결에도 시작있네—에서는, 빚과 원결을 들어 인과의 도리를 설파하였다. 모든 일에는 그 원인이 있으니 빚을 갚고 원결 풀기를 원한다면 삼세를 꿰뚫어보는 지혜가 필요함을 강조한 것이다. 사제(四諦)의 도리에 배대하면 '집제(集諦)'에 해당한다.

'승'인 지인증애미증휴(只因憎愛未曾休) —미워하고 사랑함을 쉬어보지 못하더니—에서는, 인과의 도리를 모르는 중생들의 현실을 여실히 말하였다. 현재 재주가 겪

고 있는 일도 이런 것임을 책주귀신영가와 재주 양자는 물론 초청된 고혼영가제 위에게 설파하고 있다. 사제의 도리에 배대하면 '고제(苦諦)'에 해당한다.

'전'인 여금설식겸양법(如今設食兼揚法) ―떡과음식 차려놓고 무진법문 드날림에― 에서는, 이 자리가 무엇을 위해 마련된 것인지를 노래하였다. 정(情)과 음식에 주 린 고혼영가제위에게는 제수(祭需)만으로도 의미가 있을 것이다. 그러나 그것보다 도 윤회의 고통으로부터 벗어날 수 있는 진리를 설하는 자리임을 일깨우고 있다. 사제의 도리에 배대하면 '도제(道諦)'에 해당한다.

'결'인 돈오무생해결수(頓悟無生解結讐) ―무생법인 깨닫고서 묵은원수 해결하네― 에서는, 궁극적 목적이 무생(無生)의 이치를 깨닫고 해탈함에 있음을 제시하고 있 다. 오온(五蘊)이 본래 공(空)하다는 이치를 알면 본래 생사가 없음을 깨닫게 되 고, 이런 혜안으로 살피면 원친(遠親)조차도 따로 있는 것이 아님도 알게 된다. 사 제의 도리에 배대하면 '멸제(滅諦)'에 해당한다.

【의식】
바라지가 거행하며, 소리는 '홑소리'이다. 간단히는 '쓰는 소리'로 거행한다.
단, 영가를 대상으로 거행하는 가영이기에 <15.가영>에서와 달리 후렴인 '고아게 (故我偈. 고아일심귀명정례)'는 없다.

【연구】
① <가영>은 불·보살님의 공덕을 찬탄하는 것인데…
<13.증명청(證明請)>의 '가영'에서 살핀 바와 같이 '가영'은 불조(佛祖)의 공덕을 찬 탄한 노래를 말한다. 본 게송에서 불조의 공덕을 직접적으로 찬탄하고 있지는 않 지만, 인과의 도리를 깨닫고 장차 미래의 부처로 자리할 주인공과 그 이치를 찬탄 하고 있다. 또, 의식의 순서 상 '가영'에 당하는 위치에 자리하고 있기 때문에 그 와 같이 이름한 것이다.

<輪廻偈(윤회게)>

烏飛梨落破蛇頭
오비이락파사두
까마귀 날자 떨어진 배, 뱀의 머리를 맞추더니

蛇變爲猪轉石雉
사변위저전석치
뱀이 죽어 멧돼지 되고, 굴린 돌에 꿩이 치었네.

雉變爲獵欲殺猪
치변위엽욕살저
죽은 꿩이 사냥꾼 되어 그 멧돼지 잡으려함에

老僧說法解冤結
노승설법해원결
노스님께서 설법하여 원결을 풀어주셨네.

천태스님의 '解冤釋結'

Ⅱ.沐浴篇(목욕편)

<21.引①詣②香浴③(인예향욕)> 영가제위를 욕실로 안내할 것을 대중에게 부탁하는 의식

上來④a
상래

지금까지,

已憑佛力法力
이빙불력법력

이미 불력·법력 [등]

三寶威神之力⑤a
삼보위신지력

삼보의 위신력을 의지하였나이다.

召請⑥某氏嘖主鬼神
소청모씨책주귀신

[그리하여] 청해 모신 모씨의 책주귀신과

及與諸位 靈祇⑦靈魂a
급여제위 영기영혼

여러 영가이십니다.

已屆道場
이계도량

이미 도량에 이르렀으니

大衆聲鈸⑧
대중성발

대중께오선 발(鈸)을 울리사

請迎赴浴a
청영부욕

청하고 맞이하시어 욕실로 나아가게 하십시오.

次誦大悲呪⑨及般若心經⑩亦得⑪
차송대비주급반야심경역득

다음, 천수다라니 및 반야심경을 독송해야 한다.

【자구해설】

①引(인) : 인청(引請). 선림(禪林)에서 아직 좌작진퇴(坐作進退)를 알지 못하는 사미를 인도하여 교수(敎授)하는 사람이나 그 일을 말함. 여기서의 인도 대상은 영가제위.

②詣(예) : 불사(佛寺)에 나아가다. 참배하다. 예)元日詣佛寺 -世說新語- / 詣(이를 '예')

③香浴(향욕) : 향을 섞어 만든 욕탕(浴湯)에 목욕하여 다생의 번뇌를 씻는 일. 여기서는 향탕이 갖추어진 욕실(浴室)을 말함.

④上來(상래) : 지금까지 운운(云云)하여 온 바.

⑤威神力(위신력) : 부사의한 위력. 위광(威光).

⑥召請(소청) : 본래는 제불을 권청하는 것을 말함. 여기서의 대상은 영가제위.

⑦靈祇(영기) : 여기서는 <18.고혼청>에서 초청한 소청(所請) 가운데 불법과 재주를 수호하는 선신영기(善神靈祇)를 말함. 신기(神祇)는 하늘의 신과 땅의 신을 함께 말하는데, '祇'만을 언급한다면, 신령스런 산신, 해신, 토지신 등 땅이나 하천 기타 산천에 있어 이를 주관한다고 생각되는 신들을 가리킨다.

⑧聲鈸(성발) : 발(鈸)을 울리다. ※聲(성) : 소리를 내다. / 鈸(방울 '발') : 요발(鐃鈸). 제

본론 ≪Ⅱ.목욕편≫

　　　　금(提琴). '바라'보다 작은 악기의 하나.
⑨大悲呪(대비주) : 신묘장구대다라니(神妙章句大多羅尼). 천수다라니(千手多羅尼).
⑩心經(심경) : 반야심경(般若心經).
⑪得(득) : [동사][구어] …해야 한다.

【개요】
　본 의식문의 대상은 책주귀신영가를 위시한 고혼영가제위와 참석대중이며, 글의 성격상 지문(地文)에 해당한다. 즉 <18.고혼청>에 의해 영접된 영가제위를 욕실로 안내할 것을 법주 입장에서 대중에게 부탁하는 의식이다.

【구성 및 내용】
　구성면에서는 기·서·결의 형태를 보이고 있다. 내용 면에서는 이중 구조를 띠고 있는데, '상래(上來)'로부터 '영기영혼(靈祇靈魂)'까지는 관욕에 참여할 영가제위를 소개하였고, '이계도량(已屆道場)' 이하에서는 관욕소(灌浴所)까지 영가제위의 안내를 동참대중에게 부탁함을 주제로 하고 있다.
　다음은 본 의식문을 기·서·결로 나누어 본 것이다.

　'기'인 상래 이빙불력법력 삼보위신지력(上來 已憑佛力法力 三寶威神之力) —지금까지 이미 불력·법력 등 삼보의 위신력을 의지하였나이다— 에서는, 지금까지 거행한 의식은 삼보의 위신력에 의함이었음을 내외 대중에게 밝히고 있다. 이렇게 함으로써 지금까지의 의식이 단순히 의식을 위한 것이 아님을 강조하여 삼보에 대한 믿음 가운데 보다 적극적인 대중의 참여의식을 고취하고 있다.

　'서'인 소청모씨책주귀신 급여제위 영기영혼(召請某氏嘖主鬼神 及與諸位 靈祇靈魂) —[그리하여] 청해 모신 모씨의 책주귀신과 여러 영가이십니다— 에서는, <18.고혼청>에 의해 영접한 영가의 품류(品類)를 책주귀신 영가를 위주로 하여 통거(通擧)함으로써 '기'의 내용을 가시화하여 현장감을 갖게 하였다.

　'결'인 이계도량 대중성발 청영부욕(已屆道場 大衆聲鈸 請迎赴浴) —이미 도량에 이르렀으니 대중께오선 발(鈸)을 울리사 청하고 맞이하시어 욕실로 나아가게 하십시오— 에서는, 영가제위가 공간적으로 이미 관욕소로 이동하였음을 들어 긴박감을 더한 가운데 대중으로 하여금 발(鈸)을 울려 영가를 관욕소(灌浴所)로 인도하도록 하고 있다. 즉, 관욕이 시작됨을 내외에 알리고 법주·대중·영가·설판재자 등으로 하여금 일체감을 일으켜 관욕에 임하게 하려는 것이다.

【의식】
　'대성초면귀왕비증보살마하살'의 위목은 영혼단에 그대로 모셔두고, 기사(記事)[82]는

- 114 -

모셔진 책주귀신영가의 위목과 책주귀신영가위주각병권속영가의 위목 그리고, 전(錢) 등을 관욕실로 옮겨 모신다.

 법주는 요령을 한 번 흔들어 놓고, 제목인 '인예향욕'을 위시하여 그 내용을 고하자(高下字)에 준하여 소사물의 사용 없이 '편게성(編偈聲)'83)으로 거행한다. 법주가 <21.인예향욕>을 마치면, 이를 시점으로 바라지를 위시한 대중은 소사물을 일제히 울리며 동음으로 <대비주>와 『반야심경』을 차례로 지송하고 봉독한다.

【연구】
① 본항 말미에 '차송대비주 급반야심경역득(次誦大悲呪 及般若心經亦得)'이라 하였는데 왜 이 시점에서 지송하는 것인지, 그리고 <대비주>와 『반야심경』을 모두 지송해야 하는지?

 <대비주>와 『반야심경』을 모두 지송하는 것은, 여행을 떠나기에 앞서 차에 주유(注油)하는 것과 같다. 즉, 관욕을 원만히 마치기 위해서는 많은 공덕을 필요로 하는데 가장 효율적으로 조성할 수 있는 것이 <대비주>와 『반야심경』이다. 또, <대비주>와 『반야심경』은 각기 묘유(妙有)와 진공(眞空)을 나타내는 것이기 때문에 새의 두 날개와 같아 어느 쪽도 소홀히 하거나 생략해서는 안 된다.

② 「하단관욕」의 항목에 비하면 「구병시식」의 ≪Ⅱ.목욕편≫에는 생략된 부분이 많은 것 같은데?

 「하단관욕」의 절차를 보면 <대비주>와 『반야심경』를 제외하고도 33개의 항목으로 구성되어 있다. 이에 비해 본 「구병시식」 내에 포함된 관욕절차는 아래 표에서 보듯 음영처리 된 10개항으로 구성되어 있다.

下壇灌浴 ∥Ⅰ.引詣香浴篇 1.引詣香浴 2.入室偈 3.淨路眞言 Ⅱ.加持 浴篇 4.加持澡浴偈 5.沐浴偈 6.沐浴眞言 7.嚼楊枝眞言 8.漱口眞言 9.洗手面眞言 Ⅲ.加持化衣篇 10.加持化衣 11.化衣財眞言 Ⅳ.授衣服飾篇 12.授衣服飾 13.授衣眞言 14.着衣眞言 15.整衣眞言 Ⅴ.出浴叅聖篇 16.出浴叅聖 17.指壇眞言 18.法身偈 19.散華落 20.擧引路 21.庭中偈 22.開門偈 Ⅵ.加持禮聖篇 23.加持禮聖 24.普禮偈 25.普禮三寶眞言 26.普禮三寶 Ⅶ.加持向筵篇 27.加持向筵 28.法性偈 29.掛錢偈 Ⅷ.受位安座篇 30.受位安座 31.安座偈 32.受位安座眞言 33.茶偈

 그런데 「구병시식」 소수 ≪Ⅱ.목욕편≫의 10개 항목 가운데서 <1.인예향욕> <26.보례삼보> <30.수위안좌> <33.다게>를 제외한 6개 항목은 모두 진언의식이다. 의식에 있어서 진언의 위치가 의도하는바 내용을 실행에 옮기는데 있음을 감안하면, 본 「구병시식」에서는 시간을 절약하는 차원에서 중요한 부분만을 발췌하

---

82) 『梵音刪補集』卷下 83丈에 의하면, '遵佛法 下合人心 於諸凡事 出入分明 書寫草榜 一無遺失 詳明記事 某人比丘(위로는 불법을 따르고 아래로는 사람들의 마음에 합하며, 모든 일에 있어서 출입을 분명히 하고, 초방록草榜錄을 서사함에 하나도 빠트림이 없이 자세히 밝게 기록하는 모비구)' 즉, 재를 거행하는 직책 가운데 하나.
83) p. 213 '주(註)' 참조

여 거행하고 있음을 알 수 있다.

따라서 구병시식은 여느 천도의식에서보다 더 신중한 집중력과 법력을 요구하는 의식이라 하겠다.

「구병시식」의 <21.인예향욕>으로부터 <22.목욕진언> 사이에 있는 내용을 「하단관욕」의 절차에서 살피면 다음과 같다.

<2.入室偈(입실게)>

一從違背本心王
일종위배본심왕

한번실수 본심왕을 멀리하고 등지더니

幾入三途歷四生
기입삼도역사생

그얼마를 삼도에서 사생으로 지냈던가.

今日滌除煩惱染
금일척제번뇌염

오늘에야 번뇌의때 모두씻게 되었으니

隨緣依舊自還鄕
수연의구자환향

세월가도 변치않아 고향으로 돌아가네.

<3.淨路眞言(정로진언)>

唵 蘇悉地 佐哩多囉 囉佐哩多囉 母羅多曳 左囉左囉 滿多滿多 賀那賀那 吽婆 三說
옴 소싯디 나자리다라 나자리다라 모라다예 자라자라 만다만다 하나하나 훔바탁 삼설

Ⅱ. 加持澡浴篇(가지조욕편)

<4.加持澡浴(가지조욕)>

諸佛子a 詳夫a 淨三業者 無越乎澄心 潔萬物者 莫過乎淸水a 以是a 謹嚴浴室
제불자 상부 정삼업자 무월호징심 결만물자 막과호청수 시이 근엄욕실

特備香湯 希一濯於塵勞 獲萬劫之淸淨a 下有沐浴之偈 大衆隨言後和a
특비향탕 희일탁어진로 획만겁지청정 하유목욕지게 대중수언후화

자세히 헤아리옵건대, 삼업을 청정히 하는 것으로는 깨끗한 마음을 넘는 것이 없고, 만물을 청결히 하는 것으로는 맑은 물을 지나칠 것이 없습니다. 하옵기로, 삼가 욕실을 장엄하고 특별히 향탕을 갖추온바 바라옴은, 단번에 진로망상을 씻고 만겁의 청정을 얻음입니다. 다음에 목욕의 게송이 있사오니 대중께오선 제 말씀에 따라 곧 창화하시오.

<5.沐浴偈(목욕게)>

我今以此香湯水
아금이차향탕수

저희들이 이제까지 마련하온 향탕수로

灌浴孤魂及有情
관욕고혼급유정

외로우신 영가님들 관욕시켜 드리오니

身心洗滌令淸淨
신심세척영청정

몸과마음 모두씻어 청정하게 하시옵고

證入眞空常樂鄕
증입진공상락향

무명번뇌 전혀없는 상락향에 드옵소서.

<22.沐浴眞言(목욕진언)> 신구의 三業(삼업)을 청정히 하는 진언

以此香湯水①	하옵기로 정성스레 마련하온 향탕수로
이차향탕수	
沐浴諸佛子	자리하신 불자님을 관욕시켜 드리오니
목욕제불자	
願承神呪②力	대비주와 반야심경 신주력을 이으시어
원승신주력	
普獲於淸淨	여러분들 모두함께 청정함을 얻으소서.
보획어청정	

唵 鉢頭暮 瑟尼灑 阿暮伽 惹嚩 吽 三遍
옴 바다모 사니사 아모까 아레 훔 삼편

㊞ 兩手無名指小指 內相叉入掌右押左 竪二中指頭
양수무명지소지 내상차입장우압좌 수이중지두

相柱二頭指 捻中指背上 二大指 捻中指中節
상주이두지 염중지배상 이대지 염중지중절

㊞ 양손 무명지[넷째 손가락]와 새끼손가락을 안으로 깍지껴서 손바닥 속에 넣되 오른손이 왼손을 누른다. 두 장가락[셋째 손가락]은 펴서 끝을 맞대고 양쪽 둘째손가락으로는 장가락의 등을 누른다. 두 엄지손가락으로는 장가락 가운데 마디를 누른다.

【자구해설】

①香湯水(향탕수) : 소독·청결·벽사(辟邪=邪不犯正)의 목적으로 향목(香木)이나 향초(香草)를 넣고 끓인 물. 『금광명최승왕경(金光明最勝王經)』7에는 창포(菖蒲)·수숙향(首蓿香)·침향(沈香)·전향(栴香)·정자(丁子)·우황(牛黃)·웅황(雄黃) 등 32종의 향약(香藥)을 사용해 향탕을 만든다고 되어 있다.

②神呪(신주) : <21.인예향욕> 주(註)에서 '次誦大悲呪及般若心經亦得'라 언급한 두 가지 다라니. 즉, 대비주(大悲呪)인 '신묘장구대다라니(神妙章句大多羅尼)'와 『반야심경』 말미의 주(呪) '아제 아제 바라아제 바라승아제 모지 사바하'를 말함.

【개요】

목욕진언은 삼업 가운데 신업(身業) 즉, 살생(殺生)·투도(偸盜)·음행(淫行)의 업을 청정이 함을 목표로 거행하는 진언의식이다. 여기서는, 책주귀신영가를 위시해 초청된 일체고혼영가를 목욕하게 하려는 것이다. 진언의 지송에 앞서 금일의 인연이 헛되지 않기를 오언절구의 운문(韻文)으로 염원하였다.

【구성 및 내용】

게송과 진언이 차례로 나오고 있다. 먼저 게송의 구성을 보면 아래와 같이 기·승·전·결의 형태를 보이고 있다.

'기'인 이차향탕수(以此香湯水) ―하옵기로 정성스레 마련하온 향탕수로― 에서는, 관욕의 제반준비가 완료되었음을 말하였다. 특히, 준비된 물이 향탕수임을 강조하여 영가제위의 청정심 회복을 위한 재주의 정성심이 투영된 것임을 강조하였다.

'승'인 목욕제불자(沐浴諸佛子) ―자리하신 불자님을 관욕시켜 드리오니― 에서는, 초청한 영가제위를 모두 불자로 예우하고 있음을 볼 수 있다. 불자란 자타의 성불을 최우선으로 하는 중생 즉, 보살을 말한다. 따라서 영가제위가 이에 공감하고 관욕에 임한다면 금일의 불사는 재주의 쾌유를 넘어 선연(善緣)의 극치를 보이게 될 것이다.

'전'인 원승신주력(願承神呪力) ―대비주와 반야심경 신주력을 이으시어― 에서는, <대비주>와 『반야심경』의 주력에 의지할 것을 말하였다. 주력의 힘은 선심(善心)과 신심(信心) 그리고 정성심(精誠心) 의해 나타나는바 윤회의 늪에서 해탈의 경지에로의 대반전을 기대하게 되었다.

'결'인 보획어청정(普獲於淸淨) ―여러분들 모두함께 청정함을 얻으소서― 에서는, 궁극적 목적이 무엇인지를 제시하였다. 이는 석존께서 6년 간 수행하시던 고행림(苦行林)을 뒤로하시고 니련선하(尼連禪河)에서 목욕하신 것과 같은 이치다. 팔부중도(八不中道)[84]에서 노래하듯 일체의 분별경계를 넘어선 것이 청정임을 잊지 말아야 한다.

【의식】

법주가 거행한다. 요령을 한 번 흔들어 놓고 제목을 한 번 창화한 후, 짓소리로 거행한다. 그러나 보통은 '쓰는소리'로 바라지의 태징에 맞춰 대중이 동음으로 창화한다. 진언 후에는 곧바로 '관욕쇠'로 이어진다. 이때 증명(證明)을 맡은 법사는 준비된 증명단(證明壇)에 자리하여 결수(結手)를 하며, 법주와 함께 삼밀(三密)을 거행한다.[85]

---

84) 생(生)·멸(滅)·거(去)·래(來)·일(一)·이(異)·단(斷)·상(常) 등 서로 대립하고 있는 여덟 가지 그릇된 개념을 연기법으로 타파하여 분별과 집착이 소멸되는 공(空)의 지혜를 드러냄.

85) 각 진언에 해당하는 수인법(手印法)은 법륜사 간 안진호 편 『석문의범』을 모범하기로 하였다. 단, 문제점이 있다고 판단되는 대목은 월악산 덕주사(月嶽山 德周寺) 간 『수륙무차평등재의촬요(水陸無遮平等齋儀撮要)』를 참고하였음을 밝혀 둔다.

【연구】

① 같은 목적으로 거행하는 의식에 차서가 있는지?

바람직한 의식의 구성을 말한다면, '제목(題目)' '지문(地文)' '게송(偈頌)' '진언(眞言)'이 갖추어져 있어야 한다고 하겠다. 우선 각각의 특징을 살펴보면,

'제목'은 거행하고자 하는 의식이 어떤 의식인지를 내외에 알린다.

'지문'은 거행하고자 하는 의식의 개요를 참석대중이 공감토록 한다.

'게송'은 거행하고자 하는 의식의 내용을 운문으로 찬탄한다.

'진언'은 거행하고자 하는 의식을 실천에 옮긴다. 가지(加持)는 진언의식에 의해 이루어진다.

따라서 거행순서 역시 '제목⇒지문⇒게송⇒진언'이라야 한다.

② '결'에서 석존께서 하신 니련선하의 목욕과 목욕이 지니는 의미에 대해 구체적으로…

니련선하(ⓈNairañjanā. 泥蓮禪河)는 중인도 마갈타국 가야성의 동쪽에서 북으로 흐르는 강 이름이다. 석존께서 출가하셔서 수행하시던 곳은 마갈타국에 자리한 고행림(苦行林)[86]이라는 곳이었다. 이곳에서 장장 6년 동안 고행을 하셨으나 비상비비상처정(非想非非想處定)[87]이라는 한계에 이르시게 되었다. 여기서 한계라 한 것은 그 경지가 윤회의 범주를 벗어나지 못함을 말하는 것이다.

보통 사람이라면 그간에 들인 공(功) 때문에라도 거기에 안주했을 것이다.그러나 지과필개(知過必改)! 석존께서는 과감히 궤도수정을 단행하셨다. 그 일보로 니련선하에서 목욕을 하신 것이다. 그리고 강을 건너 붓다가야로 가셔서 보리수 아래에 자리하시고 드디어 정각을 이루셨던 것이다.

따라서 이때 석존께서 하신 목욕은 단순히 몸을 씻는 것이 아니라 궤도수정이라는 의미를 지닌다. 우리가 윤회생사(輪回生死)를 거듭하고 있는 것도 애초에 방향을 잘 못 잡았기 때문이다.

영가의 천도를 위한 의식 가운데 '관욕(灌浴)'이 있다. 석존께서 보이신 목욕을 본받아 생사의 길에서 열반의 길로 방향을 바꾸는 의식이다.

왜 이런 과정이 필요한지 다음 이야기 가운데서 알아보자.

　　회사를 경영하던 사람이 어느 날 사바세계와의 인연이 다하여 염라대왕 앞
　　에 서게 되었다. 염라대왕이 물었다.
　　「그대는 누군가?」

---

86) 중인도 마갈타국 부다가야의 남쪽 2마일 되는 목지린다의 동쪽에 있음.
87) 비상비비상처(非想非非想處) ; 사공처(四空處. 空無邊處, 識無邊處, 無所有處, 非想非非想處)의 하나. 삼계(三界)의 여러 하늘 가운데 가장 높은 하늘로, 여기에 태어나는 사람은 번뇌를 떠났으므로 비상(非想)이라 하지만, 완전히 떠나지는 못했으므로 비비상(非非想)이라고도 이른다.

「예, 저는 ○○회사 사장입니다.」

「그대의 직함(職銜)을 묻는 것이 아니고 그대가 누구인지를 묻는 것이다. 그대는 누군가?」

이 사람은 잠시 생각하더니

「아무개의 남편입니다.」

「그대의 가족관계를 알려는 것이 아니라 그대가 누구인지를 묻는 것이다. 그대는 누군가?」

이렇게 질문과 답변은 이어졌지만 염라대왕이 기대하는 답은 나오지 않았다.

지금껏 우리들이 '나'라고 규정해온 나 자신은 예외 없이 이 세상에 와서 얻은 것들로서 진정한 자신이 아니다. 오히려 거짓이 참을 가려버린 결과를 초래한 것이다. '관욕'은 참이 아닌 것을 모두 씻어버리고 청정한 자아를 되찾게 하려는 의식인바 '염라대왕의 질문에 답할 것을 준비하는 의식'이라 하겠다.

③ 이때 짓소리는 어떤 의미를 지니는지?

짓소리를 필요로 하는 의식은 행진이나 진행 등 많은 시간이 요구되는 경우다. 따라서 목욕진언에서의 짓소리는 다겁생래의 삼업을 청정히 하기 위한 배려로 업신을 벗고 법신을 증득하게 하기 위해 거행하는 것이다.

④ <22.목욕진언>과 <23.화의재진언> 사이에 생략된 절차가 있지 않은지?

「하단관욕」의 절차를 참고로 다음과 같은 내용이 생략되어 있음을 알 수 있다.

<7.嚼楊枝眞言(작양지진언)>

唵 縛阿羅賀 莎訶　三說
옴 바아라하 사바하　삼설

㊞ 左手大母指 捻無名指下節 作金剛拳(좌수대모지 념무명지하절 작금강권)

㊞ 왼손 엄지손가락으로 무명지의 아랫 마디를 누른 상태에서 주먹을 쥔다. 이때의 주먹을 '금강권(金剛拳)'이라 한다.

<8.漱口眞言(수구진언)>

唵 度度哩 九魯九魯 莎訶　三說
옴 도도리 구로구로 사바하　삼설

㊞ 左手結金剛拳 伸中指無名指小指(좌수결금강권 신중지무명지소지)

㊞ 왼손으로 금강권(金剛拳)을 쥔 상태에서 셋째·넷째·다섯째 손가락을 편다.

<9.洗手面眞言(세수면진언)>

唵 三滿多 婆哩述帝吽　三說
옴 사만다 바리숫제훔　삼설

㊞ 印法 同嚼楊枝(인법 동작양지)

㉑ <작양지진언>의 인법과 동일함.

Ⅲ. 加持化衣篇(가지화의편)

<10.加持化衣(가지화의)>

諸佛子a 灌浴旣周 身心俱淨a 今以如來 無上秘密之言a 加持冥衣 願此一衣 爲多衣
제불자　관욕기주 신심구정　금이여래 무상비밀지언　가지명의 원차일의 위다의

以多衣 爲無盡之衣a 令稱身形 不長不短 不窄不寬a 勝前所服之衣 變成解脫之服a
이다의 위무진지의　영칭신형 부장부단 부착불관　승전소복지의 변성해탈지복

故吾佛如來 有化衣財陀羅尼 謹當宣念a
고오불여래 유화의재다라니 근당선념

제불자시여! 관욕이 이미 원만히 끝나고 몸과 마음이 모두 청정케 되었습니다. 이제 곧　여래의 위없는 비밀교의 말씀으로 명의를 가지(加持) 하옵거니와 원하옴은, 이 한 벌의 옷이 많은 옷이 되고, [다시] 이 많은 옷이 다함 없는 옷이 되어 [각자의] 몸에 맞아 길지도 짧지도 않고 좁거나 헐겁지도 않으며, 이제껏 입어 본 어떤 옷보다 뛰어나 해탈의 옷이 되는 것입니다. 때문에 우리 부처님께[서 베푸신 많은 다라니 가운데]는 의재를 변하게 하는 다라니가 있사오니 삼가 마땅히 힘써 [이 다라니를] 염하십시오.

【관욕쇠(灌浴金)】

灌浴金 太鉦 打法

단계	차	타법	명칭
Ⅰ단계	1차	○ ○ ○ = = [×3] 쾽 쾽 쾽 쓰 쓰	지옥(地獄)
	2차	○○ = = [×3] 쾽쾽 쓰 쓰	아귀(餓鬼)
	3차	○ ○○ = = [×3]	축생(畜生)
	4차	○ ○○ ○ = = [×3]	인도(人道)
	5차	○ ○○ ○ = = [×3]	수라(修羅)
	6차	○○○ ○○○ = = [×3]	천도(天道)
Ⅱ단계	1차	↓ '쿠궹쾽' ∞ ∞ ∞ ∞ [×1] ○○○ ○○○	보시(布施)
	2차	∞ ∞ ∞ ∞ [×2] ○○○ ○○○	지계(持戒)
	3차	∞ ∞ ∞ ∞ [×3] ○○○ ○○○	인욕(忍辱)
	4차	∞ ∞ ∞ ∞ [×4] ○○○ ○○○	정진(精進)
	5차	∞ ∞ ∞ ∞ [×5] ○○○ ○○○	선정(禪定)
	6차	∞ ∞ ∞ ∞ [×6] ○○○ ○○○	지혜(智慧)
	7차	∞ ∞ ∞ ∞ [×7] ○○○ ○○○	방편(方便)
	8차	∞ ∞ ∞ ∞ [×8] ○○○ ○○○	원(願)
	9차	∞ ∞ ∞ ∞ [×9] ○○○ ○○○	력(力)
	10차	∞ ∞ ∞ ∞ [×10] ○○○ ○○○	지(智)
Ⅲ단계	바라 작법	○ ○ ○○ ○ ○ ○ ○ ○ ○ ○ ○ ○ ○ · · · · · · ↑시작 · · · · · · ○ ○ ○ ○ ○ ○ ○ ○ ○ ○ ○○○ 종료↑	
Ⅳ단계	10차	∞ ∞ ∞ ∞ [×10] ○○○	
	↓	↓ ※10차로부터 1차까지 차례로 줄여감.	
	1차	∞ ∞ ∞ ∞ [×1] ○○○	
Ⅴ단계	마 무 리	○○ ○○ ○ ○ ○ ○ ○ ∨ [×3] ○ ○ ○	

※관욕금은 「∞ ∞ ∞ ∞」를 한 소절로 한다. 이를 소리로 나타낼 때는 '쾽쾽 쾽쾽 쿠궹쾽 쾽쾽'이라 하고, '쿠궹쾽'의 횟수로 몇 차(次)인지 가늠한다. '[×4]'와 같은 표시는 숫자만큼 같은 방법으로 반복하라는 의미다.

灌浴金鈸鑼(관욕쇠바라)

관욕(灌浴)이란 대령(對靈)에 의해 청해 모신 영가의 신·구·의 삼업(三業)을 삼보님의 가지력(加持力)에 의지하여 청정케 하고 내지는 해탈의 길로 나아가게 하는 법문(法門)을 개설함인바 이들 일련의 의식을 몸의 부정(不淨)을 씻어 내는 목욕에 견주어 행하는 의식이다.

부연컨대, 청정한 마음자리에서 본다면 '자신을 규정하는 것은 모두 번뇌'이다. 삼보님의 가지력을 의지하여 법등(法燈)을 밝히고[←법등명(法燈明)], 다시 이를 각자의 마음에 옮겨 받아[←자등명(自燈明)], 다겁 동안 쌓고 지녀온 일체의 번뇌를 소멸하고 청정한 본래 마음을 회복하여 해탈의 길로 나아가게 하는 의식이다.

특별한 가사는 없으나 태징의 타법(打法)이 독특하다. 교리적인 면에서 그 순서를 보면,

Ⅰ단계에서는, 먼저 향상문(向上門)의 입장에서 육도(六道)의 중생 내지 자성(自性) 가운데 자리한 중생심(衆生心)을 드러내고,

Ⅱ단계에서는, 십바라밀(十波羅蜜)[88]의 법문을 차례로 열어,

Ⅲ단계에서는, 이를 수습(修習)케 하는 방편으로 바라작법을 거행한다.

Ⅳ단계에서는, 다시 향하문(向下門)에 들어 중생을 제도하게 되기를 발원하고,

Ⅴ단계에서는, 마무리로서 중도(中道)를 의미하는 태징 5망치를 거듭 3번 울려 지금까지의 관욕쇠를 모두 마무리한다. 밑줄 친 부분을 세 번 반복하는 것은 완성을 의미하는 것이다.[89]

목욕의 주요 내용이 '목욕(沐浴)' '작양지(嚼楊枝)' '수구(漱口)' '세수면(洗手面)' 등임을 생각할 때, 순서 상 처음이자 시간이 가장 많이 소요되는 대목이 목욕이기로 이때 바라작법을 거행한다.

단, 태징의 타법에 따른 교리적 배경은 구전(口傳)되어 오는 것으로서 설득력은 있으나 아직 전거가 확실히 드러나 있지 않음을 밝혀둔다. 어찌됐건 이때 거행하는 바라작법은 수법(修法)[90]의 의미를 지닌다.

---

88) 열반에 이르기 위한 보살의 열 가지 수행. 보시(布施), 지계(持戒), 인욕(忍辱), 정진(精進), 선정(禪定), 지혜(智慧), 방편(方便), 원(願), 력(力), 지(智).
89) 음양설에서 양수(陽數)는 하나에서 일어나 셋에서 완성된다 함.
90) 밀교에서, 단(壇)을 설치하고 목적에 적합한 본존을 안치하여, 공양하고 기도하는 수행 방법. 진언을 외워 손에 인(印)을 맺고 마음에 부처나 보살을 생각하며 법을 닦는다.

本론 ≪Ⅱ.목욕편≫

<23.化衣①財眞言(화의재진언)> 명의(冥衣)를 해탈복(解脫服)으로 변케하는 진언

「救病施食」‖ Ⅰ.召請篇 1.擧佛 2.唱魂 3.振鈴偈 4.着語 5.大悲呪 6.破地獄偈 7.破地獄眞言 8.滅惡趣偈 9.召餓鬼眞言 10.普召請眞言 11.祭文 12.由致 13.證明請 14.香華請 15.歌詠 16.獻座眞言 17.茶偈 18.孤魂請 19.香煙請 20.歌詠 Ⅱ.沐浴篇 21.引詣香浴 22.沐浴眞言 23.化衣財眞言 24.授衣眞言 25.着衣眞言 26.指壇眞言 27.普禮三寶 28.受位安座 29.受位安座眞言 30.茶偈 Ⅲ.施食篇 31.宣密偈 32.四陀羅尼 33.稱揚聖號 34.施食偈 35.施鬼食眞言 36.普供養眞言 37.施無遮法食眞言 38.發菩提心眞言 39.普回向眞言 40.勸飯偈 41.般若偈 42.如來十號 43.法華偈 44.無常偈 45.莊嚴念佛 46.功德偈 Ⅳ.奉送篇 47.表白 48.念願文 49.願往偈 50.燒錢眞言 51.奉送眞言 52.上品上生眞言 53.解百生冤家陀羅尼 54.破城偈 55.告佛偈

南無 三滿多 沒駄喃 唵 般遮那 毗盧枳帝 莎訶　三說
나무 사만다 못다남 옴 바자나 비로기제 사바하　삼설

㊞ 此呪無印法 有杵[91]用加持 無杵作蓮花合掌[92]
차주무인법 유저용가지 무저작연화합장

㊞ 이 주(呪)에는 인법(印法)이 없으니 금강저(金剛杵)를 써서 그 의미를 돕고, 금강저가 없으면 연화합장(蓮花合掌)토록 하라.

【자구해설】

①化衣(화의) : 의재(衣財)를 변화시킴. 옷감의 양적(量的)·질적(質的) 변화를 말함.

一衣 → 多衣 → 無盡衣 → 解脫服
일의　　다의　　무진의　　해탈복
양적변화
질적변화

【개요】

의재(衣財)를 해탈복으로 변화하게 하는 진언의식이다.

【구성 및 내용】

91) 杵(저) : 金剛杵(금강저). Ⓢvajra. Ⓟvajira. 囹벌절라(伐折羅) / 杵(공이 '저')
　(1)고대 인도 무기의 일종. 견고불괴(堅固不壞)하여 능히 상대를 파(破)하므로 '금강'이란 말로 표현하였다.
　(2)밀교에서는 이를 모든 번뇌를 파하는 보리심의 표상으로 사용한다. 철·동(鐵·銅)으로 만들고 뾰족한 끝을 가졌으며 모양을 따라 뾰족한 끝이 양쪽으로 하나씩인 것을 독고(獨鈷), 세 개씩인 것을 삼고(三鈷), 다섯 개씩인 것을 오고(五鈷)라 한다. 특히 이 가운데 오고를 오지금강저(五智金剛杵)·오봉금강저(五峰金剛杵)·오봉광명(五峰光明)이라 이름한다.
　(3)선문(禪門)에서는 주로 오지금강저를 사용하는데, 이는 一에 五를 갖추고 또는 五에 一을 갖추었다는 진리를 나타내기 위함이니, 곧 일여시법(一如是法=眞如法性)이 일체 만유(萬有)를 포함하고 동시에 일체만유에는 일여시법이 갖추어져 있음을 이 금강저에 비유키 때문이다.
92) 蓮花合掌(연화합장) : 두 손의 손가락을 모두 펴서 합치는 것. 합장의 기본으로 마음이 한결같음을 나타내는 인도의 경례법. 밀교에서는 정혜상응(定慧相應) 이지불이(理智不二)를 나타내는 것이라 하여 그 공덕이 광대 무량하다 함. 12합장 가운데 견실심합장(堅實心合掌)이 이것이다. ※兩掌間無空虛

- 124 -

제목과 진언으로 구성되어 있다.

【의식】

법주는 요령을 한 번 흔들어 놓고 진언의 제목을 한 번 창화한다. 법주의 창화가 끝남과 동시에 바라지는 다음 표와 같이 태징을 울린다. 이때 태징 박자에 맞추어 사미승 2인의 '바라무'가 관욕실 앞에서 행하여진다. 관욕실 내(內)에서는 명의(冥衣=紙衣)를 태워 그 재[灰]를 향탕수(香湯水)에 넣는다.

단, 재를 향탕수에 넣는 것은 단순히 재를 처리하기 위함이고 의식상 특별한 의미는 없다. 태징의 박자는 다음과 같다.

나무 사만다 못다남 옴 바자나 비로기제 사바하나무 사만다 못다남 옴 바자나 비로
●∨ ○○ ●●●●∨ ○○ ●●●∨ ●●●●∨ ○○ ●●●●∨ ○○ ●●
기제 사바하나무 사만다 못다남 옴 바자나 비로기제 사바하
●∨ ●●●●∨ ○○ ●●●●∨ ○○ ●●●∨ ○○●●○ ○○○
※ '●'으로 표시된 부분은 바라를 돌리는 부분임.

【연구】

① <22.목욕진언>【연구】①에 의하면, '화의재의식'에도 '제목(題目)' '지문(地文)' '게송(偈頌)' 등이 갖추어져 있어야하지 않은지?

여기에 대한 답은 두 가지다. 하나는 구성에 관한 것이고, 다른 하나는 의식 가운데 생략할 수 있는 것과 그럴 수 없는 것이 있다는 것에 관한 것이다.

첫 번째에 대한 답을 「하단관욕」에서 찾아보면, '제목'과 '지문'을 볼 수 있다.

제목 : 加持化衣(가지화의)

지문 : 諸佛子 灌浴旣周 身心俱淨 今以如來 無上秘密之言 加持冥衣 願此一衣 爲
　　　 제불자 관욕기주 신심구정 금이여래 무상비밀지언 가지명의 원차일의 위

多衣 以多衣 爲無盡之衣 令稱身形 不長不短 不窄不寬 勝前所服之衣 變成解脫之服
다의 이다의 위무진지의 영칭신형 부장부단 부착불관 승전소복지의 변성해탈지복

故吾佛如來 有化衣財陀羅尼 謹當宣念
고오불여래 유화의재다라니 근당선념

제불자시여! 관욕이 이미 원만히 끝나고 몸과 마음이 모두 청정케 되었습니다. 이제 곧 여래의 위없는 비밀교의 말씀으로 명의를 가지(加持) 하옵거니와 원하옴은, 이 한 벌의 옷이 많은 옷이 되고, [다시] 이 많은 옷이 다함 없는 옷이 되어 [각자의] 몸에 맞아 길지도 짧지도 않고 좁거나 헐겁지도 않으며, 이제껏 입어본 어떤 옷보다 뛰어나 해탈의 옷이 되는 것입니다. 때문에 우리 부처님께[서 베푸신 많은 다라니 가운데]는 의재를 변하게 하는 다라니가 있사오니 삼가 마땅히 힘써 [이 다라니를] 염하십시오.

두 번째, 의식에 있어서 가장 중요한 것은 목적을 성취하게 하는 것이 진언의식이라는 점이다. 즉, 제목이나 지문 혹은 게송 등이 모두 중요하지만 어쩔 수 없는 경우 생략이 가능하다. 그러나 진언은 열쇠와도 같은 것이어서 생략이 불가능하다. 때문에 여기서도 진언의식만 남겨놓은 것이다.

<24.授衣眞言(수의진언)> 명의(冥衣=解脫服)를 영가제위에게 전달하는 진언

唵 鉢哩摩囉嚩 嚩哩尼 吽 三說
옴 바리마라바 바아리니 훔 삼설

㉒ 右手作拳 左手取水用灑
　 우수작권 좌수취수용쇄

㉑ 오른손으로 주먹을 쥐고,
　 왼손으로는 물을 집어 [관욕소를 향해] 뿌림.

【개요】

해탈복으로 바뀐 명의(冥衣)를 책주귀신영가와 고혼영가제위에게 전달하는 진언의식이다.

【구성 및 내용】

제목과 진언으로 구성되어 있다.

【의식】

법주는 요령을 한 번 흔들어 놓고 진언의 제목을 한 번 창화한다. 이어 요령을 천천히 울리며 진언을 세 번 지송한다.

【연구】

① '수의(授衣)의식'에도 '제목' '지문' '게송' 등 참고할 만한 것이 있는지?
「하단관욕」에 본항과 관계된 내용으로 다음과 같은 '제목'과 '지문'이 있다.

제목 : 授衣服飾(수의복식)

지문 : 諸佛子 持呪旣周 化衣已遍 無衣者 與衣覆體 有衣者 棄古換新 將詣淨壇
　　　 제불자 지주기주 화의이변 무의자 여의부체 유의자 기고환신 장예정단
先整服飾
선정복식
제불자시여! 진언을 지송함이 벌써 충분하고 화의[=해탈복]도 이미 넉넉합니다. [하오니] 옷이 없는 분은 드린 옷으로 몸을 가리우시고, 옷이 있는 분께서는 옛 것을 벗으시고 새 옷으로 갈아입으시도록 하십시오. 이제 곧 정단(淨壇)에 참예코자 하오니 이에 앞서 옷매무새를 정돈토록 하십시오.

<25.着衣眞言(착의진언)> 해탈복을 영가로 하여금 착용케 하는 진언

唵 嚩曪　嚩沙細 莎訶　三說
옴 바아라 바사세 사바하　삼설

㉕ 兩手大拇指 各按頭指中指無名指小指頭[93]
　양수대무지 각안두지중지무명지소지두
㉑ 양손 엄지손가락으로 네 손가락의 끝을
　눌러 주먹을 쥔다.

【개요】
해탈복으로 변화한 명의를 영가로 하여금
착용하게 하는 진언의식이다.

【구성 및 내용】
제목과 진언으로 구성되어 있다.

【의식】
법주는 요령을 한 번 흔들어 놓고 진언의 제목을 한 번 창화한다. 이어 요령을
천천히 울리며 진언을 세 번 지송한다.

【연구】
①『구병시식』에서 <25.착의진언>으로부터 <26.지단진언> 사이에 절차가 생
략되어있지 않은지?

「하단관욕」의 절차를 참고로 다음과 같은 내용이 생략되어 있음을 알 수 있다.

　<15.整衣眞言(정의진언)>
　　唵 三滿多 婆多羅那 婆多米 吽 泮　三說
　　옴 삼만다 바다라나 바다메 훔 박　삼설
　　㉕ 印法同前 着衣眞言(인법동전 착의진언)
　　㉑ 수인법은 앞의 <착의진언>과 같음.

　Ⅴ. 出浴參聖篇(출욕참성편)
　<16.出'浴'參聖'(출욕참성)>

---

93) 拇指 頭指 中指 無名指 小指는 차례로 첫째부터 다섯째 손가락을 말한다. 拇(엄지손가락 '무')

諸佛子a 旣周服飾 可詣壇場a 禮三寶之慈尊 聽一乘之妙法a 請離香浴 當赴淨壇
제불자 기주복식 가예단장 예삼보지자존 청일승지묘법 청리향욕 당부정단

合掌專心 徐步前進a
합장전심 서보전진

제불자시여! 이미 옷매무새는 원만히 마치셨으니 단장으로 나가실 수 있습니
다. [나가시어] 삼보이신 자존께 예하시고 일승인 묘법을 들으소서. 청하옵건
대, 향욕실을 떠나시어 곧 정단으로 나가셔야 하오니 두 손을 모으시고 마음
을 가다듬으사 서서히 걸어 앞으로 나아가십시오.

<26.指壇眞言(지단진언)> 영가제위를 향단(香壇)으로 인도하는 진언

唵 曳二呬 吠路左那野 莎訶 　三說
옴 예이혜 볘로자나야 사바하 　삼설

㊞ 右手作金剛拳 頭指直伸指於壇門
　후주작금강권 두지직신지어단문

㊞ 오른손으로 금강권을 짓되 집게손가락을
　곧게 펴서 영혼단(靈魂壇)의 문을 가리킨다.

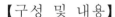

【개요】

영가제위로 하여금 단문(壇門) 즉, '대성초면귀왕
비증보살마하살(大聖焦面鬼王悲增菩薩摩訶薩)'께서
자리하고 계신 향단(香壇)으로 향하도록 방향을 제시하는 진언이다.

【구성 및 내용】

제목과 진언으로 구성되어 있다.

【의식】

법주는 요령을 한 번 흔들어 놓고 진언의 제목을 한 번 창화한다. 이어 요령을
천천히 울리며 진언을 세 번 지송한다.

이때, 기사(記事)는 인례(引禮)의 안내를 받아 초면귀왕비증보살마하살 위목, 책
주귀신영가 위목, 각병권속영가 위목과 전(錢) 등을 관욕실로부터 내모셔 수미단
(須彌壇)을 향해 도열해 선다.

【연구】

１【개요】에서는 '대성초면귀왕비증보살마하살께서 자리하고 계신 향단(香
壇)으로 향하도록 방향을 제시'한다고 하였는데, 【의식】에서는 '인례(引禮)의
안내를 받아 제위목(諸位目)과 전(錢) 등을 관욕실로부터 내모셔 수미단(須彌
壇)을 향해 도열해 선다'고 하였다. 어떤 말씀을 따라야 하는지?

본 「구병시식」에서의 '관욕(灌浴)'은 약례로 거행하는 의식이다. 「하단관욕」의 경
우 총33개항94)으로 구성되어 있으나 「구병시식」 소수 ≪관욕≫은 총10개항으로

---

94) 「下壇灌浴」‖ Ⅰ.引詣香浴篇 1.引詣香浴 2.入室偈 3.淨路眞言 Ⅱ.加持澡浴篇 4.加持澡浴 5.沐浴偈
6.沐浴眞言 7.嚼楊枝眞言 8.漱口眞言 9.洗手面眞言 Ⅲ.加持化衣篇 10.加持化衣 11.化衣財眞言 Ⅳ.授衣

되어 있다.

「하단관욕」을 기준으로 보면, 「구병시식」의 <26.지단진언(指壇眞言)>과 <27.보례삼보(普禮三寶)> 사이에 <법신게(法身偈)> <산화락(散華落)> <거인로(擧引路)> <정중게(庭中偈)> <개문게(開門偈)> <가지예성(加持禮聖)> <보례게(普禮偈)> <보례삼보진언(普禮三寶眞言)> 등 8개항이 생략되어 있다.

원칙대로 정리하자면, <지단진언>에서는 관욕소 옆에 설치된 영혼단에 모신 '대성초면귀왕비증보살마하살'의 위목 쪽을 향해야 하고, 이어 <법신게>와 <산화락>까지 영혼단을 향해 거행한다. 이어 <거인로>를 거행하며 해탈문 안으로 들어가 대웅전 앞 월대(月臺)에 이른다. 이어 <정중게> <개문게> <가지예성> <보례게> <보례삼보진언>까지 상단을 향해 젓순95) 후, <보례삼보>에서 비로소 삼보님께 예를 갖추는 것이다.

결론적으로, 약례로 거행하는 「구병시식」에서는, <26.지단진언(指壇眞言)>에서 수인(手印)은 향단을 향하도록 맺지만, 【의식】 말미에서 언급했듯 대중은 상단인 수미단을 향해 도열해야 한다. 중간 절차가 생략된 약례이기 때문에 어쩔 수 없는 일이다.

② 「구병시식」에서 <26.지단진언>으로부터 <27.보례삼보> 사이에 절차가 생략되어 있지 않은지?

「하단관욕」의 절차를 참고로 다음과 같은 내용이 생략되어 있음을 알 수 있다.

<18.法身偈(법신게)>

法身遍滿百億界 법신변만백억계	진리의몸 법신여래 백억계에 가득하사
普放金色照人天 보방금색조인천	널리널리 금색놓아 온누리를 비추시네.
應物現形潭底月 응물현형담저월	중생제접 현신하심 연못속의 달과같고
體圓正坐寶蓮臺 체원정좌보련대	보련대의 그모습은 한결같이 곱습니다.

<19.散華落(산화락)>

散華落 三說 산화락 삼설	꽃비가 내립니다.

服飾篇 12.授衣服飾 13.授衣眞言 14.着衣眞言 15.整衣眞言 Ⅴ.出浴叅聖篇 16.出浴叅聖 17.指壇眞言 18.法身偈 19.散華落 20.擧引路 21.庭中偈 22.開門偈 Ⅵ.加持禮聖篇 23.加持禮聖 24.普禮偈 25.普禮三寶眞言 26.普禮三寶 Ⅶ.加持向筵篇 27.加持向筵 28.法性偈 29.掛錢偈 Ⅷ.受位安座篇 30.受位安座 31.安座偈 32.受位安座眞言 33.茶偈

95) 젓수다 ; 부처님이나 신명(神明)에게 고하고 빌다.

<20.舉引路(거인로)>

南無大聖引路王菩薩 三說
나무대성인로왕보살 삼설

위대하신 성인 인로왕보살님께 귀의하옵니다.

<21.庭中偈(정중게)>

一步曾不動
일보증부동

꿈결에도 한발자국 움직이지 않았건만

來向水雲間
내향수운간

물과구름 그사이를 막힘없이 달려오사

旣到阿練若
기도아련야

부지중에 아련야에 당도하여 계시오니

入室禮金仙
입실예금선

금당으로 들어가서 부처님께 절하소서.

<22.開門偈(개문게)>

捲箔逢彌勒
권박봉미륵

발을걷고 다가서면 미륵존불 만나뵙고

開門見釋迦
개문견서가

문을열고 들어서면 서가세존 뵈옵나니

三三禮無上
삼삼예무상

거듭거듭 무상존께 머리숙여 절하시고

戱法遊王家
유희법왕가

여래께서 자리하신 법왕가에 노니소서.

Ⅵ. 加持禮聖篇(가지예성편)

<23.加持禮聖(가지예성)>

諸佛子a 上來a 爲冥道有情 引入淨壇已竟a 今當禮奉三寶 夫三寶者 三身正覺
제불자 상래 위명도유정 인입정단이경 금당예봉삼보 부삼보자 삼신정각

五敎靈文 三賢十聖之尊 四果二乘之衆a 汝等旣來法會 得赴香筵a 想三寶之難逢
오교영문 삼현십성지존 사과이승지중 여등기래법회 득부향연 상삼보지난봉

傾一心而信禮a 下有普禮之偈 大衆隨言後和a
경일심이신례 하유보례지게 대중수언후화

제불자시여! 지금까지 명도의 유정을 위하여 정단으로 안내하였습니다. 이제
곧 삼보님을 예로써 받들고자 하거니와, 대저 삼보란 삼신이신 정각[=여래]과
오교[=일대시교]이신 신령스런 글과 삼현·십성 등의 어르신[=보살] 그리고 사
과이신 연각·성문이십니다. 여러분께오선 이미 법회에 오셨고 향연[=불단]에
나가시게 되었거니와, 삼보님 뵈옴이 어려운 일임을 명심하시어 일심을 기우
려 믿음으로 예를 올리소서. 다음 보례의 게송이 있사오니 대중께오선 제 말
씀에 따라 곧 창화하시오.

<24.普禮偈(보례게)>

稽首十方調御師
계수시방조어사

中생들을 이끄시는 시방세계 조어사님!

三乘五敎眞如法
삼승오교진여법

아함방등 반야법화 화엄경등 대법보님!

菩薩緣覺聲聞僧
보살연각성문승

보살연각 성문승등 불법문중 선지식님!

一心歸命虔誠禮
일심귀명건성례

일심으로 귀명하며 건성례를 올립니다.

<25.普禮三寶眞言(보례삼보진언)>

唵 薩嚩 沒   達摩 僧伽喃 那謨 窣覩帝 三說
옴 살바 몯다 달마 승가남 나모 소도제 삼설

<27.普禮①三寶(보례삼보)> 널리 시방상주 삼보님께 귀의의 예를 올림

「救病施食」Ⅱ Ⅰ.召請篇 1.擧佛 2.唱魂 3.振鈴偈 4.着語 5.大悲呪 6.破地獄偈 7.破地獄眞言 8.滅惡趣眞言 9.召餓鬼眞言 10.普召請眞言 11.祭文 12.由致 13.證明請 14.香華請 15.歌詠 16.獻座眞言 17.茶偈 18.孤魂請 19.香煙請 20.歌詠 Ⅱ.沐浴篇 21.引詣香浴 22.沐浴眞言 23.化衣財眞言 24.授衣眞言 25.着衣偈 26.指壇眞言 **27.普禮三寶** 28.受位安座 29.受位安座眞言 30.茶偈 Ⅲ.施食篇 31.宣密偈 32.四陀羅尼 33.稱揚聖號 34.施食偈 35.施鬼食眞言 36.普供養眞言 37.施無遮法食眞言 38.發菩提心眞言 39.普回向眞言 40.勸飯偈 41.般若偈 42.如來十號 43.法華偈 44.無常偈 45.莊嚴念佛 46.功德偈 Ⅳ.奉送篇 47.表白 48.念願文 49.願往偈 50.燒錢眞言 51.奉送眞言 52.上品上生眞言 53.解百生冤家陀羅尼 54.破城偈 55.告佛偈

普禮十方常住佛 보례시방상주불	시방상주 불보님께 지성귀의 하옵니다.
普禮十方常住法 보례시방상주법	시방상주 법보님께 지성귀의 하옵니다.
普禮十方常住僧 보례시방상주승	시방상주 승보님께 지성귀의 하옵니다.

【자구해설】
①普禮(보례) ; 모든 부처님께 예경(禮敬)을 올림.

【개요】
관욕소를 떠나 본당에 도착한 책주귀신영가와 고혼영가제위가 삼보님께 예를 올리는 의식이다.

【구성 및 내용】
제목과 본문으로 나누어 볼 수 있다.
제목인 <27.보례삼보>는 제목인 동시에, 일종의 명령어로서, 인로를 맡으신 대성초면귀왕비증보살마하살 그리고, 책주귀신영가를 위시한 고혼영가제위로 하여금 삼보님께 예(禮) 갖출 것을 권하고 있으며, 다른 게송의 제목이 실제 의식에서 운운되지 않는 것과는 달리 법주(法主)가 창화(唱和)한다.
본문은 삼보께 올리는 예의 순서에 입각해서 성중 스스로가 본문의 내용을 동음으로 창화하며 예를 올리는 것으로 되어 있다.

【의식】
법주가 요령을 길게 한 번 울린 뒤, '보례삼보'라고 창화한다. 대중은 바라지의 태징 세 망치를 신호로 하여 본문의 내용을 차례로 창화하며, 소리가 끝날 때마다 바라지는 태징을 세 번씩 울리고, 대중은 이를 신호로 그 때 마다 반배로 한 번씩 삼보께 예를 올린다.

【연구】
① 예를 갖춤이 지니는 궁극적인 의미는?
인사를 하고 받는다는 것은 목적의식을 같이 하고 있다는 즉, 공감대가 형성되어

있다는 의미로 파악해도 된다.

또, 삼보님께서 계신 곳은 곧 정방(淨邦)이니 삼보님을 뵙고 예를 올린다함은 곧 ≪목욕편≫에서 의도한 바가 원만히 성취되었음을 의미하기도 한다.

따라서 지금의 <27.보례삼보>는 이렇듯 거룩한 법회에 참례할 수 있음이 모두 시방삼세에 상주하신 삼보님의 가피에 의한 것임을 깨닫고 올리는 예라 하겠다.

② 「구병시식」에서 <27.보례삼보>로부터 <28.수위안좌> 사이에 절차가 생략 되어있지 않은지?

「하단관욕」의 절차를 참고로 다음과 같은 내용이 생략되어 있음을 알 수 있다.

Ⅶ.加持向筵篇(가지 향연편)

<27.加持向筵(가지 향연)>

諸佛子a 幸逢聖會 已禮慈尊 宜生罕遇之心 可發難遭之想a 請'離壇所 當赴冥筵
제불자 행봉성회 이례자존 의생한우지심 가발난조지상 청리단소 당부명연

同享珍羞 各求妙道a
동향진수 각구묘도

제불자시여! 다행히 삼보님께서 계신 곳을 만나 이미 자존께 예를 올리셨습니 다. [이와 같음은] 마땅히 드문 일이라는 마음을 내시고 만나기 어렵다는 생각 을 내셔야만 합니다. 청하옵건대 [이제] 이곳[壇所=佛壇]을 떠나 명연(冥筵)으로 옮기시어 진수를 흠향하시고 각기 깨달음의 길을 구하십시오.

<28.法性偈(법성게)>

法性圓融無二相 법성원융무이상	모든것의 본래성품 원융하여 둘아니니
諸法不動本來寂 제법부동본래적	삼라만상 그대로가 본래부터 적멸이라.
無名無相絶一切 무명무상절일체	이름없고 모양없어 헤아려선 알수없고
證智所知非餘境 증지소지비여경	깨달아야 알바로서 달리알수 없는경계.
眞性甚深極微妙 진성심심극미묘	참된성품 깊고깊어 지극히도 미묘한데
不守自性隨緣成 불수자성수연성	자기성품 안지키니 인연따라 천태만상.
一中一切多中一 일중일체다중일	하나중에 전부있고 많은중에 하나있어
一卽一切多卽一 일즉일체다즉일	하나가곧 전부이고 많은그것 곧하나라.
一微塵中含十方 일미진중함시방	한티끌속 그가운데 온우주를 머금었고

一切塵中亦如是
일체진중역여시

하나하나 티끌속도 살펴보니 그와같네.

無量遠劫卽一念
무량원겁즉일념

한량없는 긴세월은 한생각에 바탕하니

一念卽是無量劫
일념즉시무량겁

지금갖는 한생각이 무량한겁 그대로다.

九世十世互相卽
구세십세호상즉

구세십세 달리없어 서로서로 의지해도

仍不雜亂隔別成
잉불잡란격별성

엄한질서 유지하여 자기모습 따로있네.

初發心時便正覺
초발심시변정각

처음발심 했을때가 다름아닌 정각이며

生死涅槃常共和
생사열반상공화

생사열반 두경계가 항상함께 화합하네.

理事冥然無分別
이사명연무분별

理와事의 이치깊어 분별할길 없는것이

十佛普賢大人境
십불보현대인경

열분부처 보현보살 대성인의 경계로다.

能仁海印三昧中
능인해인삼매중

부처님의 깨침바다 크신삼매 가운데서

繁出如意不思議
번출여의부사의

뜻한대로 쏟아지는 불가사의 진리의법.

雨寶益生滿虛空
우보익생만허공

보배비가 중생돕듯 저허공에 가득하여

衆生隨器得利益
중생수기득이익

중생들은 근기따라 이로움을 얻게되네.

是故行者還本際
시고행자환본제

이렇거니 수행자여 근본마음 돌아가세

叵息妄想必不得
파식망상필부득

망상심을 아니쉬곤 얻을것이 분명없네.

無緣善巧捉如意
무연선교착여의

무연자비 선교방편 여의하게 어서얻어

歸家隨分得資糧
귀가수분득자량

본분가에 돌아가서 수분수력 큰힘얻세.

以多羅尼無盡寶
이다라니무진보

다라니의 큰위신력 다함없는 보배로써

莊嚴法界實寶殿
장엄법계실보전

온법계를 장엄하여 보배궁전 세우고서,

窮坐實際中道床
궁좌실제중도상

마지막엔 참된법인 중도상에 앉아보세

舊來不動名爲佛
구래부동명위불

예전이나 지금이나 이를일러 부처라네.

<29.掛錢偈(괘전게)>

諸佛大圓鏡　　　　　시방삼세 부처님의 한결같은 대원경지
제불대원경

畢竟無內外　　　　　필경에는 안도밖도 존재하지 않나이다.
필경무내외

爺孃今日會　　　　　어버이신 부처님을 오늘에야 뵙게되니
야양금일회

眉目正相撕　　　　　환희에찬 파안미소 그칠줄을 모릅니다.
미목정상시

<28.受位安座(수위안좌)> 법식제공을 위해 영가제위를 좌정하실 것을 고함

上來奉請　　　　　　　지금까지 받들어 청하온
상래봉청

某人嘖主鬼神靈駕　　　모씨의 책주귀신 영가와
모인책주귀신영가

及與諸位靈祇靈魂　　　그리고 여러 영가시여!
급여제위영기영혼

旣禮三寶　還得衣珠①　이미 삼보님께 예를 올리셨고
기례삼보　환득의주　　옷 속의 보배구슬도 얻으셨으니

放下②身心　依位而坐　[거짓인] 이 몸과 마음[에 대한 애착은] 버리시고
방하신심　의위이좌　　품위에 따라 자리하고 앉으소서.

待我加持　受霑③法食④　[하옵고] 저희들이 가지하옴을 기다리셨다가
대아가지　수점법식　　법답게 올리는 공양을 받으시고

解冤釋結　各求解脫　　원결을 푸시어
해원석결　각구해탈　　각자 해탈을 구하소서.

惑[↓灌浴을 擧行하지 않는 경우]

上來召請　　　　　　　지금까지 청해모신
상래소청

嘖主鬼神　各列位靈駕　책주귀신 한 분 한 분 모든 영가시여!
책주귀신　각열위영가

【자구해설】

①衣珠(의주) : 법화칠유(法華七喩) 가운데 제6 수기품(授記品)에 '의주유(衣珠喩)'가 있다. 내용은, 어떤 가난한 사람이 친구 집에 가서 술에 취해 잠이 들었는데, 친구인 주인은 마침 급한 일로 먼 길을 떠나게 되었다. 잠들어 있는 친구의 처지를 딱하게 여긴 주인은 떠나기 전에 그 사람 옷자락 속에 보주(寶珠)를 매어 두었다. 잠에서 깨어난 그는 그런 줄 모르고 계속 가난하게 살았다. 뒷날 친구를 만나 그 사실을 알았고 보주를 팔아 마침내 풍족한 생활을 하게 됐다는 비유이다. 여기서 말하는 '의주'는 곧 중생 각자가 본래 지니고 있는 불성을 말하는 것이다.

②放下(방하) : 방하착(放下著). 내려놓아라. 내버려라. 착(著)은 동사 뒤에 붙어 명령이나 부탁을 강조하는 어조사.

③受霑(수점) : 받다. 霑(젖을 '점') / cf. 領霑(영점) : 받다. 領(옷깃 '령'). 수령(受領)하다.

④法食(법식) : 법공(法供). ①타인을 위해 읽어주는 불경(佛經). ②대중 공양을 위해 법답게 마련한 음식.

【개요】

재주의 책주귀신영가를 위시해 초청된 고혼영가제위로 하여금, 정성껏 마련한 영단으로 자리를 옮겨 마련한 법식을 흠향하도록 권하는 의식이다.

【구성 및 내용】

'기'인 상래봉청 모인책주귀신영가 급여제위영기영혼(上來奉請 某人嘖主鬼神靈駕 及與諸位靈祇靈魂) —지금까지 받들어 청하온 / 모씨의 책주귀신 영가와 / 여러 영가시여!— 에서는, 시식을 위해 금일 구병시식에 초청하여 관욕까지 원만히 마친 영가제위를 거명하고 있다. 이때의 거명은 다음 순서가 기다리고 있음을 알리기 위해 주의를 환기시키는 것이다.

'서'인 기례삼보 환득의주 방하신심 의위이좌(旣禮三寶 還得衣珠 放下身心 依位而坐) —이미 삼보님께 예를 올리셨고 / 옷 속의 보배구슬도 얻으셨으니 / 거짓인 이 몸과 마음[에 대한 애착은] 버리시고 / 품위에 따라 자리하고 앉으소서— 에서는, 삼보님께 예를 올릴 수 있었고 또, 잊고 지내왔던 자신의 불성[=衣珠]까지 되찾았음을 상기시켜, 영가제위의 본 모습이 어떤 것인지 그리고 자리해야 할 곳이 어디인지를 확실히 깨우쳐 주고 있다. 즉, 여기서 말하는 '위(位)'는 관욕을 마친 만큼 견성(見性)한 존재로서의 품위를 말하고, '좌(座)'는 법공좌(法空座)를 가리킨다 하겠다.

'결'인 대아가지 수점법식 해원석결 각구해탈(待我加持 受霑法食 解寃釋結 各求解脫) —저희들이 가지하옴을 기다리셨다 / 법답게 올리는 공양을 받으시고 / 원결을 푸시어 / 각자 해탈을 구하소서— 에서는, 준비한 법식을 가지함을 기다려 흠향하고, 명실공히 불자답게 원결을 풀고 해탈의 길로 나갈 것을 권하고 있다.

【의식】

<27.보례삼보>에 이어 법주는 요령을 한 번 울린 뒤, 제목인 '수위안좌'는 편게성(編偈聲)으로, 내용은 유치성(由致聲)으로 거행한다.

【연구】

1 제목은 편게성(編偈聲)으로 그리고 내용은 유치성(由致聲)으로 거행하는 이유는?

제목을 편게성으로 거행하는 것은 영가로 하여금 성불이라는 목적의식을 분명히 지니게 한만큼 환희로운 마음으로 거행하기 때문이다. 단, 내용을 유치성으로 거행하는 이유는 관욕을 마치고 정정심을 회복했기 때문이다. 청정심을 회복했다함은 의식상에서의 일이지만 성불의 경지에 이르렀음을 의미한다.

<29.受位安座眞言(수위안좌진언)> 진언의 힘으로 영가제위를 영단에 안좌토록 하는 진언

「救病施食」‖ Ⅰ.召請篇 1.擧佛 2.唱魂 3.振鈴偈 4.着語 5.大悲呪 6.破地獄偈 7.破地獄眞言 8.滅惡趣眞言 9.召餓鬼眞言 10.普召請眞言 11.祭文 12.由致 13.證明請 14.香華請 15.歌詠 16.獻座眞言 17.茶偈 18.孤魂請 19.香煙請 20.歌詠 Ⅱ.沐浴篇 21.引詣香浴 22.沐浴眞言 23.化衣財眞言 24.授衣眞言 25.着衣眞言 26.指壇眞言 27.普禮三寶 28.受位安座 29.受位安座眞言 30.茶偈 Ⅲ.施食篇 31.宣密偈 32.四陀羅尼 33.稱揚聖號 34.施食偈 35.施鬼食眞言 36.普供養眞言 37.施無遮法食眞言 38.發菩提心眞言 39.普回向眞言 40.勸飯偈 41.般若偈 42.如來十號 43.法華偈 44.無常偈 45.莊嚴念佛 46.功德偈 Ⅳ.奉送篇 47.表白 48.念願文 49.願往偈 50.燒錢眞言 51.奉送眞言 52.上品上生眞言 53.解百生寃家陀羅尼 54.破城偈 55.告佛偈

我今依敎①設珍羞② 아금의교설진수	가르침에 의지하여 귀한음식 마련하고
普饋孤魂及有情 보궤고혼급유정	고혼이며 유정들께 널리널리 대접하니
各發歡心次第坐 각발환심차제좌	환희심을 발하시고 차례대로 자리하사
受我供養證菩提 수아공양증보리	이공양을 받으시고 깨달음을 얻으소서.

唵 摩尼 軍茶尼 吽吽 娑訶　三說
옴 마니 군다니 훔훔 사바하　삼설

㊞ 印法 施戒慧方四度 相叉入掌 忍願直竪頭相着
　　인법 시계혜방사도 상차입장 인원직수두상착

　　進力二度 各附忍願背 禪智二度向身開竪
　　진력이도 각부인원배 선지이도향신개수

㊞ 수인법은, 보시·지계·지혜·방편 사바라밀
　　(四波羅蜜)을 서로 엇갈려 손바닥 안에 넣고,
　　인욕·원은 똑바로 세워 머리부분을 서로 대며,
　　정진·력 이바라밀(二波羅蜜)은 각자 인욕(忍辱)
　　·원의 뒤에 붙이고, 선정·지혜 이바라밀은 몸쪽을 향해 편 채 세운다.
　　※본 수인법은 『수륙무차평등재의(水陸無遮平等齋儀)촬요』를 모범한 것임.[96]

※ 10바라밀(波羅蜜)과 각지(各指) 그리고 오대(五大)와의 관계		
禪定(선정)···右手 大拇指(대무지 : 엄지손가락)	←空→	智(지) ··· 左手 大拇指
精進(정진)···右手 頭 指(두 지 : 둘째손가락)	←風→	力(력) ··· 左手 頭指
忍辱(인욕)···右手 中 指(중 지 : 셋째손가락)	←火→	願(원) ··· 左手 中指
持戒(지계)···右手 無名指(무명지 : 넷째손가락)	←水→	方便(방편)···左手 無名指
布施(보시)···右手 小 指(소 지 : 새끼손가락)	←地→	智慧(지혜)···左手 小指

※『佛光大辭典』1-336 '십이합장(十二合掌)' 참조.

---

96)『韓國佛敎儀禮資料叢書』(보경문화사, 1993) 1卷 p .634a 所收

【자구해설】
①敎(교) : 석존께서 아난존자를 위하여 설하신 『불설구발염구아귀다라니경(佛說救拔焰口
　　　餓鬼陀羅尼經)』의 내용을 가리킴.
②珍羞(진수) : 맛이 썩 좋은 음식. 보기 드물게 잘 차린 음식.

【개요】
　<28.수위안좌>의 응송(應頌)에 해당하는 내용으로, 법답게 마련한 영반(靈飯)임
을 금일의 주인공인 '모인 책주귀신'과 청사에서 모신 영가제위에게 알려, 반드시
영혼단에 자리하여 흠향하고 곧 베풀어질 진언의 가지력으로 진정한 해탈에 이르
게 될 것을 정적(情的)인 면과 이적(理的)인 면에서 염원하는 게송과 진언이다.

【구성 및 내용】
　진언을 별도로 하면, 칠언절구로 구성되어 있으며 기·승·전·결의 형태를 보이
고 있는 전형적인 게송이다.
　'기'인 아급의교설진수(我今依敎設珍羞) —가르침에 의지하여 귀한음식 마련하고—
에서는, 영가제위를 위한 재자의 용의주도함을 엿볼 수 있다. 자식된 자, 또는 재
자(齋者)로서 부모님이나 영가를 향한 효성이나 정성을 기울임은 고마운 일이다.
그러나 그 방법이 옳지 못하다면 허사가 되기도 하고 때로는 불효가 되는 경우[97]
도 있다. 여기서 준비한 제수(祭需)는 경교(經敎)에 의거한 것임을 밝혀 동참 대중
모두에게 믿음을 지니도록 해주고 있다.
　'승'인 보궤고혼급유정(普饋孤魂及有情) —고혼이며 유정들께 널리널리 대접하니—
에서는, 영가제위를 위한 재자의 정(情)적인 면을 느낄 수 있다. 정성어린 제물,
이것은 「상용영반(常用靈飯)」등에서 말하여지듯 하늘이나 땅에서 얻은 것이 아니
라 오직 재자의 일편성심(一片誠心)의 표출인 것[98]이다.
　또, 일반적으로 음식을 대하고 앉았다 함은 목표를 향한 출발이거나 아니면 성취
를 의미하는데, 여기서는 후자의 경우로 볼 수 있다.
　'전'인 각발환심차제좌(各發歡心次第坐) —환희심을 발하시고 차례대로 자리하사—
에서는, 책주귀신 영가를 위시한 영가제위가 환희심을 내고 있음으로 보아 이미
견도위(見道位)[99]에 접근해 있음을 알 수 있다. 그럼에도 장차 끊어야 하는 미세
한 번뇌가 아직 남아 있음을 알 수 있다. 즉 대소(大小)의 위(位)가 있음은 아직

---

97) 日用三牲之養 猶爲不孝也(일용삼생지양 유위불효야) -『緇門』29「洞山良介和尙辭親書」
98) 於此物物 不從天降 非從地聳 但從齋者之虔誠 流出羅列 云云
　　어차물물 부종천강 비종지용 단종재자지건성 유출나열 운운
　　　　　　　　　　　　　- 봉원사『요집』상83「상용영반(常用靈飯)」
99) 처음 무루지(無漏智)을 얻어 진여의 이(理)를 체득한 위. 초지(初地)의 위. 보살의 견도(見道).

차별심(差別心)이 있음을 의미하는데 정작 열반의 경지에서는 용납되지 않는 것이기 때문이다.

'결'인 수아공양증보리(受我供養證菩提) —이공양을 받으시고 깨달음을 얻으소서—에서는, 장차 받게될 공양이 삼보님의 가지력과 진언에 의한 것임과 공양의 공덕으로 정각을 성취해야함을 말하였다. 즉, 영가와 대중으로 하여금 마음을 가다듬고 진지한 자세로 공양에 임할 것과 나머지 과제가 정각임을 일깨우고 있다.

【의식】
 법주는 요령을 한 번 흔들어 놓고 진언의 제목을 한 번 창화한다. 이어 갖추어 거행하는 경우에는 '헌좌게성'으로 하며, 다음 '수위안좌진언'까지 이어서 창화한다. 일반적으로는 태징이나 목탁을 사용하여 '쓰는소리'로 거행한다.

【연구】
① 본 게송 '기'구에서 말하는 교(敎)는 구체적으로 무엇을 말하는가?
 『불설구발염구아귀다라니경(佛說救拔焰口餓鬼陀羅尼經)』[100]을 말하며, 이 경(經)은 석존께서 아난존자로 하여금 아귀보를 면하게 하시고 아귀들의 주린 고통을 해결해주신 것으로 그 요점을 소개하면 다음과 같다.

 아난존자는 어느날 항하안(恒河岸)에서 염구아귀(焰口餓鬼)를 만난 일이 있었다. 그런데 그 아귀가 존자에게 하는 말이,
 '3일 후에는 그대의 목숨이 다하고 아귀로 태어난다'
 고 하더니 이어 말하기를,
 '이를 면하려면 무수한 아귀와 바라문(婆羅門)에게 먹을 것을 베풀고 또 나를 위해 삼보에게 공양토록 하라.'
 하였다. 이에 놀란 존자는 세존께 이러한 사실을 아뢰고 가르침을 청하였다. 세존께서는 한 그릇의 음식으로도 무수의 아귀와 바라문에게 베풀수 있는 다라니(陀羅尼)를 일러 주시니, 곧 「무량위덕자재광명수승다라니(無量威德自在光明殊勝陀羅尼)」이다.

 후일 이 경이 중국의 양무제(梁武帝)가 물이나 뭍[땅]에 있는 고혼과 아귀에게 공양하는 법회 즉 「수륙무차평등재의(水陸無遮平等齋儀)」의 의식문을 조성하여 재를 베풀게 되는 단서가 되었고, 이로부터 영가를 위한 재가 베풀어지기 시작하였다.

② <수위안좌진언>을 확인할 수 있는 곳은?
「결수문」·「지반문」·『작법귀감』·『석문의범』 등에서 확인할 수 있다. 단,「결수문」

---

100)『大正藏』卷21 p. 464

에는 <안좌진언(安座眞言)>으로 제목되어 있고, 「지반문」에는 제목 없이 게송 후에
진언만 있으며, 「자기문」에는 '안좌다라니(安座多羅尼)'로 제목되어 있다.

<受位安座眞言>

「結手文」:	唵 摩尼 軍茶利 吽吽 莎訶
	옴 마니 군 다리 훔훔 스바하
「志磐文」:	唵 摩尼 軍茶利 吽吽 莎訶 [←『한』제1집 607상]
「仔夔文」:	唵 度嚕度嚕 地尾 莎訶
	옴 드로드로 디미 스바하
『作法龜鑑』:	唵 摩尼 軍茶利 吽吽 莎訶
『釋門儀範』:	唵 摩尼軍茶尼 吽吽 娑婆訶
	옴 마니군다니 훔훔 사바하

〈양구(良久)〉

□ 井藤(정등)

무인지경의 넓은 벌판에서 사납게 날뛰는 미친 코끼리를 만난 사람이 있었다. 그는
피할 곳을 찾아 정신없이 달아나다가 빈 우물터를 만났는데, 우물 속으로 등나무 넝쿨
이 드리워져 있었다. 급히 넝쿨을 타고 우물 속으로 몸을 피하기는 하였으나 아래를
살펴보니 독룡(毒龍)이 입을 벌린 채 사람이 떨어지기를 기다리고 있었고, 사방에는
네 마리의 독사(毒蛇)가 혀를 날름거리며 물려고 하고 있었다.

설상가상으로 위에서는 흰쥐와 검은 쥐가 교대로 들락거리며 등 넝쿨을 갉아먹고 있
었다. '이제는 죽었구나'하고 있는데 콧등 위로 무언가 액체가 떨어졌다. 무심히 입가
로 흘러내린 것에 혀를 대보니 그것은 꿀이었고, 이 사람은 위기 상황도 잊은 채 다음
방울이 떨어지기를 기다렸다. 그때 밖에서는 온 벌판을 다 태우려는 듯 큰불이 일어나
고 있었다.[101]

– 『빈두로돌라도위우타연왕설법경(賓頭盧突羅闍爲優陀延王說法經)』 –

≪岸樹(안수)≫ 강 언덕에 서있는 큰 나무.

是身이 易壞하야 猶如河岸에 臨峻大樹라
시신 이괴 유여하안 임준대수
이 몸이 쉽게 무너지는 것이 강 언덕 높은 곳에 서있는 큰 나무와 같다.

– 『열반경(涅槃經)』권1 수명품(壽命品)–

---

101) 광야(廣野) : 무명장야(無明長夜. 번뇌의 긴세월) / 상(象) : 무상(無常) / 정(井) : 생사(生死)의 구
렁텅이 / 능넝쿨 : 육신(肉身)의 생명(生命) / 흑백이서(黑白二鼠) : 일월(日月) 즉 세월 / 사사(四蛇)
: 지수화풍(地水火風) 등 육신(肉身)의 구성요소 / 독룡(毒龍) : 죽음[死] / 꿀 벌 : 오욕(五慾) 및 삿
된 생각 / 화(火) : 노사(老死)

<30.茶偈(다게)>   영단에 원만히 자리한 영가제위에게 '다(茶)'를 권하는 게송

百草①林中一味新   백가지맛 그중에도 일품으로 뛰어남에
백초임중일미신

趙州常勸幾千人   조주스님 누구에나 차별없이 권하셨네.
조주상권기천인

烹②將石鼎③江心水④   돌솥에다 강심수를 정성스레 달였으니
팽장석정강심수

願使亡靈歇苦輪   원하옴은 망령들이 육도윤회 쉼입니다.
원사망령헐고륜

【자구해설】

①百草(백초) : 가지가지의 풀. 전(轉)하여 일체만상을 말함.[⇒百草萬像(백초만상)]. 여기서는 세상의 모든 맛.

②烹(팽) : 삶을 '팽' 예)팽다(烹茶) : 차를 달임.

③石鼎(석정) : 정(鼎)은 발이 셋인 솥으로 차를 끓일 때 쓰는 도구이다. 정(鼎)의 재료로는 쇠·주석·구리·은 등이 쓰였으나 돌로 만든 석정(石鼎)이 가장 많이 애용되었다 한다.102)

④江心水(강심수) : 강의 양쪽 언덕으로부터 중간쯤 되는 강의 한가운데를 '강심(江心)'이라 하고, 강심에 흐르는 물 또는 거기서 솟아나는 물을 '강심수'라 한다.

【개요】

여기서의 권다(勸茶)에는 두 가지 의미가 있다. 하나는 일반적인 예가 그렇듯 웃어른이나 귀빈을 대하는 예의 일환으로서 능권(能勸)과 소권(所勸)의 마음이 하나가 되는 것이다. 다른 하나는 영가제위가 삼보의 가지력에 의해 자신의 자리에 앉게 되었으니, 이는 구원겁래(久遠劫來)의 번뇌·업장으로부터 벗어나 자성청정심을 회복하였음을 의미하는 것으로 '끽다거(喫茶去)'로 유명한 조주스님의 다(茶)를 권하여 다시 한 번 영가제위 스스로 그 경지를 점검토록 하는 것이다.

즉, 영가제위를 향한 재자의 정성과 불법의 요체가 일반적 의례인 권다(勸茶)에 투영된 의식이다.

【구성 및 내용】

칠언절구인 본 게송은 기·승·전·결의 형태를 보이고 있다.

---

102) 정영선 저 『韓國 茶文化』 p. 230 참조.

'기'인 百草林中一味新(백초임중일미신) ―백가지맛 그중에도 일품으로 뛰어남에―
에서는, 영가제위를 향한 재자의 정성이 담뿍 담겨져 있음이 말하여지고 있다. 세
상에는 많은 차풀이 있지만 그 가운데 가장 귀한 것을 선별하여 올리고 있기 때
문이다. 동시에 오늘의 이 다행스러운 의식이 다름 아닌 재주의 정성에 기인하고
있음을 다시 한 번 확인할 수 있는 대목이기도 하다.103)

'승'인 趙州常勸幾千人(조주상권기천인) ―조주스님 누구에나 차별없이 권하셨네―
에서는, 불법의 요체를 영가제위에게 전하고 있다. 선문답(禪問答)에 있어서 매양
'끽다거(喫茶去)'라는 말씀으로 천하의 납자(衲子)를 대하셨던 조주스님의 말씀을
영가제위에게 전하고 있으니, 이는 영가제위로 하여금 시공을 초월하여 조주스님
을 친견토록 배려하는 일이기도 하다. 즉 영가제위 스스로 깨달음의 경지를 점검
케 하는 일이다.
조주스님의 다(茶)에는 '리트머스(litmus)시험지'104)에서 보듯 스스로를 점검할 수
있는 역할이 있다.

'전'인 烹將石鼎江心水(팽장석정강심수) ―돌솥에다 강심수를 정성스레 달였으니―
에서는, 좋은 차를 얻을 수 있는 조건인 '석정(石鼎)'과 '강심수(江心水)'를 함께 말
하여 최상의 다(茶)임을 다시 한 번 강조하였다. 이는 책주귀신을 위시한 영가제
위로 하여금 지금 올리는 다(茶)의 소중함에 대한 공감대를 갖게 하여 금일 베푸
는 시식의 목적을 반드시 이루도록 하기 위함이다.

'결'인 願使亡靈歇苦輪(원사망령헐고륜) ―원하옴은 망령들이 육도윤회 쉼입니다―
에서는, 금일 구병시식의 목적이 무엇인지를 밝히고 있다. 사바세계는 고통스러운
곳이며 이 고통의 수레바퀴는 끊임없이 이어지고 있다. 때문에 일체 유정에게 있
어 진정한 목적지는 무고안온의 열반이어야 함을 천명하여 책주귀신을 위시한 영
가제위가 윤회를 쉬고 열반락 얻게 되기를 재주의 입장에서 축원하는 대목이다.

【의식】
바라지가 태징을 울리며 홑소리로 받는다. '결'구는 소사물(小四物)을 울리며 대
중이 동음으로 세 번 창화한다.

【연구】
① <17.茶偈(다게)>와는 어떤 차이가 있는지?

---

103) 모든 사람이 자리함에 자리 잡은 그 곳이 나름대로 명당(明堂)인 것처럼, 정성을 다해 장만한 것
   이라면 곧 일품이라는 뜻이다.
104) 리트머스의 수용액을 물들인 서름종이. 붉은색과 푸른색의 두 가지가 있는데, 붉은색 시험지를 염
   기성(鹽基性. 알칼리성) 수용액에 담그면 푸른색으로 변하고, 푸른색 시험지를 산성 수용액에 담그면
   붉은색으로 변하므로 용액이 산성인지 염기성인지를 판별하는 간단한 검사에 쓰인다.

　양자 모두 상대에게 다공양(茶供養)을 제공하기 위한 의식이다.

　단, <17.다게>는 그 대상이 <13.증명청>에서 거명한 관세음보살의 권현(權現)이신 초면귀왕이시고, <30.다게>에서의 대상은 <18.고혼청>에서 거명한 금일 재주의 책주귀신영가를 위시해 금일 재주의 병(病)과 인연이 있을만한 영가제위를 소례로 하고 있다는 점에 차이가 있다.

　② 지금 다게에서의 차가 정말로 '좋은 차' '석정' '강심수' 등으로 이루어진 것인가? 아니라면 망어를 저지름이 아닌지?

　호마단작법에는 '내호마(內護摩)'[105]와 '외호마(外護摩)'[106] 2종이 있다. '외호마'는 법도에 준하여 호마단을 조성하여 호마작법을 거행하는 것을 말한다. 이에 비해 '내호마'는 마음으로 호마단이 조성되었다고 관하며 작법을 거행하는 것이다.

　'좋은 차' '석정' '강심수' 등을 모두 갖출 수 있으면 더없이 좋은 일이려니와 그것이 여의치 않은 경우에는 '관법(觀法)'을 써서라도 정성을 다해야 할 것이다.

---

105) 『불광대사전』 p. 1240a / 【內護摩】 護摩, 梵語 homa, 爲火祭·焚燒之意, 卽投供物於火中之火祭祀法. 密敎分護摩法爲內·外二種. 內護摩卽行者觀想智火, 將本尊·爐·行者三處合一, 卽身·口·意三業合一, 觀住於我卽大日如來, 以智火焚燒一切無明, 令獲菩提心. 以其於行者心內觀想作法, 故稱內護摩. 其爲理法之觀, 故又稱理護摩.

106) 『불광대사전』 p. 1878c / 【外護摩】 護摩, 梵語 homa, 爲火祭·焚燒之義, 卽投供物於火中之祭祀法. 密敎之護摩法分爲內·外二種. 外護摩具足本尊·爐·行者等三者, 作爲行者三密之表徵, 而以本尊表意密·爐表口密·行者表身密. 卽擇地設壇, 誦眞言經, 焚燒乳木·五穀等供物, 令行者之三密淸淨, 成就息災·增益·降伏·鉤召·延命等諸法. 因其於心外行事作法, 故稱外護摩, 又稱事護摩. 又因供奉之本尊不限於何種如來或明王, 故所設置之爐·供養物·器具等, 隨所供之本尊而有所不同 ; 通常有三種護摩·四種護摩·五種護摩·六種護摩等法.

Ⅲ.施食篇(시식편)

<31.宣密偈(선밀게)> ≪사다라니≫의 거행에 앞서 영가의 주의를 환기시키기 위한 게송

宣密'①加持 선밀 가지	자상하온 사다라니 神變加持 펼치오니
身田②潤'澤' 신전윤택	착한업이 자라나는 사대육신 윤택하고
業火'③清涼 업화청량	몸과마음 그르치는 업의불길 청량해져
各'求解'脫' 각구해탈	인연불자 모두모두 대자유를 구하소서.

【자구해설】

①密(밀) : 密密(밀밀). 자상한 모양. 촘촘한 모양. 우거진 모양.
②身田(신전) : 몸이 선악의 행위를 낳는 것을 밭에 비유한 말.
③業火(업화) : ㉠악업이 몸을 해치는 것을 불에 비유하여 말함. ㉡악업의 결과로 지옥에
　　　　떨어진 죄인을 태우는 불을 말함.

【개요】

　<18.고혼청>에 의해 초청된 책주귀신영가를 위시한 고혼영가제위의 기허(飢虛)를
달랠 법식(法食=妙供)을 베풀어야 한다. 그러기 위해서는 영가의 수나 격에 맞게 공
양의 질과 양을 변화시키는 ≪사다라니≫를 거행하게 된다. 그러기에 앞서 영가의 주
의를 환기시키려는 것이 본 게송이다.

【구성 및 내용】

　사언절구인 본 게송은 기·승·전·결의 형태를 보이고 있다.

　'기'인 선밀가지(宣密加持) ―자상하온 사다라니 神變加持 펼치오니― 에서는, 장차
≪사다라니≫ 거행함을 말하였다. 준비된 공양물이 재주의 정성으로 마련된 것이기
는 하지만 공양의 대상이 책주귀신영가를 위시한 고혼영가 제위임을 상정하면 질
과 양에 있어서 문제점이 있다고 보아야 한다. 따라서 본 의식은 이런 문제점의
해결방안을 삼보님의 가지(加持)에서 찾으려는 것이다.

　'승'인 신전윤택(身田潤澤) ―착한업이 자라나는 사대육신 윤택하고― 에서는, 장차
행할 ≪사다라니≫의 가지력으로 선업(善業)의 근본이 되는 몸이 윤택해질 것을 염
원하고 있다. 자칫 영가를 생각하면 정신적 존재로만 여기기 쉬우나 영가로 머무

는 상태를 '중유오음(中有五陰)'이라고 표현함을 상기하면 여기서 말하는 '신전(身田)'을 이해할 수 있을 것이다. 다겁을 두고 받아온 기갈을 면함으로써 성불을 향한 기틀 즉, 신전을 새롭게 하려고 염원한 것이다.

'전'인 업화청량(業火淸凉) ―몸과마음 그르치는 업의불길 청량해져― 에서는, 장차 거행할 ≪사다라니≫의 가지력으로 윤회생사의 근본인 모든 업이 소멸되기를 염원하고 있다. 즉, 여기서 말하는 '업화청량'은 곧 지혜의 회복을 의미하는 것으로 장차 열반에 이르게 하는 정신적 자산인 것이다. 다시 말해 재주의 정성과 삼보님의 가지력으로 준비하려는 영반(靈飯)은 단순히 기갈만을 면하게 하려는 것이 아니라 성불과 열반을 가능케 하는 법식(法食)이요 묘공(妙供)이기를 염원한 것이다.

'결'인 각구해탈(各求解脫) ―인연불자 모두모두 대자유를 구하소서― 에서는, 장차 책주귀신영가를 위시한 고혼영가제위가 이르러야 할 목적지를 분명히 하였다. 즉, 이렇게 준비된 법식으로 힘과 지혜를 새롭게 가다듬어 해탈에 이르기를 염원한 것이다. 그래야만 오늘의 인연이 헛되지 않고 또, 그럴 수 있어야 삼보님의 가지력 또한 존재의미가 있다고 하겠다.

【의식】

갖추어 거행할 경우, 법주가 <31.선밀게> 전부를 고하자에 준해 편게성(編偈聲)으로 거행한다.

간단히 거행할 경우, 법주가 '선밀가지'를 편게성으로 거행하고 나면, '신전윤택'부터는 대중이 소사물을 울리며 염불성(念佛聲)으로 함께 창화한다.

【연구】

① '선밀가지(宣密加持)'에서 '가지(加持)'를 ≪사다라니(四多羅尼)≫로 규정하는 이유는?

이어지는 의식의 내용이 ≪32.사다라니≫이거니와, 같은 유형의 의식을 「상주권공」에서도 볼 수 있기 때문이다. 즉, ≪사다라니≫ 직전인 <진언권공>의 내용,

香羞羅列 齋者虔誠 欲求供養之周圓 須仗加持之變化 仰惟三寶 特賜加持 南無十方
향수나열 재자건성 욕구공양지주원 수장가지지변화 앙유삼보 특사가지 나무시방

佛法僧
불법승

에서 가리키는 '가지(加持)'는 ≪사다라니≫에서 이루어지기 때문이다.

② <13.증명청>에서는 <31.선밀게>나 ≪32.사다라니(四多羅尼)≫에서와 같은 '가지'의 내용이 보이지 않았는데?

질문의 내용과 같이 <13.증명청>의 경우 <17.다게>로 일단락 되어 있다. 이유는 <13.증명청>에서 모신 분이 다름 아닌 지난 사시(巳時) 권공의식에서 소례(所禮)로 모신 관세음보살이시기 때문이다. 다시 말해 권공의식에서의 소례께서는 이미 공양을 마치신 상태이고, 이 시점에서 다시 모심은 말 그대로 본 구병시식을 증명해주심에 목적이 있기 때문이다. 그러나 <18.고혼청>의 경우 제영가(諸靈駕)에 대한 시식은 지금부터이기 때문에 <31.선밀게>를 위시한 ≪32.사다라니≫ 등 제반 절차가 필요한 것이다.

③ 본 게송의 제목을 '선밀게(宣密偈)'라 하였는데?

본 게송은 「상주권공」의 <기성가지(祈聖加持)>와 같이 장차 ≪사다라니≫를 거행할 것을 알리고 영가제위의 공감을 얻으려는 지문 성격의 게송이다. 즉 이와 같이 밀밀(密密)한 가지(加持)가 거행됨을 알리는 게송이기로 '선밀게'라 한 것이다.

≪32.四陀羅尼(사다라니)≫ 靈駕의 地位와 數에 맞게 공양의 質과 量을 변화시키는 진언

<⑴無量威德自在光明勝妙力變食眞言(무량위덕자재광명승묘력변식진언)>
—무량한 위덕과 자재한 광명, 그리고 빼어나고 미묘한 힘으로 일체의 소시(所施)로 하여금 부족함이 없이 공양할 수 있도록 음식의 양(量)을 변하게 하는 진언—

那莫 薩婆多陀 我多　婆路其帝 唵 三婆羅 三婆羅 吽 一七遍
나막 살바다타 아다　바로기제 옴 삼바라 삼바라 훔 일칠편

【개요】

모든 진언의 내용은 그 제목에서 짐작할 수 있다. 즉, 본 진언의 제목이 '무량한 위덕과 자재한 광명, 그리고 빼어나고 미묘한 힘으로 일체의 소시(所施)로 하여금 공양에 임할 수 있도록 음식을 변하게 하는 진언'이듯, 공양물의 양(量)을 소시의 지위와 수에 맞게 변화시키는 진언이다.

【구성 및 내용】

본 진언의 구성은 여타의 진언과 마찬가지로 '제목'과 '진언'으로 이루어져 있다. 내용은 【개요】에서 살핀 것 외에 달리 살필 것이 없으므로 생략한다.

【의식】

법주(法主)가 거행한다. 법주는 요령을 한 번 흔들어 놓고 합장한 뒤, 제목을 한 번 창화하고 요령을 울리며 진언을 7편 지송한다.

주의할 것은, 시식(施食)에서는 <⑴변식진언>을 위시한 사다라니를 반드시 7편씩 지송해야 한다는 점이다. 또, 평소 붓을 잡는 것과 같은 방법으로 요령(搖鈴)을 다루던 것과 달리, 막 쥐고 다소 요란스럽게 느껴지기는 하지만 진언의 지송 속도에 맞추어 빠른 박자로 흔들며 거행한다.

한편, 옛 법에 의하면 증명(證明)을 맡은 법사는 준비된 증명단(證明壇)에 자리하여 결수법(結手法=手印法)에 의거 수인을 맺으며, 법주와 함께 삼밀(三密)을 행한다. 단, 이즈음에는 결수를 행하지 않기로 【연구】에서 『시제아귀음식급수법병수인(施諸餓鬼飮食及水法幷手印)』의 내용을 소개하기로 한다.

의식의 규모가 클 경우에는 바라작법으로 행하기도 한다. 이때는 각 진언을 3편씩만 모시며 바라작법을 거행한다.

향수나열 시주건성 욕구공양지주원 수장가지지변화 앙유삼보 특사가지 🔖범패

나무 시방 불 법 승   나무 시방 불 법 승   나무 시방 불 법 승
○   ○   ○ ○   ○   ○   ○ ○ ○   ○   ○   ○ ○ ○ ⌄

<무량 위덕 자재 광명 승묘력 변식 다라니>
○   ○   ○   ○   ⌄   ⌄   ○ ○ ○ ⌄

나막 살바다타 ↑↓아다야 ↑↓바로기제 ↓오옴 ↓삼마 ↓레애 ↓삼마 라아 ↓후움
○○ ●●● ⌄   ○   ○   ○   ○   ○   ○   ○   ○   ○

↑**나**막 살바다타 ↑아다야 ↑바로기제 ↓오옴 ↓삼마 ↑레애 ↓삼마 라아 후움
○○ ●●● ⌄   ○   ○   ○   ○   ○   ○   ○   ○   ○

↑**나**막 살바다타 ↑아다야 ↓바로기제 ↓오옴 삼마 ↑레애 ↓삼마 라아 후움
○○ ●●● ⌄   ○   ○   ○   ○   ○   ○   ○   ○ ⌄ ○○ ●○○

<시감로수진언>
○

나무소로 ↑↓바아야 ↑다타 ↓아다 ↑혜혜 ↓다냐 타아오옴 ↑↓소로오 소로바라 ↑↓소로오 ↓바라소로 ↑사바하
●●● ⌄ ○○   ○   ○○   ○   ●●● ⌄ ○○   ● ● ⌄ ○○   ○   ○○ ○○

나무소로 ↑↓바아야 ↑다타 ↓아다 ↑혜혜 ↓다냐 타아오옴 ↑↓소로오 소로바라 ↑↓소로오 ↓바라소로 ↑사바하
●●● ⌄ ○○   ○   ○○   ○   ●●● ⌄ ○○   ● ● ⌄ ○○   ○   ○○ ○○

나무소로 ↑↓바아야 ↑다타 ↓아다 ↑혜혜 ↓다냐 타아오옴 ↑↓소로오 소로바라 ↑↓소로오 ↓바라소로 ↑사바하
●●● ⌄ ○○   ○   ○○   ○   ●●● ⌄ ○○   ● ● ⌄ ○○   ○   ○○ ●○○

<일자수륜관진언>
○

오옴 바음바암 ↑↓밤바암 **오**옴 바음바암 ↑↓밤바암 **오**옴 바음바암 밤바암
○ ●●● ⌄ ○○   ○   ●●● ⌄ ○○   ○   ●●● ⌄ ○○ ○ ●○○

<유해진언>
○

나무 ↑↓사만다 못다남오옴 바예염**나**무 ↑↓사만다 못다남오옴 바예염**나**무 사만다 못다남오옴
○ ⌄   ●●●● ⌄ ●●● ⌄ ○○   ●●●● ⌄ ●●● ⌄ ○○   ●●●●●

바예염
●● •• ⌄ ○○ ●○○

※ 다음 표의 부호에 주의할 것.
○ : 태징을 크게 울림. / ●●●⌄ : 바라를 돌림. / ↑ : 바라를 올림. / ↓ : 바라를 내림.
○○ ●○○ : 하나의 진언이 끝남.

【연구】

① 본 다라니의 연기(緣起)는…?

이 다라니(多羅尼. 眞言)는 『불설구발염구아귀다라니경(佛說救拔焰口餓鬼陀羅尼經)』[107] 등에 의하면, 아난(阿難)존자께서 어느 날 갠지스강 가[恒河岸]에서 염구아귀(焰口餓鬼)를 만났는데 그 아귀의 말이,

「3일 후에는 그대의 목숨이 다하고 아귀로 태어나리라. 이를 모면하려면 무수한 아귀와 바라문(婆羅門)에게 먹을 것을 베풀고 또 나를 위해 삼보에게 공양토록 하라.」 하였다.

이에 놀란 존자는 세존에게 이러한 사실을 아뢰고 가르침을 청하자, 세존께서는 한 그릇의 음식으로도 무수(無數)의 아귀와 바라문에게 베풀 수 있는 다라니(陀羅尼)를 일러 주시니, 다름 아닌 「무량위덕자재광명수승다라니(無量威德自在光明殊勝陀羅尼)」이다.

② 진언의 제목은 어디서부터 어디까지인가?

『불설구발염구아귀다라니경(佛說救拔焰口餓鬼陀羅尼經)』에 의하면, '무량위덕자재광명수승묘력(無量威德自在光明殊勝妙力)'이 진언의 제목이며[108] 다라니를 설하시는 대목에서,

爾時世尊卽爲阿難 說陀羅尼曰 那謨 薩嚩怛他 蘗多引 嚩盧枳帝 唵 三婆囉 三
이시세존즉위아난 설다라니왈 나모 살부달타 얼다인 부로지제 옴 삼바라 삼

婆囉 吽
바라 훔

이라 하셨다. 따라서 제목은 앞서 밝혔듯 '무량위덕자재광명수승묘력(無量威德自在光明殊勝妙力)'이고, 제의식집에서 볼 수 있는 '변식다라니(變食陀羅尼)'는 다라니의 공능(功能)을 첨가하여 진언의 제목을 삼은 것이라 하겠다.

단, '무량위덕자재광명수승묘력변식진언' 전체를 진언의 제목으로 보면, '무량위덕자재광명수승'은 문법적으로 '변식진언(變食眞言)'을 수식하는 형용사가 된다.

③ 본 다라니는 석존께서 창안(創案)하신 것인가?

『불설구발염구아귀다라니경』에도 언급되어 있지만, 본 진언은 석존에 의해 창안된 것이 아니라 석존 인행시(因行時) 관세음보살로부터 또는 세간자재위덕여래(世間自在威德如來)로부터 수지(受持)한 것이다.

강조할 것은 다라니를 진언(眞言)이라 번역하듯 진언 그 자체는 본래부터 존재하는 것으로서 결코 창안(創案)될 성질의 것이 아니라는 점이다.

---

107) 『大正藏』卷21 p. 464
108) 佛告阿難 有陀羅尼 名曰無量威德自在光明殊勝妙力

④ 본 다라니를 7편 봉독하는 이유는?

 사다라니는 하단 시식에만 적용되는 것이 아니라, 상·중·하단에 모두 적용된다. 단, 상·중·하단에 적용되는 진언의 편수에는 차이가 있어, 상단에는 3·7편, 중단에는 2·7편, 하단에는 1·7편을 모시는 것으로 되어 있다. 이와 같은 규정은『불설구발염구아귀다라니경(佛說救拔焰口餓鬼陀羅尼經)』에서 확인할 수 있듯 불설(佛說)로써 정하신 것이다.

 또,『범음산보집(梵音刪補集)』의 「사다라니론(四陀羅尼論)」109)에도 다음과 같이 강조되어 있음에 유의할 필요가 있다.

『四陀羅尼論(사다라니론)』
 (1)徧覽諸方上古110)中禮111)結手112)板本 四陀羅尼呪 上壇則各擊三七遍 中壇則各擊二七遍 下壇則各擊一七遍之規 已知正法矣
 (2)今時板本 四陀羅尼呪 爲上壇 初呪擊三七遍 餘三呪 各擊一七遍 亦爲中壇 初呪擊二七遍 餘三呪 各擊一七遍之規 今時勸供者 皆用此規 未詳孰是也
 (3)焰口經云 中國有萬僧者 四陀羅尼呪 減略云云故 元祐初 官使 至睿州見 僧 荷鐵枷 甲士數十輩 繫縛北去113) 遣人問之 士曰 是僧減略眞言遍數故 天神及鬼神等 不蒙呪力利益故 攝入地獄 以治重罪云云 豈不畏哉
 (4)盖此三呪 但擊七遍則 運觀114)者 何暇 以淸淨水變爲甘露水 自一器水變爲萬億器 充滿法界中 供養於 諸佛諸菩薩及三藏侍衛百億眷屬衆乎
 (5)以此觀之 餘數俱擊可也

 (1)제방에 있는 예전의 중례·결수 등의 판본을 살피니, 사다라니의 주는 상단의 경우 각각 3·7편을 치고, 중단에는 2·7편, 하단에는 1·7편을 침을 규칙으로 하고 있는 바 이미 바른 법[이 어떤 것인지]을 알 것이다.
 (2)요즈음 판본에는 사다라니의 주(呪)를 상단에는 초주(初呪=無量威德自在光明勝妙力變食眞言)만 3·7편 치고, 나머지 3주는 각각 1·7편을 치라 했고, 또 중단에는 초주만을 2·7편을 치고 나머지 3주는 각각 1·7편을 침을 규칙으로 하고 있으며, 요즈음 권공을 모시는 사람들은 모두 이 규칙을 사용하고 있으나 어느 쪽이 옳은지 잘 모르겠다.
 (3)[그러나] 염구경(焰口經)에 이르되, 중국의 많은 스님들이 사다라니의 주를 감략(減略)한 연고로 원우(元祐 : 宋 哲宗의 年號)초에 한 관리가 예주에 이르러 보니 스님들이 쇠로 된 칼을 멘 체 갑옷을 입은 군사 수십 인에게

---

109) 智還 集『天地冥陽水陸齋梵音刪補集』(동국대 중앙도서관, 도서번호 D-217.5-지96c.2) 7장
110) 아주 오래 된 옛날. 상세(上世).
111) 천지명양수륙재(天地冥陽水陸齋)의 후신(後身).
112) 손과 손가락으로 모양을 나타내어 불보살의 서원을 나타내는 한 방법. 진언종(眞言宗)의 수행자가 주로 행함. 결인(結印).
113) 나누다. 분리하다. ※ 別의 고자로 쓰였다.
114) 마음 가운데 오직 주력만을 생각하여 주의 목적이 실현되기를 바라는 것.

나뉘어 묶여감으로 사람을 보내 그 연유를 물었다. 군사가 대답하기를 이 승려들은 진언의 편수(遍數)를 감략했기로 천신과 귀신들이 주력의 이익을 입지 못하여 지옥으로 잡아들여 중죄로 다스리려 한다고 하였다. 어찌 두렵지 않으랴.

(4)여타의 주를 다만 7편만을 친다면 운관(運觀)하는 사람이 어느 여가에 청정수를 감로수로 변케 하고, 한 그릇의 물을 만억(萬億)의 그릇[의 물]으로 변케 하여 법계에 충만케 하며 제불보살[佛·僧二寶]및 삼장[法寶]을 시위하는 백억 권속에게 공양하리오.

(5)이렇게 생각컨대 편수를 갖추어 침이 가하다 하겠다.

이상의 「사다라니론」을 통해 알 수 있는 것을 정리하면 다음과 같다.

⑴사다라니의 주(呪)는 모두 3·7편을 모시라 하여 그 편수를 강조하였는데, 그 이유는 「상주권공」 소수 <기성가지(祈聖加持)>의 '내용 분석'에서도 알 수 있듯 공양의 대상인 삼보를 시위(侍衛)하는 권속이 백억임을 감안하였다는 것이다. 정행(井幸) 서 『칠성청문(七星請文)』에서도 '사다라니각삼칠편(四多羅尼各三七遍)'이라 하였다.

⑵상·중·하단에서 지송(持誦)되는 주(呪)의 편수가 3·7편, 2·7편, 1·7편으로 차등을 보이는 것은 공양의 대상(所供)의 수에 관계가 있다고 보아야 할 것이다.

⑶작법상 사다라니의 주를 지송하는데는 소사물(小四物)의 하나인 요령(搖鈴)을 주로 사용하고 있는데, 그 까닭은 사다라니 가운데 '무량위덕자재광명승묘력변식진언'이 『불설구발염구아귀다라니경』에 연유하는 때문으로 추정할 수 있다.

즉 요령은 범종(梵鐘)을 축소한 것이며, 대종에는 명부중생을 천도하려는 염원이 담겨져 있기 때문이다.

⑷역시 작법상의 문제로, ≪사다라니≫를 지송함에 있어 그 박자(拍子)가 왜 그렇게 빠른가 하는 문제다. 빠른 박자로 지송하는 것은 같은 내용을 반복하는데서 오는 자연적인 현상이다. 다시 말해 팔은 접듯이 하고, 요령은 일부러 귀에 대고 울리는 것처럼 보인다. 그러나 이것은 상단의 경우 같은 내용을 21편 반복해야 하기 때문에 동일한 동작에서 유발되는 근육의 피로도(疲勞度)를 줄이고, 보다 효과적으로 반복 지송하려는데 따른 자연적인 현상이라는 말이다.

또, 다라니는 암호(暗號)와 같이 약속된 언어로서 기계적 시스템(system)이기 때문에 음(音)과 편수(遍數)가 정확해야 한다. 다소 경박스럽게 혹은 비종교적인 듯 느껴지기도 하는데, 이는 객관적인 평가일 뿐 종교적 정신세계로 몰입하는데[觀]는 매우 효과적이라는 사실도 잊어서는 안 된다. 하지만 진언을 거행하는 법주는 물론 동참한 대중 역시 진언이 지니는 의미를 충분히 이해하고 자비심을 일으켜 거행해야만 한다.

※다음은 『신수대장경』 소수 『불설구발염구아귀다라니경(佛說救拔焰口餓鬼陀羅尼經)』 전문(全文)이다.

佛說救拔焰口餓鬼陀羅尼經

開府儀同三司特進試鴻臚卿肅國
公食邑三千戸賜紫贈司空諡大鑑
正號大廣智大興善寺 三藏 沙門
不空奉　　　　　　　 詔譯

爾時世尊。在迦毘羅城尼俱律那僧伽藍所。與諸比丘幷諸菩薩無數衆會。前後圍遶而爲說法。爾時阿難獨居靜處念所受法。卽於其夜三更已後。見一餓鬼名曰焰口。其形醜陋身體枯瘦。口中火然咽如針鋒。頭髮蓬亂爪牙長利甚可怖畏。住阿難前白阿難言。却後三日汝命將盡。卽便生於餓鬼之中。是時阿難聞此語已。心生煌怖問餓鬼言。若我死後生餓鬼者。行何方便得免斯苦

爾時餓鬼白阿難言。汝於明日。若能布施百千那由他恒河沙數餓鬼。幷百千婆羅門仙等。以摩伽陀國所用之斛。各施一斛飲食。幷及爲我供養三寶。汝得增壽。令我離於餓鬼之苦得生天上。阿難見此焰口餓鬼。身形羸瘦枯燋極醜。口中火然咽如針鋒。頭髮蓬亂 毛爪長利 又聞如是不順之語。甚大驚怖身毛皆竪。卽從座起疾之佛所。五體投地頂禮佛足。身體戰慄而白佛言願救我苦所以者何。我住靜處念所授法 見焰口餓鬼而語我言。汝過三日必當命盡生餓鬼中。我卽問言 云何令我得免斯苦。餓鬼答言。汝今若能施於百千那由他恒河沙數餓鬼。及百千婆羅門仙等種種飲食。汝得增壽。世尊我今云何能辦若干餓鬼仙人等食

爾時世尊告阿難言。汝今勿怖我有方便。令汝能施若干百千恒河沙餓鬼。及諸婆羅門仙等種種飲食。勿生憂惱

佛告阿難有陀羅尼。名曰無量威德自在光明殊勝妙力。若有誦此陀羅尼者。卽能充足俱胝那由他百千恒河沙數餓鬼。及婆羅門仙等上妙飲食。如是等衆乃至一一。皆得摩伽陀國所用之斛七七斛食。阿難我於前世作婆羅門。於觀世音菩薩所。及世間自在威德如來所。受此陀羅尼故。能散施與無量餓鬼及諸仙等種種飲食。令諸餓鬼解脫苦身得生天上。阿難汝今受持。福德壽命皆得增長。爾時世尊卽爲阿難。說陀羅尼曰

那謨 薩嚩怛他 蘗多引 嚩盧枳帝 唵 三婆囉 三婆囉 吽

佛告阿難。若有善男子善女人。欲求長壽福德增榮。速能滿足檀波羅蜜。每於晨朝及一切時悉無障碍。取一淨器盛以淨水。置少飯麨及諸餠食等。以右手加器。誦前陀羅尼滿七遍。然後稱四如來名號

曩謨 婆誐嚩帝鉢囉二合枳孃二合部引多囉怛曩二合怛他蘖多也 <small>此云多寶如來</small>

由稱多寶如來名號加持故。能破一切諸鬼。多生已來慳悋惡業。卽得福德圓滿

那謨婆誐嚩帝素嚕波引耶怛他誐哆野 <small>此云南無妙色身如來</small>

由稱妙色身如來名號加持故。能破諸鬼醜陋惡形。卽得色相具足

曩謨婆誐嚩帝尾鉢囉二合誐 羅蘖多怛囉二合也怛他蘖多也 <small>此云廣博身如來</small>

由稱廣博身如來名號加持故。能令諸鬼咽喉寬大。所施之食恣意充飽

曩謨婆誐嚩帝阿上婆去孕迦囉也怛他蘗多也 此云離怖畏如來

由稱離怖畏如來名號加持故。能令諸鬼一切恐怖悉皆除滅離餓鬼趣。佛告阿難若
族姓善男子等。旣稱四如來名號加持已。彈指七遍。取於食器於淨地上。展臂瀉
之　作此施已。於其四方有百千那由他恒河沙數餓鬼。前各有摩伽陀國七七斛食。
受此食已悉皆飽滿。是諸鬼等悉捨鬼神生於天上

阿難若有比丘比丘尼優婆塞優婆夷。常以此密言及四如來名號。加持食施鬼。便
能具足無量福德。則同供養百千俱胝如來功德等無差別。壽命延長增益色力善根
具足。一切非人夜叉羅刹。諸惡鬼神不敢侵害。又能成就無量福德壽命。若欲施
諸婆羅門仙等。以淨飮食滿盛一器。卽以前密言加持二七遍。　投於淨流水中。
如是作已。卽爲以天仙美妙之食。供養百千俱胝恒河沙數婆羅門仙。彼諸仙人得
加持食故。以密言威德。各各成就根本所願諸善功德。各各同時發誓願言。願是
食人令壽延長色力安樂。又令其人心所見聞正解淸淨。具足成就梵天威德。行梵
天行。又同供養百千恒河沙如來功德。一切冤讐不能侵害。若比丘比丘尼優婆塞
優婆夷。若供養佛法僧寶。應以香華及淨飮食。以前密言加持二十一遍奉獻三寶。
是善男子善女人。則成以天餚饍上味。奉獻供養滿十方界佛法僧寶。亦爲讚歎勸
請隨喜功德。恒爲諸佛憶念稱讚。諸天善神恒來擁護。卽爲滿足檀波羅蜜。阿難
汝隨我語。如法修行廣宣流布。令諸衆生普得見聞獲無量福。是名救焰口餓鬼及
苦衆生陀羅尼經。以是名字汝當奉持。一切大衆及阿難等。聞佛說已一心信受歡
喜奉行

救拔焰口餓鬼陀羅尼經

5 진언집에는 어떤 내용으로…?

『진언집』권하 5장에 다음과 같이 소개되어 있다.

一切悳光無量威力陀羅尼
일체덕광무량위력다라니

那莫　薩嚩多陀揭多　嚩路枳帝　唵　三跋囉　三跋囉　吽
나막。살바다타아다。바로기뎨。옴。삼바라。삼바라。훔

6 【의식】에서 언급한 '수인(手印)'은 어떤 것인가?

불공삼장(不空三藏) 역 『시제아귀음식급수법병수인(施諸餓鬼飮食及水法幷手印)』
에 다음과 같이 언급되어 있다.

爾時如來。卽說無量威德自在光明勝妙力之力加持飮食陀羅尼曰

曩莫薩嚩怛他蘗多　嚩嚕吉帝　唵　三娑羅　三婆羅　吽引

誦此呪一七遍。一切餓鬼各皆得摩伽陀國　所用之斗　七七斛之食。食已皆得生天
或生淨土。能令行者業障消除增益壽命。現世獲無量無邊福。況當來世。卽作手
印誦此眞言加持飮食。以右手大指。摩中指甲三兩遍。三指直立之。又以大指捻
頭指。彈指作聲。一誦呪一彈指卽是[115]

즉, 밑줄 친 부분이 수인(手印)에 대해 언급한 부분으로, '오른손의 엄지로 가운데 손가락의 손톱을 세 번씩 두 번 문지르며, [나머지] 세 손가락은 곧게 세운다. 또 엄지로 둘째손가락을 눌러, 손가락을 튀기며 소리를 낸다. 송주 한 번에 한 번씩 튀기면 된다.'고 되어 있다.

외에도, 수인에 대한 언급은 몇 군데 더 있는데 우리나라의 불교 의범(儀範) 가운데 대표적인 것을 소개하면, 박세민 편 『한국불교의례자료총서』 제3집 p.563상 소수 정행(井幸) 편 『승가일용식시묵언작법(僧家日用食時默言作法)』의 「삼단작관변공(三壇作觀變供)」을 들 수 있으며, 특히 『작법귀감』 소수 「상용시식의(常用施食儀)」에는 다음과 같이 주(註)의 형식으로 언급되어 있다.

> 七遍 獻食法師 焚香胡跪 舒右手無名指 書唵滿二字於供具上 想□字威神 一器 變爲無量器 一粒爲無量粒 粒粒如是 器器如是 充滿法界

그러나 현재 보존되어 있는 의식에서는 이미 볼 수 없는 일이 되어버리고 말았다. 하지만 문헌이 거의 완벽하게 남아있기로 좀더 연구하여 되살릴 필요가 있다고 본다.

7 '무량위덕자재광명승묘력변식진언'을 확인할 수 있는 곳은?
①『구발염구아귀다라니경(救拔焰口餓鬼陀羅尼經)』 ②『구면연아귀다라니신주경(救面然餓鬼陀羅尼神呪經)』 ③『시제아귀음식급수법병수인(施諸餓鬼飮食及水法幷手印)』 ④『瑜伽集要救阿難陀羅尼焰口軌儀經(유가집요구아난다라니염구궤의경)』 ⑤『작법귀감』 ⑥『석문의범』 등에 보이고 있으며 표기의 차이는 있으나 내용은 대동소이하다.

<無量威德自在光明勝妙力變食眞言>
①那謨 薩嚩怛他 蘗多引 嚩盧枳帝 唵 三婆囉 三婆囉 吽 ⇐『대정장』21-465a
②那麼薩縛無可反下同怛他揭多去聲呼之縛路枳帝一三上聲下同跋韡楬反下同囉三跋囉二虎吽二合三
                                                    ↑『대정장』21-466a
③曩莫 薩嚩 怛他 蘗多 嚩嚧吉帝 唵 三婆羅三婆羅吽引 ⇐『대정장』21-467a
④唵引薩嚩怛他言我多一嚩路枳帝鍐二婆囉婆囉三三婆囉四吽五 ⇐『대정장』21-471b
⑤那莫。薩嚩多他我多。嚩路枳帝。唵。三跋羅。三跋羅。吽 ⇐『작법귀감』권상 27쪽
⑥那莫 薩婆多陀 我多 婆路其帝 唵 三婆羅 三婆羅 吽 ⇐『석문의범』권하 4쪽
  나막 살바다타 아다 바로기제 옴 삼바라 삼바라 훔

---

115) 『大正藏』 卷21, p. 466

<(2)施甘露水眞言(시감로수진언)> —소시(所施)에게 감로수를 베푸는 진언—

南無 素魯縛耶 怛他揭多耶 怛姪他 唵 素魯素魯 縛羅素魯 縛羅素魯
나무 소로바야 다타아다야 다냐타 옴 소로소로 바라소로 바라소로

莎訶   一七遍
사바하 일칠편

【개요】
본 진언의 주제는 감로(甘露)이며, 감로는 범어 아므리따(amṛta)의 번역으로 불사(不死) 및 천주(天酒)의 뜻을 지니고 있다. 즉, 소시(所施)로 하여금 기갈을 면케 함은 물론 청정한 삶을 누리게 하려는데 목적을 두고 감로수를 베푸는 진언이다.
본 진언 역시 실차난타(實叉難陀)역 『감로경다라니주(甘露經陀羅尼呪)』나 불공삼장(不空三藏)역 『시제아귀음식급수법병수인(施諸餓鬼飲食及水法幷手印)』에서 언급하였듯 음식의 질과 양을 소시(所施)에 알맞게 변화시키는 진언이다.

【구성과 의식】
<(1)변식진언>과 동일.

【연구】
1 본 진언의 전거(典據)에 대해 알고 싶은데….
이 진언은 실차난타 역 『감로경다라니주』[116]에 전거하고 있으며, 이 경에는 감로수를 베풀 때[施甘露水時]의 진언과 방법 그리고 공덕을 간단히 언급하였다.

진언은,

南無素　　耶一怛他揭多去聲呼之也二怛姪他三唵四素嚕素嚕五皤囉素嚕六皤囉素嚕七莎呵八
나무소로파야일달타게다거성호지야이달질타삼옴사소로소로오바라소로육바라소로칠사하팔

이고, 진언을 제외한 전문(全文)은 다음과 같다.

右取水一掬 呪之七遍 散於空中 其水一渧 變成十斛甘露 一切餓鬼竝得飲之 無
우취수일국 주지칠편 산어공중 기수일제 변성십곡감로 일체아귀병득음지 무

有乏少 皆悉飽滿
유핍소 개실포만

물 한 줌을 취해서 진언을 일칠편 외우면, 그 물 한 방울이 10가마의 감로수로 변하여 모든 아귀들이 함께 마심에 부족함이 없어 모두 다 배부르다.

한편, 불공삼장 역 『시제아귀음식급수법병수인』에는,

作前施無畏印 誦此呪施甘露眞言一七遍 能令飲食及水 變成無量乳及甘露 能開
작전시무외인 송차주시감로진언일칠편 능령음식급수 변성무량유급감로 능개

116) 『大正藏』 卷21 p. 468

一切餓鬼咽喉　能令飮食　廣得增多平等得喫也[117]
일체아귀인후　능령음식　광득증다평등득끽야

앞서 언급한 시무외인을 짓고, 이 시감로수진언을 일칠편 외우면, 능히 음식
과 물이 한량없는 우유와 감로수로 변하고, 모든 아귀의 목구멍이 열리며,
많아진 음식을 평등히 먹게 된다.

고 하였다.

② 진언집에는 어떤 내용으로…?

『진언집』 권하 6장에 다음과 같이 소개되어 있다.

施甘露眞言(시감로진언)

南無　素嚕皤耶　怛佗揭多耶　怛냐佗　唵　素嚕素嚕　皤囉素嚕　皤囉素嚕　莎訶
나무。소로바야。다타아다야。다냐타。옴。소로소로。바라소로。바라소로。ᄉ바하

※ 밑줄 친 '냐↑'는 '你'와 '也'가 종(縱)으로 합쳐진 글자.

<(3)一字水輪觀眞言(일자수륜관진언)>
—'밤' 일자(一字)로부터 대지(大地)를 받치고 있는 물만큼 많은 감로제호(甘露醍醐)
가 유출(流出)됨을 관하는 진언—

唵　鍐鍐鍐鍐 一七遍
옴　밤밤밤밤 일칠편

【자구해설】
①水輪(수륜) : 3륜(輪)의 하나. 땅 밑에 있어 대지(大地)를 받치고 있는 물[水]을 말함.
　　　　　　　깊이는 11억 2만 유순(由旬)[118]이고, 넓이는 지름이 12억 3천 4백 5십 유순이며,
　　　　　　　둘레는 36억 1만 5십 유순이라 한다.

【개요】
본 진언은 독립된 진언이 아니고 이어지는 <유해진언(乳海眞言)>을 거행하기 위
한 준비에 해당하는 진언이다.

【구성과 의식】
<(1)변식진언>과 동일.

【연구】
① 【개요】에서 <(3)일자수륜관진언>의 역할을 <(4)유해진언>을 거행하기 위

---

117) 『大正藏』 卷21 p. 467b
118) 고대 인도의 리수(里數) 단위. 소달구지가 하루에 갈 수 있는 거리로서 80리인 대유순, 60리인 중
　　유순, 40리인 소유순의 세 가지가 있다.

한 준비에 당하는 진언이라 하였는데, 전거와 그 내용은?

이 진언은 불공삼장(不空三藏)역 『시아귀음식급수법병수인(施諸餓鬼飲食及水法井手印)』119)에 보이고 있다.

본 진언의 수인(手印)과 관법(觀法)을 설명한 내용을 살피면, 본 진언은 독립된 역할을 지닌 진언이라기 보다는 <유해진언>을 행하기 위한 준비에 해당하는 진언임을 알 수 있다. 「천수경」에서 '정구업진언'이나 '오방내외안위제신진언'이 '개법장진언'을 모시기 위한 진언인 것과 같은 차원에서 이해하면 될 것이다.

『시제아귀음식급수법병수인』 가운데 <일자수륜관진언>에 관계된 내용은 다음과 같다.

> 次作毘盧遮那一字心水輪觀眞言印。先想此鍐字於右手心中。猶如乳色。變爲八
> 차작비로자나일자심수륜관진언인　선상차밤자어우수심중　유여유색　변위팔
> 功德海。流出一切甘露醍醐。卽引手臨食器上呪曰。誦此鍐字一七遍。
> 공덕해　유출일체감로제호　즉인수임식기상주왈　송차밤자일칠편

> 다음, 비로자나일자수륜관진언과 수인(手印)을 짓는데, 먼저 오른손바닥 한 가운데에 이 '밤'자를 생각하되 ['밤'자가] 우유 빛과 같음을 생각하고, [이 '밤'자가] 변하여 8공덕수가 됨을 생각하고, [나아가 '밤'자에서] 일체의 감로 제호(甘露醍醐)가 유출됨을 생각하고 [생각이 여기에 이르면] 곧 손을 끌어 [물이 담겨 있는] 식기 위에 두고 '밤'자를 일칠편 외우도록 하라.

고 되어 있다.

다시 한 번 강조하거니와, 본 진언은 소시에게 무엇인가를 베푸는 것이 아니고, 베풀 준비를 하는데 그 역할이 있다고 하겠다. 위 내용에 이어지는 <유해진언>의 내용을 보면 본 진언의 역할이 명확해질 것이다.

② 진언집에는 어떤 내용으로…?

『진언집』 권하 6장에 다음과 같이 소개되어 있다.

> 水輪觀眞言(수륜관진언)
>
> 唵 鍐鍐鍐鍐
> 옴。밤밤밤밤

<(4)乳海眞言(유해진언)> ―所施에게 감로제호(甘露醍醐)를 베푸는 진언―

南無 三滿多 沒陀喃 唵 鍐　一七遍
나무 사만다 못다남 옴 밤　일칠편

【자구해설】

---

119)『大正藏』卷21 p. 467b

①乳海(유해) : 중생의 주림을 달래는 식량(食糧)이 바다와 같이 많음을 나타내는 것. 유
　　　　(乳)는 소나 양 등의 젖으로 인도인들의 주식(主食) 가운데 중요한 것으로 '식량'
　　　　을 대표하는 것이다. 경전에 자주 등장하는 소락제호(酥酪醍醐)는 다름 아닌 정제
　　　　된 우유을 가리키는 말이며, 감로(甘露)와 함께 정신의 식량인 불법의 지극한 묘리
　　　　를 비유하는 표현으로 쓰이기도 한다.

【개요】

<유해진언>에 의해 '밤' 일자(一字)로부터 대지(大地)를 받치고 있는 물만큼 많
은 감로제호(甘露醍醐)가 유출됨을 관(觀)한다. 이제 본 진언은 그 많은 감로제호
가 모든 소시(所施)에게 모자람 없이 베풀어지도록 관하며 지송하는 진언이다.

【구성과 의식】

<⑴변식진언>과 동일.

【연구】

① 본 진언의 전거(典據)는…?

이 진언 역시 불공삼장(不空三藏)역 『시제아귀음식급수법병수인(施諸餓鬼飮食及水
法幷手印)』에 보이고 있는데, 진언의 제목은 '보시일체아귀인진언(布施一切餓鬼印眞
言)'으로 되어 있다. 내용은 다음과 같다.

即展開五指　向下臨食器中　觀想乳等從字中流出　猶如日月乳海　一切鬼等皆得飽
즉전개오지　향하임식기중　관상유등종자중유출　유여일월유해　일체귀등개득포

滿無有乏少　此名普施一切餓鬼印　眞言曰　曩莫三滿多　沒馱喃　鍐去　觀誦此呪一
만무유핍소　차명보시일체아귀인　진언왈　낭막삼만다　몰태남　밤거　관송차주일

七遍已　寫於淨地無人行處　或水池邊樹下　唯不得寫於桃樹柳樹石榴樹下　寫訖更
칠편이　사어정지무인행처　혹수지변수하　유부득사어도수유수석류수하　사흘갱

爲至心　稱五如來名號三遍　功德無量
위지심　칭오여래명호삼편　공덕무량

곧 다섯 손가락을 펴서 식기(食器) 가운데를 향하게 하고, 우유 등이 이 '밤'
자 가운데로부터 흘러나오되 마치 일월과 같은 우유의 바다여서 일체의 아
귀들이 모두 배불리 먹어 모자람이 없음을 관상하라. 이 이름은 '보시일체아
귀인진언'이니, [진언을] 말하면 '낭막 사만다 몰태남 밤'이다. 이 주를 일칠편
관하며 염송하길 마치면 깨끗하고 사람이 다니지 않는 곳으로 옮기도록 한
다. 혹은 물가 나무 아래도 괜찮으나 복숭아나무·버드나무·석류나무 아래
는 안 된다. 옮겨 놓았으면 다시 지극한 마음으로 오여래의 명호를 세 번
외울 것이니 공덕이 무량하다.

② 진언집에는 어떤 내용으로…?

『진언집』 권하 6장에 다음과 같이 소개되어 있다.

乳海眞言(유해진언)

南無 三滿多 沒馱喃 唵 鑁
남모。사만다。몯다남。옴。밤

※ 이상에서 언급한 ≪사다라니≫의 의미와 작법을 정리하면,

1. 권공의식 및 시식에 있어서 ≪사다라니≫는 필수불가결한 것이다.

2. 상·중·하단에 따라 지송되는 편수(遍數)를 반드시 지켜야 한다.

3. 현재 망각되어버린 수인(手印)과 관법(觀法)을 되살려 공양이 상징적인데 머물지 않고 명실공히 삼밀가지(三密加持)로 법답게 이루어지도록 해야 한다.

≪33.稱揚聖號(칭량성호)≫ 五如來의 本誓로 영가제위를 해탈케 하는 의식

　　칭량(稱揚)이란 다른 이의 공덕을 칭찬하는 것이며, 여기서의 성호(聖號)는 다보여래(多寶如來)를 위시한 다섯 분 여래[五如來]의 명호를 가리킨다. 모든 기원의식이 그렇듯 '칭량성호' 역시 중생구제를 본서(本誓)로 하신 다섯 분 여래의 원력으로 삼악도의 근본인 간탐(慳貪)·상호(相好)의 추루(醜陋)·육범(六凡)의 몸·일체의 두려움·주림 등으로부터 모든 영가를 해탈케 하려는 의식이다.

(1) 南無多寶如來① 나무다보여래	남방세계 다보여래 귀명례를 올립니다.
願諸孤魂 원제고혼	원하오니 유주무주 유형무형 모든고혼
破諸慳貪② 파제간탐	아끼거나 욕심내는 간탐심을 깨트리고
法財③具足 법재구족	참된보배 법의재물 갖추도록 하옵소서.

【자구해설】

①多寶如來(다보여래) : ⑤Prabhūta-ratnaḥ. 시아귀법(施餓鬼法)의 5여래 가운데 한 분으로 보생불(寶生佛)·보승여래(寶勝如來)와 동체(同體). 범어의 발라보다(鉢羅步多)는 다(多)·생(生)의 의미이고, 또 관리(管理)·지배(支配) 등의 의미가 있다. 따라서 승(勝)이라 번역한다. 라달낭(羅怛曩)은 보(寶)이다. 따라서 시아귀의궤(施餓鬼儀軌)에서는 보승여래(寶勝如來)라 하고, 구발염구경(救拔焰口經)에서는 다보여래라 칭한다. 이분은 남방보부(南方寶部)이시기로 간탐업(慳貪業)을 없애시고 복덕을 원만하게 하신다. 동경(同經)에는 지덕(智德)을 겸비하였다는 뜻으로 범호(梵號) 발라보다라달낭(鉢羅步多羅怛曩)을 발라지양보다라달낭(鉢鑼枳孃步多羅怛曩. Prajñā-bhūta-ratna. 지혜를 성취케 하는 보배)라 한다. 법화경의 다보불도 같은 분이시다. 염구의궤(焰口儀軌)에는 보승(寶勝)을 진로업화실개소멸(塵勞業火悉皆消滅)의 덕(德)으로, 다보(多寶)를 구족재보수용무진(具足財寶受用無盡)의 덕으로 하여 이불(二佛)을 달리 한다.

『비장기(秘藏記)』[120]에 「寶勝如來南方寶生佛 平等性智用福德身也 先以布施 退除
보승여래남방보생불 평등성지용복덕신야 선이보시 퇴제

---

120) 비장기(秘藏記) : 약본 1권. 광본 2권. 상전계(相傳係) 일본 승려 공해(空海)가 스승인 혜과(惠果)아
사리로부터 들은 것을 기록한 것. 저작연대는 미상. 내용은 밀교에 관한 것으로 주로 구전(口傳)을
기록한 것. 『대정장(大正藏)』 권86 소수.

- 165 -

> 慳貪故 以寶勝如來 居第一
> 간탐고 이보승여래 거제일」이라 하였다.

②慳貪(간탐) : 아끼고 욕심내는 것. 간(慳)이 소극적이라면 탐(貪)은 적극적이라는 차이
    가 있다.

③法財(법재) : 법(法)이 능히 중생을 이롭게 하고 윤택하게 함을 세간의 재물에 비유한
    것.

【개요】

중생이 중생인 까닭은 삼업(三業)이 중생스러움에 있다. 특히 '심위법본(心爲法本)'이라 했듯 본 항에서는 중생의 간탐심을 없애고 진정한 재물인 진리를 구족하게 해주시려는 서원의 부처님! 다보여래께 귀의·발원하여 그분의 원이 그리고 중생의 원이 성취되도록 하는 의식이다.

【구성과 내용】

여래의 명호를 제외하면 4언3구의 형태를 띠고 있다. 형태에 있어서는 다소 파격적이기는 하지만 내용은 대체로 귀의와 발원을 노래한 것으로, 기·승·전·결의 형태를 보이고 있다.

'기'인 나무다보여래(南無多寶如來) —남방세계 다보여래 귀명례를 올립니다— 에서는, 다보여래께 귀의를 표명하고 있다. 그런데 이는 단순히 귀의라고만 간주할 수 없다. 이유는 본 ≪33.칭량성호≫에는 다섯 분의 여래를 대상으로 하고 있는 만큼, 한 분 한 분에 대한 귀의는 곧 오여래(五如來)께서 지니신 특징적인 덕과 서원을 염두에 두고 있기 때문이다.

본 항에서 소례로 모신 다보여래께서는 지혜를 베푸사 중생으로 하여금 혜안(慧眼)으로 삼악도의 근본인 간탐업(慳貪業)을 없애고 참 보배인 진리 즉, 법재(法財)를 구족하게 하심을 덕(德)과 원(願)으로 하고 계시기로 본 항에서 다보여래의 음우(陰佑)를 청하며 귀의하는 것이다.

'승'인 원제고혼(願諸孤魂) —원하오니 유주무주 유형무형 모든고혼— 에서는, 귀의에 이어 발원이 행해짐과 누구를 위한 발원인가를 밝히고 있다. 즉, 다보여래를 모심은 금일 책주귀신영가를 위시한 일체고혼까지 이고득락(離苦得樂)하고 내지는 성불케 하려는데 그 의의가 있음을 명시한 것이다.

'전'인 파제간탐(破諸慳貪) —아끼거나 욕심내는 간탐심을 깨트리고— 에서는, 참회(懺悔)를 전제로 발원의 내용을 아뢰고 있다. 이른바 '발로참회(發露懺悔)'라는 입장에서 중생이 스스로 지닌 문제점을 드러내 응병여약(應病與藥)하시는 자비심으로 이를 없앨 수 있도록 돌보아 주실 것을 기원하는 것이다.

'결'인 법재구족(法財具足) —참된보배 법의재물 갖추도록 하옵소서— 에서는, 본

항에서 이루고자 하는 궁극적이고 적극적인 원의 내용을 아뢰고 있다. 궁극적이라함은 '전'의 내용이 비우는 것임에 비해 '결'의 내용은 채우는 것이기 때문이고, 적극적이라 함은 '전'의 내용이 참회라는 소극적인 입장에 머물고 있음에 비해 '결'의 내용은 일보 전진하여 능례자가 얻고자 하는 내용을 아뢰고 있기 때문이다. 능례자의 원이란 <18.고혼청>[121]에서 거명된 책주귀신영가을 위시한 일체고혼영가등이 성불을 향해 나갈 수 있는 힘을 얻게 되는 것이다.

【의식】

봉원사 '영산재 보존회'에 보존되어 있는 「화엄시식」 등에서 보면,
먼저 일상의 송주(誦呪)와 같이 '다보여래'로부터 '감로왕여래'까지 여래의 명호만두 번 모신다.
다음 세 번째는 아래 표와 같은 방법으로 소사물(小四物)을 울리며 모신다. 이때사용하는 사물로는, 법주의 요령, 바라지의 태징이나 광쇠, 일반 대중의 목탁이나소북 등 소사물 모두가 사용된다.

★ 이하 4여래 각 항의 【의식】은 달리 논할 것이 없기로 생략하기로 한다.

나무다보여래 나무묘색신여래 나무광박신여래 나무이포외여래 나무감로왕여래 [第一讀]
나무다보여래 나무묘색신여래 나무광박신여래 나무이포외여래 나무감로왕여래 [第二讀]

○ ○ ○   ○   ○ ○   ○ ○
나무다보여래   원제고혼 파제간탐 법재구족   [第三讀]

○● ○○   ○   ○ ○   ○ ○
나무묘색신여래 원제고혼 이추루형 상호원만

○● ○○   ○   ○ ○   ○ ○
나무광박신여래 원제고혼 사륙범신 오허공신

○● ○○   ○   ○ ○   ○ ○
나무이포외여래 원제고혼 이제포외 득열반락

○● ○○ ○ ○   ○   ○ ● ○○○∞○
나무감로왕여래 원아각각 열명영가 인후개통 획감로미

※ 표시 '○'와 '●'은 태징을 다루는 표시이다.
'○'는 태징을 크게 울리[치]는 표시로 음성으로 표현할 때는 '쾡—'이라 하고,
'●'는 태징의 울림을 극소화하는 표시로 흔히 '찍는다'고 하며,
음성으로 표현할 때는 '꽥'이라 한다.
예컨대 '○●'는 한 번 치고 찍는 것인데, 음성으로 표현하면, '쾡— 꽥'이라 한다.

---

121) 一心奉請 某人嘖主鬼神靈駕 爲主 先亡父母 多生師長 五族六親 列名靈駕 內護竈王大神 外護山王大神 五方動土神 五方龍王 五方聖者 東方甲乙靑色神 南方丙丁赤色神 西方庚辛白色神 北方壬癸黑色神 中方戊己黃色神 第一夢陀羅尼等 七鬼神 東方靑殺神 南方赤殺神 西方白殺神 北方黑殺神 中央黃殺神 五蘊行件鬼神 客件鬼神 近界土公神 近界砧鬼神 近界厠鬼神 近界道路神 近界庭中神 近界欄中神天件鬼神都前 地件鬼神都前 人件鬼神都前 蘊件鬼神都前 行件鬼神都前客件鬼神都前 路件鬼神都前 山件鬼神都前 水件鬼神都前 各並眷屬 承三寶力 來臨醮座 受霑法供

【연구】

★ 【연구】는 ≪33.칭량성호≫ 말미에 함께 다루기로 한다.

(2) 南無妙色身如來①	동방세계 묘색신여래 귀명례를 올립니다.
나무묘색신여래	
願諸孤魂	원하오니 유주무주 유형무형 모든고혼
원제고혼	
離醜陋②形	추악하고 천한모습 추루형을 벗어놓고
이추루형	
相好③圓滿	당신닮은 원만상호 지니도록 하옵소서.
상호원만	

【자구해설】

①妙色身如來(묘색신여래) : ⑤Surupaḥ. 시아귀법(施餓鬼法)의 5여래 가운데 한 분으로 아촉불(阿閦佛)과 동체(同體). 범명(梵名)인 소로파(素嚕波)를 묘색(妙色)으로 번역한 것. 색은 현상(現象)·형(形)·형태(形態) 등의 뜻으로 색채(色彩)를 말하는 것은 아님. 동방 금강부(金剛部) 대만다라신(大曼茶羅身)이시기로 아귀의 추루(醜陋)한 모습을 없애고 제근(諸根)을 구족하게 하여 상호를 원만하게 함을 본서(本誓)로 하심.

『비장기(秘藏記)』에 「妙色身如來東方阿閦佛 四智中尤近理 大圓鏡智用 萬德圓滿妙
묘색신여래동방아촉불 사지중우근리 대원경지용 만덕원만묘
色具足也 既退除慳貪 可受殊勝妙果 是故以妙色身如來 居第二
색구족야 기퇴제간탐 가수수승묘과 시고이묘색신여래 거제이」라 하였다.

②醜陋(추루) : 용모가 추하고 천함. 마음씨가 추악하고 비루함.

③相好(상호) : 불타(佛陀)의 육신이나 전륜성왕(轉輪聖王)의 몸에 갖추어져 있는 거룩한 용모와 형상 중에서, 특히 현저하게 뛰어나 서른 두 가지를 가려서 32상(相)이라고 하고, 여기에 80종호(種好. 미세하고 은밀한 것)를 합해 상호(相好)라 한다.

【개요】

원만한 상호(相好)의 본보기는 부처님이신데, 상호란 32상 80종호를 가리킨다. 하나의 상(相)을 이룸에는 백 가지 선한 생각을 일으켜 백 가지 복덕을 지어야 한다고 한다. 그래서 이것을 백사장엄(百思莊嚴) 또는 백복장엄(百福莊嚴)이라 한다.

따라서 본 항에서 원(願)의 내용으로 언급한 '상호의 원만'이란 외적인 모습만을 이르는 것이 아니라 가지가지의 선행을 닦아 불과(佛果)에 이름[至]을 말하는 것이다.

때문에 진에(瞋恚)와 음욕(淫慾)을 끊고 원만상(圓滿相)을 구족하게 해주시려는 서원의 부처님! 묘색신여래[=아촉불(阿閦佛)]께 귀의·발원하여 그분의 원과 중생의 원이 성취되도록 하는 의식이다.

【구성과 내용】

전체적으로 기·승·전·결의 형태를 보이고 있다.

'기'인 나무묘색신여래(南無妙色身如來) —동방세계 묘색신여래 귀명례를 올립니다— 에서는, 묘색신여래께 귀의를 표명하고 있다. 이와 같이 귀의하는 이유는 『대보적경(大寶積經)』 권19 불찰공덕장엄품(佛刹功德莊嚴品) 제2에 석존께서 동방 아촉불(阿閦佛)의 국토장엄의 특징을 말씀하고 계신데,[122] 그 내용 가운데 '사리불 피불토중일체유정무허망어 역무추루신무취예(舍利弗 彼佛土中一切有情無虛妄語 亦無醜陋身無臭穢)' 운운하신 대목이 있고, 같은 내용이 『아촉불국경(阿閦佛國經)』 아촉불찰선쾌품(阿閦佛刹善快品) 제2에 '기불찰인 일체개무유악색자 역무유추자(其佛刹人 一切皆無有惡色者 亦無有醜者)' 운운하신 대목이 있다.[123] 이와 같은 내용은 아미타불 사십팔원 가운데 제4원에도 형모무차원(形貌無差願. 존비귀천 차별없는 모습갖춤 원입니다)이라 하여 보이고 있는데, 상호에 차별이 없으려면 함께 선근[同種善根]을 닦아 성불하는 외에는 달리 방법이 없기로 묘색신여래께 음우(陰佑)를 청하며 귀의하는 것이다.

'승'인 원제고혼(願諸孤魂) —원하오니 유주무주 유형무형 모든고혼— 에서는, 귀의에 이어 발원이 행해짐과 누구를 위한 발원인가를 밝히고 있다. 즉, 묘색신여래를 모심은 금일 책주귀신영가를 위시한 일체고혼영가까지 이고득락(離苦得樂)하고 내지 업신을 벗고 원만한 상호를 얻게 하려는데 그 의의가 있음을 명시한 것이다.

'전'인 이추루형(離醜陋形) —추악하고 천한모습 추루형을 벗어놓고— 에서는, 역시 참회(懺悔)를 전제로 발원의 내용을 아뢰고 있다. 이른바 용모가 추하고 천한 것은 선업(善業)을 닦지 않은 과보이다. 따라서 '발로참회(發露懺悔)'의 입장에서 스스로 지닌 문제점을 드러내, 응병여약(應病與藥)하시는 자비심으로 이를 없앨 수 있도록 돌보아 주실 것을 발원하는 것이다.

'결'인 상호원만(相好圓滿) —당신닮은 원만상호 지니도록 하옵소서— 에서는, 본 항에서 이루고자 하는 궁극적이고 적극적인 원의 내용을 아뢰고 있다. 궁극적이라 함은 '전'의 내용이 비우는 것임에 비해 '결'의 내용은 채우는 것이기 때문이고, 적극적이라 함은 '전'의 내용이 참회라는 소극적인 입장에 머물고 있음에 비해 '결'의 내용은 일보 전진하여 능례자가 얻고자 하는 내용을 아뢰고 있기 때문이다. 능례자의 원이란 <18.고혼청>에서 거명된 책주귀신영가를 위시한 일체고혼영가 등으로 하여금 상호원만(相好圓滿)! 즉, 성불하게 하려는 것이다.

---

122) 『大正藏』 卷11 p. 105
123) 『大正藏』 卷11 p. 755c

(3) 南無廣博身如來① 나무광박신여래	중방세계 광박신여래 귀명례를 올립니다.
願諸孤魂 원제고혼	원하오니 유주무주 유형무형 모든고혼
捨六凡身② 사륙범신	지옥부터 천상까지 육범신을 버리고서
悟虛空身③ 오허공신	허공같은 청정법신 깨닫도록 하옵소서.

【자구해설】

①廣博身如來(광박신여래) : ⑤Vipura-gātraḥ. 시아귀법(施餓鬼法)의 5여래 가운데 한 분
으로 대일여래(大日如來)와 동체(同體). 미포라(尾布邏)는 광박(廣博), 얼달라(蘖怛
羅)는 신(身)이다. 대일은 법계에 두루 한 불체(佛體)이기로 광박신(廣博身)이라
한다. 넓고 넓은 몸이기 때문에 아귀의 인후(咽喉)를 광대하게 하여 음식의 수용
을 용이하게 함을 본서(本誓)로 한다. 따라서 구발염구경(救拔焰口經)에는 범호
(梵號) 가운데 誐羅(gala. 인후(咽喉))가 있다.
『비장기(秘藏記)』에 「廣博身如來中央毘盧遮那佛也 法界智用 周遍法界身也 既聽受
　　　　　　　광박신여래중앙비로자나불야 법계지용 주변법계신야 기청수
妙法 加使其咽喉開寬身體廣大 是故以廣博身如來 居第四
묘법 가사기인후개관신체광대 시고이광박신여래 거제사」라 하였다.

②六凡身(육범신) : 십계(十界) 가운데 지옥·아귀·축생·수라·인간·천상을 육범(六
凡)이라 하며, 이들 세계에 있으며 받는 몸을 말한다. 여기에 비해 성문·연각·
보살·불(佛)을 사성(四聖)이라 함. 육범사성(六凡四聖).

③虛空身(허공신) : 화엄경에서 설하신 삼세간십신(三世間十身)의 하나. 허공의 무명(無
名)·무상(無相)·무애자재(無礙自在)한 몸과 같음을 말함. 곧 비로자나여래의 신상
(身相)이라 함. [탐현기(探玄記) 14]

【개요】

　대일여래와 동체(同體)이신 광박신여래! 이분은 곧 법신(法身)이신 바, 법신 그
자체로 이미 중생에게 궁극적인 목표를 제시하고 계신 분이시다. 법신이신 여래께
서는 육도(六道)에 가지가지 모습으로 부침하는 중생들로 하여금 유위(有爲)인 중
생의 몸을 벗고 무위인 법신[허공신(虛空神)]을 증득토록 하신다.

　때문에 일체처에 변만하시며 동시에 만법의 근원에 자리하시어 중생들로 하여금
법신을 증득케 해주시려는[遍一切處 光明遍照] 부처님! 광박신여래[=비로자나불]
께 귀의·발원하여 그분의 원이 그리고 중생의 원이 성취되도록 하는 의식이다.

【구성과 내용】

　전체적으로 기·승·전·결의 형태를 보이고 있다.
　'기'인 나무광박신여래(南無廣博身如來) ―중방세계 광박신여래 귀명례를 올립니다―

에서는, 광박신여래께 귀의를 표명하고 있다. 이와 같이 귀의하는 이유는 다음 게송을 음미하면 수긍이 가려니와 법신이야말로 그간의 차별적·상대적인 시각에서 야기된 문제점을 절대적 통일원리의 구상화(具象化)로 극복한 궁극의 여래이시기 때문이다.

報化非眞了妄緣(보화비진요망연)　보신화신 참아니니 거짓인줄 바로알면
法身淸淨廣無邊(법신청정광무변)　법신만이 청정하여 온허공을 채우리라
千江流水千江月(천강유수천강월)　천개의강 물흐름에 강마다에 달비추고
萬里無雲萬里天(만리무운만리천)　구름없는 저허공은 그대로가 하늘이라.124)

다시 말해, 차별적인 유루(有漏)의 업신(業身)을 떨치고 법신에 돌아가기 위해 광박신여래로 표현된 비로자나불(毘盧遮那佛)께 음우를 청하며 귀의하는 것이다.

'승'인 원제고혼(願諸孤魂) —원하오니 유주무주 유형무형 모든고혼— 에서는, 귀의에 이어 발원이 행해짐과 누구를 위한 발원인가를 밝히고 있다. 즉, 광박신여래를 모심은 금일 책주귀신영가를 위시한 일체고혼영가까지 이고득락(離苦得樂)하고 내지는 범부의 몸을 벗고 허공신을 얻게 하려는데 그 의의가 있음을 명시한 것이다.

'전'인 사륙범신(捨六凡身) —지옥부터 천상까지 육범신을 버리고서— 에서는, 역시 참회(懺悔)를 전제로 발원의 내용을 아뢰고 있다. 이른바 육범(六凡)이란 중생 세간에 수생(受生)하는 여섯 가지 형태인데, 이들 육범에 애착하지 않고 혐오의 대상으로 여김은 괄목할 만한 일이다. 아직 소극적이기는 하지만 여래의 가호를 발원할 자격은 분명 구비되었다고 하겠다.

'결'인 오허공신(悟虛空身) —허공같은 청정법신 깨닫도록 하옵소서— 에서는, 본 항에서 이루고자 하는 궁극적이고 적극적인 원의 내용을 아뢰고 있다. 허공신을 깨닫는다 함은 법신인 이(理)와 수행자의 지(智)가 합일(合一)됨을 말하는 것이고, 허공신으로 표현된 이(理)가 시간적으로 공간적으로 무궁하고 무한한 것이라면, 합일된 지(智)도 무궁·무한하게 됨은 자명한 일이다. 능례자의 원이란 모든 불·보살님의 원이 그렇듯 <18.고혼청>에서 거명된 책주귀신영가를 위시한 일체 고혼영가 등으로 하여금 허공신을 깨달아 성불하게 하려는 것이다.

(4) 南無離怖畏如來①　　북방세계 이포외여래 귀명례를 올립니다.
　　나무이포외여래

　　願諸孤魂　　　　　원하오니 유주무주 유형무형 모든고혼

원제고혼	
離諸怖畏②	사고팔고 삼악도등 제포외를 여의고서
이제포외	
得涅槃樂③	낙중의락 열반락을 취하도록 하옵소서.
득열반락	

【자구해설】

①離怖畏如來(이포외여래) : ⓢAbhyaṅkaraḥ. 시아귀법(施餓鬼法)의 5여래 가운데 한 분으로 서가모니불(釋迦牟尼佛)과 동체(同體). 음역하여 아바연가라(阿婆演迦羅)라 한다. 이는 무외(無畏)를 베푸는 이라는 의미이며 안전과 평화의 근원이라는 의미이다. 때문에 이포외(離怖畏)라 한 것이다. 이분은 북방갈마부과후방편(北方羯磨部果後方便)의 존(尊)이기로 공포를 없애 아귀취(餓鬼趣)를 떠나게 함을 본서(本誓)로 한다. 따라서 그 인상(印相)도 또한 시무외(施無畏)를 나타낸다.

『비장기(秘藏記)』에 「離怖畏如來北方釋迦牟尼佛 成所作智用變化身也 經六道四生
이포외여래북방서가모니불 성소작지용변화신야 경육도사생
界 爲一切衆生 作諸事業 無怖畏也 旣得廣博身 可令其身心安樂無怖畏 是故離怖畏
계 위일체중생 작제사업 무포외야 기득광박신 가령기신심안락무포외 시고이포외
如來 居第五
여래 거제오」라 하였다.

②怖畏(포외) : 두려워함. / 怖(두려워할 포). 畏(두려워할 외)

③涅槃樂(열반락) : 삼락(三樂)125)의 하나. 모든 혹을 끊고 열반을 증득하면 생멸고락(生滅苦樂)이 모두 없어지므로 이것이 구경락(究竟樂)이다. 생사의 고를 여의고 안온(安穩)한 것을 말한다.

【개요】

서가여래와 동체(同體)이신 이포외여래! 이분은 곧 화신(化身)이신 바, 사바세계의 중생과 깊은 인연으로 이 땅에 강림하신 분이시다. 감인세계(堪忍世界)로도 표현되는 중생의 세간은 가지가지 고통의 세계이다. 그래서 중생들은 두려워한다. 이포외여래께서는 중생들로 하여금 중고(衆苦)의 원인과 실체를 깨닫게 하시고 이로부터 벗어나 열반락을 얻도록 하신다.

때문에 몸소 팔상(八相)으로 행(行)을 보이시며 중생을 깨우쳐 고통을 없애 주시려는 부처님! 이포외여래[=서가모니불]께 귀의·발원하여 그분의 원이 그리고 중생의 원이 성취되도록 하는 의식이다.

【구성과 내용】

기·승·전·결의 형태를 보이고 있다.

'기'인 나무이포외여래(南無離怖畏如來) ―북방세계 이포외여래 귀명례를 올립니다―

---

125) ⑴천락(天樂). 열 가지 선업(善業)을 닦은 사람이 천상에 태어나 갖가지 수승한 즐거움을 받는 것. ⑵선락(禪樂). 수행하는 사람이 모든 선정에 들면 적정(寂靜)의 즐거움을 받는 것. ⑶열반락(涅槃樂).

에서는, 이포외여래께 귀의를 표명하고 있다. 이와 같이 귀의하는 이유는 다음 <서가여래팔상성도(釋迦如來八相成道)>를 살펴보면 수궁이 가려니와 화신이신 석존께서는 말 그대로 사생의 자부이시니 오직 중생을 위해 강림하신 분이시기 때문이다.

兜率來儀相(도솔내의상)	도솔천궁 떠나시어 사바오신 님의모습
毘藍降生相(비람강생상)	룸비니원 무우수하 탄생하신 님의모습
四門遊觀相(사문유관상)	동서남북 성문밖을 살피시던 님의모습
踰城出家相(유성출가상)	드높은성 넘으시어 출가하신 님의모습
雪山修道相(설산수도상)	흰눈덮인 산중에서 수도하신 님의모습
樹下降魔相(수하항마상)	보리수하 자리하사 마군이긴 님의모습
鹿苑轉法相(녹원전법상)	사슴노는 동산에서 설법하신 님의모습
雙林涅槃相(쌍림열반상)	사라쌍수 그늘아래 열반하신 님의모습

다시 말해, 어린아이가 어버이를 의지해 삶을 유지하듯 장차 열반락을 얻기 위해 이포외여래로 표현된 서가모니불께 음우를 청하며 귀의하는 것이다.

'승'인 원제고혼(願諸孤魂) —원하오니 유주무주 유형무형 모든고혼— 에서는, 귀의에 이어 발원이 행해짐과 누구를 위한 발원인가를 밝히고 있다. 즉, 이포외여래를 모심은 금일 책주귀신영가를 위시한 일체고혼까지 이고득락(離苦得樂)하고 내지는 열반락을 얻게 하려는데 그 의의가 있음을 명시한 것이다.

'전'인 이제포외(離諸怖畏) —사고팔고 삼악도등 제포외를 여의고서— 에서는, 역시 참회를 전제로 발원의 내용을 아뢰고 있다. 이른바 사바세계를 감인세계(堪忍世界)라 하거니와 그 내용은 주로 사고팔고(四苦八苦)로 정리된다. 뿐만 아니라 삼악도의 경우는 지옥을 화도(火塗)로, 아귀를 도도(刀塗)로, 축생을 혈도(血塗)로 표현하듯 괴로움과 두려움으로 가득 찬 세계이다. 그러나 대부분의 중생은 『법화경』 비유품의 '화택유(火宅喩)'126)에서와 같이 깨닫지 못함이 실정이다. 이제 육도(六道)에 집착하지 않고 두려움을 제대로 인식하여 아직 소극적이기는 하지만 여래의 가호를 기원하고 있다.

'결'인 득열반락(得涅槃樂) —낙중의락 열반락을 취하도록 하옵소서— 에서는, 본 항에서 이루고자 하는 궁극적이고 적극적인 원의 내용을 아뢰고 있다. 열반의 즐거움을 얻는다 함은 석존의 교시(敎示)를 받들어 실천궁행(實踐躬行)함을 전제로 하는 것인 만큼 '수하항마상(樹下降魔相)'에서 보듯 장애(障碍)가 없을 수 없다. 능

---

126) 법화칠유(法華七喩)의 하나. 한 부호가 집에 불이 났는데도 노는 데 정신이 팔려 그 집에서 빠져 나오지 않는 아이들에게 양거(羊車)·녹거(鹿車)·우거(牛車)로 유인하여 그들이 나오자 보배로 된 수레를 준다는 내용. 여기서 부호는 부처님을 상징하고, 불타는 집은 탐욕과 미혹이 들끓는 세계를, 아이들은 중생을, 세 수레는 삼승(三乘)을, 보배로 장식된 수레는 일승(一乘)을 상징함.

례자의 원이란 이포외여래 즉 석존의 음우하에 <18.고혼청>에서 거명된 책주귀신을 위시한 일체의 영가 등으로 하여금 장애를 이기고 열반락을 얻게 하려는 것이다.

(5) 南無甘露王如來① 나무감로왕여래	서방세계 감로왕여래 귀명례를 올립니다.
願我各各② 원아각각	원하오니 열거하온 이름마다 주인이고
列名③靈駕 열명영가	인연있어 자리하신 한분한분 모든영가
咽喉④開通 인후개통	좁다거나 막혀있던 목구멍이 활짝열려
獲甘露味 획감로미	마음놓고 감로미를 음미하게 하옵소서.

【자구해설】

①甘露王如來(감로왕여래) : Ⓢ Amṛiterājaḥ. 시아귀법(施餓鬼法)의 5여래 가운데 한 분으로 아미타불(阿彌陀佛)과 동체(同體). 아미타는 무량수(無量壽), 감로는 불사(不死)의 영약이기로 범명(梵名) 아밀표제(阿蜜嘌帝)는 감로(甘露), 라야(羅惹)는 왕(王)이다. 아미타불은 서방연화부(西方蓮花部)이기로 아귀의 신심(身心)에 감로의 법을 주어 쾌락을 얻게 한다.

『비장기(秘藏記)』에 「甘露王如來西方無量壽佛 妙觀察智用說法身也 甘露是妙法故 감로왕여래서방무량수불 묘관찰지용설법신야 감로시묘법고 既受妙果 堪爲法器 便可授法 是故以甘露王如來 居第三 기수묘과 감위법기 편가수법 시고이감로왕여래 거제삼」이라 하였다.

②各各(각각) : 따로따로. 몫몫이.

③列名(열명) : 여러 사람의 이름을 나란히 벌려 적음.

④咽喉(인후) : 목구멍. / 咽(목구멍 '인'), 喉(목구멍 '후').

【개요】

아미타여래와 동체(同體)이신 감로왕여래! 이분은 곧 보신(報身)이신 바, 사바세계 중생과의 인연도 인연이려니와 여래께서 세우고 성취하신 원은 만 불자의 모범이 되었고, 건립하신 국토는 뭇 중생의 정토로 각광을 받고 있다. 높은 곳에 오르면 오히려 낮은 곳을 살필 수 있듯 여래께서 세우신 원과 정토는 중생의 기본적인 욕구 또한 충족시켜 주고 계시다. 기본적인 욕구의 으뜸은 식욕이며, 식욕 때문에 가장 고통받고 있는 아귀를 대상으로 자비를 베푸시는 바, 여타의 중생에게는 말할 나위도 없다.

이렇듯 몸소 정토를 건립하시면서까지 중생을 일깨우고 이끌어 주시는 부처님! 감로왕여래[=아미타불]께 귀의·발원하여 그분의 원이 그리고 중생의 원이 성취되도록 하는 의식이다.

【구성과 내용】

전체적으로 기·승·전·결의 형태를 보이고 있다.

'기'인 나무감로왕여래(南無甘露王如來) ─서방세계 감로왕여래 귀명례를 올립니다─ 에서는, 감로왕여래께 귀의를 표명하고 있다. 이와 같이 귀의하는 이유는 인행시(因行時)의 48원이 모두 중생을 염두에 두고 세우신 것이며, 여래의 이명(異名)을 감로왕이라 하듯 여래께서 세우시고 설하신 원과 법이 중생 각자에게 감로 가운데 감로인 묘법(妙法)이기 때문이다.

지금껏 여래께서 중생을 돌보지 않으신 것이 아니라, 중생들이 그분의 대자비를 짐짓 외면하고 있었기 때문에 가지가지 고통을 당해 왔던 것이다. 이제 여래의 거룩하신 뜻을 따르고자 그리하여 다시는 주리는 고통이 없기를 발원하며 감로왕여래로 표현된 아미타불께 음우를 청하며 귀의하는 것이다.

'승'인 원아각각열명영가(願我各各列名靈駕) ─원하오니 열거하온 이름마다 주인이고 / 인연있어 자리하신 한분한분 모든영가─ 에서는, 귀의에 이어 발원이 행해짐과 누구를 위한 발원인가를 밝히고 있다. 즉, 감로왕여래를 모심은 금일 책주귀신영가를 위시한 일체고혼까지 이고득락(離苦得樂)하여 감로의 묘법을 얻게 하려는데 그 의의가 있음을 명시한 것이다.

'전'인 인후개통(咽喉開通) ─좁다거나 막혀있던 목구멍이 활짝열려─ 에서는, 역시 참회를 전제로 발원의 내용을 아뢰고 있다. 이른바 '사고팔고(四苦八苦)' 가운데 정신적 고통의 으뜸 되는 원인은 '구부득고(求不得苦)'로 기실 아귀와 같이 배를 크게 그리고 목구멍을 좁게 만드는 것은 자신의 욕심이다. 이에 비해 아미타불께서 세우신 사십팔원은 예외 없이 중생의 안락을 기본으로 하고 있음을 생각하면, 무엇을 참회해야 하는지 또 어떻게 발원해야 할지는 자명해진다. 따라서 자신을 중심으로 한 욕심과 미망(迷妄)에 연연하지 않고 스스로의 목구멍을 넓혀 나갈 수 있도록 소극적이기는 하지만 여래의 가호를 기원하고 있다.

'결'인 획감로미(獲甘露味) ─천상의맛 감로미를 맛보도록 하옵소서─ 에서는, 본 항에서 이루고자 하는 궁극적이고 적극적인 원의 내용을 아뢰고 있다. 감로를 얻는다 함은 아미타불의 대원(大願)을 자신의 것으로 하여 무량수(無量壽)·무량광(無量光)으로 대변되는 진정한 생명의 주인공이 됨을 말하는 것이다. 여기서 말하는 능례자의 원은 감로왕여래 즉 아미타불의 음우 하에 <18.고혼청>에서 거명된 책주귀신을 위시한 일체의 영가 등으로 하여금 진정한 감로인 묘법(妙法)을 얻어 이고득락케 하려는 것이다.

【연구】

① 「사다라니」에 이어 ≪33.칭량성호≫를 모시는 이유와 어떻게 거행해야 하는지?

「사다라니」에 의해 양적 질적으로 일체의 아귀와 고혼이 함께 들 수 있는 음식이 마련되었고, 바야흐로 이로써 기갈은 면할 수 있게 되었다. 그러나 이쯤에서 만족하고 만다면 육도윤회(六道輪回)는 계속되겠기로, 간탐(慳貪)·상호(相好)의 추루(醜陋)·육범(六凡)의 몸·일체의 두려움·주림 등으로부터 벗어나 진정한 해탈의 기틀을 마련케 하고자 여기에 상응하는 덕과 원을 지니신 다섯 분의 여래께 귀의하고 발원하는 것이다.

또, ≪칭량성호≫를 모시는 방법에 대해서는 앞서 <유해진언(乳海眞言)>의 【연구】에서 살핀 불공삼장(不空三藏)역 『시제아귀음식급수법병수인(施諸餓鬼飲食及水法幷手印)』에 언급되어 있다. 해당 부분만 다시 살피면 다음과 같다.

[前略] 寫訖更爲至心 稱五如來名號三遍 功德無量
[전략] 사흘갱위지심 칭오여래명호삼편 공덕무량

[전략] 옮겨 놓았으면 다시 지극한 마음으로 오여래의 명호를 세 번 외울 것이니 공덕이 무량하다.

즉, 명호를 세 번씩 칭념(稱念)해야 한다.

② 『염구아귀다라니경』에는 '사여래(四如來)'만 등장하고 계신데?

오여래 가운데 감로왕여래(甘露王如來)가 빠져 있다. 『비장기사초(秘藏記私鈔)』에는 이 일존(一尊)에 사여래(四如來)의 덕이 갖추어져 사여래의 이름을 칭하면 이 분의 덕은 자연히 갖추어진다 했다.

③ 오여래(五如來)와 오방불(五方佛) 그리고 오지여래(五智如來)의 관계 그리고 번(幡)에 모시는 방법과 장소는?

오방불(五方佛)이란 곧 오여래를 지칭하는 것이다. 그러나 경(經)이나 의궤(儀軌)에 따라 그 명호(名號)나 역할이 다른 것이 또한 실정이다. 또, 『작법귀감』에 소개된 아래 <가영(歌詠)>을 참고로 볼 때 오지여래(五智如來)의 성격이 강하다고 하겠다.

<歌詠(가영)>
六根互用俱無碍(육근호용구무애) 여섯기관 구별없어 모두함께 걸림없고

四智圓明悉混融(사지원명실혼융)　사종지혜 원명하여 합쳐지면 하나임에
稽首五方無上士(계수오방무상사)　다섯처소 부처님께 머리숙여 절하오니
共垂十力接群蒙(공수십력접군몽)　열가지힘 드리우사 미한중생 접하소서.

方位(방위)	五如來(오여래)	五方佛(오방불)	五智如來(오지여래)	五智(오지)	幡(번)
南方	多寶如來	寶勝如來佛	寶生如來	平等性智(7)	赤幡靑足
東方	妙色身如來	藥師琉璃光佛	阿閦如來	大圓鏡智(8)	靑幡黑足
中方	廣博身如來	毘盧遮那佛	大日如來	法界體性智	黃幡赤足
北方	離怖畏如來	不動尊佛	不空成就如來	成所作智(5)	黑幡白足
西方	甘露王如來	阿彌陀佛	無量壽如來	妙觀察智(6)	白幡黃足

※오지(五智)에서 괄호 안의 수는 '식(識)'을 나타낸다. (5)는 '前五識'을, (8)은 '第八識'을 말함.

※轉識得智(전식득지) : 유식종(唯識宗)의 용어. 불계(佛界)에 이르기까지 유루(有漏)의 팔식(八識. 아뢰야식)을 닦아 전향(轉向)하여 무루(無漏)의 사지(四智)를 성취하는 것. 견도위(見道位)에 들어갈 때에 제8식을 전향하여 대원경지(大圓鏡智)를 이루고, 제7식을 전향하여 평등성지(平等性智)를 이루고, 제6식을 전향하여 묘관찰지(妙觀察智)를 이루고, 전(前)5식을 뒤집어 성소작지(成所作智)를 이룸이 그것.

※ 오여래나 오방불 번(幡)의 규격과 위치는 다음과 같다.
　<규격> 번(幡)에 모실 경우, 번 일좌(一座)에 한 분의 여래(如來)를 모신다. 번의 높이는 번두(幡頭)·번신(幡身)·번족(幡足)을 합쳐 약 7척(七尺. 210cm) 정도로 하고, 넓이는 번신(幡身)과 번수(幡手)를 합쳐 약 1.5척(一尺. 45cm) 정도로 한다. 종이에 모실 경우, 삼척지 한 장을 1좌로 하여 한 분씩 모신다.
　단, 이때 각 방위에 해당하는 물감을 들여서 모신다.
　<위치> 오방불의 경우, 각기 정해진 방위의 중앙에 모시고, 중방 비로자나불은 북방 부동여래와 함께 모시되 대웅전 혹은 북쪽을 향해 오른쪽에 비로자나불 왼쪽에 부동여래를 모신다. 오여래의 경우, 감로단(甘露壇. 靈壇)에 모시며 감로단을 향해 우측으로부터 차례로 모신다.

<34.施食偈(시식게)> <18.고혼청>에서 거명된 영가제위에게 加持食을 권하는 게송

願此加持食① 원 차 가 지 식	사다라니 가지력에 힘입은바 이음식들
普遍滿十方 보 변 만 시 방	시방세계 온누리에 두루두루 가득하여
食者除飢渴 식 자 제 기 갈	공양든자 모두함께 주린고통 여의옵고
得生安養國 득 생 안 양 국	아미타불 안양국에 태어나기 원입니다.

【자구해설】

①加持食(가지식) : 불력(佛力)과 ≪사다라니≫의 가지력에 의해 일체 아귀가 모두 포만(飽滿)을 얻게 된 음식. 또 포만을 얻고 난 뒤에는 천상이나 정토에 태어나게 되고, 이를 행한 자는 업장이 소멸되고 수명이 증장되며 현세와 내세에 얻는 복이 무량하게 하는 음식.

【개요】

≪32.사다라니≫에 의해 질적 양적인 면에서 완벽한 공양을 마련하였고, ≪33.칭량성호≫로 오여래께 귀의하고 음우를 발원하였다. 이어 금일 책주귀신영가를 위시해 <18.고혼청>에서 거명된 모든 중생에게 가지식을 권하는 게송이다.

【구성과 내용】

오언절구인 본 게송은 기·승·전·결의 형태를 보이고 있다.

'기'인 원차가지식(願此加持食) —사다라니 가지력에 힘입은바 이음식들— 에서는, 금일 책주귀신영가 및 <18.고혼청>에서 거명된 모든 영가를 위해 마련한 공양이 ≪32.사다라니≫와 ≪33.칭량성호≫의 가지력으로 질적 양적으로 완벽하게 갖추어·180 졌음과 바야흐로 장차 공양을 베풀고자하는 원(願)을 밝히고 있다.

'승'인 보변만시방(普遍滿十方) —시방세계 온누리에 두루두루 가득하여— 에서는, 공양이 베풀어지는 공간을 시방(十方)으로 상정하여 가지식(加持食)의 양적인 덕(德)을 발원하였다. 음식을 마련하는 것만이 문제가 아니라 시방의 중생 모두에게 고루 배급돼야만 '등시무차별(等施無差別)'과 '평등공양(平等供養)'이라는 원칙에 입각한 공양을 베풀 수 있기 때문이다.

'전'인 식자제기갈(食者除飢渴) —공양든자 모두함께 주린고통 여의옵고— 에서는, 공양을 제공받은 중생 모두 주림과 갈증이 없어야 할 것을 들어 가지식(加持食)의 질적인 덕(德)을 발원하였다. 이들 중생의 주림과 갈증이 어디에 기인하는가를 생각할 때, 가지식의 내용을 짐작할 수 있으니, 이때 베푸는 음식을 '묘공(妙供)', '법공(法供)' 혹은 '법식(法食)'이라 부르는 까닭도 여기에 있다.

'결'인 득생안양국(得生安養國) —아미타불 안양국에 태어나기 원입니다— 에서는, 가지식(加持食)으로 얻은 색력(色力)과 지혜력(智慧力)을 추진력으로 아미타국토에 왕생할 것을 발원하고 있다. 이는 성불을 목표로 하는 불자가 밟아야 하는 모범적인 수순이기 때문이다.

【의식】
≪32.사다라니≫를 모신 후, 법주를 따라 일정한 박자로 소사물(小四物)을 울리며 게송의 제목은 빼고 게송의 내용만 대중이 함께 지송한다.

【연구】
① 「사다라니」에 이어 모신 ≪33.칭량성호≫의 주인공은 오여래(五如來)이시고, 여래마다 건립하신 국토가 달리 있는데 <34.시식게>에서 아미타불의 안양국에 왕생할 것을 서원하고 있다. 이유는?
 한국불교는 '이장위종(理長爲宗)'의 입장을 견지하는 '원융불교(圓融佛敎)'다. 시식에는 이런 특색이 잘 나타나 있다.
 시식은 그 연원을 밀교경전인 『불설구발염구아귀다라니경』[127]에 두고 있으면서 정토삼부경(淨土三部經)은 물론 현교(顯敎)의 각종 경전에서 강조하고 있는 정토왕생을 적극 권장하고 있다. 그리고 '유심정토 자성미타(唯心淨土 自性彌陀)'라는 선종의 입장에서 회통하고 있음을 볼 수 있다.
 한편, 신앙적인 차원에서는 「임종방결(臨終方訣)」등에서 보듯, 생전에는 물론 임종시에는 반드시 인연 깊으신 여래를 염(念)할 것을 권하고 있다. 요는 이 땅의 불자와 가장 인연 깊으신 여래는 다름 아닌 아미타불이시기로 본 게송에서 안양국에 왕생할 것을 발원한 것이다.

② 본 게송의 제목을 '시식게(施食偈)'라 하였는데?
『작법귀감』소수 「대령정의」에 본 게송의 제목을 '시식게'로 하고 있다. 본고에서 제목을 '시식게'라 한 것은, 게송의 내용이 가지식(加持食)을 <18.고혼청>에서 거명한 책주귀신영가 및 영가제위에게 베푸는 것을 주제로 하고 있다는 점에서 『작법귀감』의 입장에 공감하고, 특히 이어지는 진언이 '시귀식진언'임을 감안했다.

127) 『大正藏』卷21 p. 464

<35.施鬼食①眞言(시귀식진언)> 책주귀신 등 제영가에게 가지식을 베푸는 진언

唵 尾其尾其 野野尾其 娑婆訶 三說
옴 미기미기 야야미기 사바하 삼설

【자구해설】

①施鬼食(시귀식) : 아귀 등 귀취(鬼趣)에게 베푸는 법식(法食).

【개요】

시식의 의미를 책주귀신영가와 <18.고혼청>에서 청한 고혼영가제위의 주림을 면하게 하는 것으로 한정한다면, 본 진언은 시식에 있어서 가장 중요한 대목이 된다. 왜냐하면 진언에 의해 비로소 법식이 금일 책주귀신영가 등 소시(所施)에게 베풀어지게 되기 때문이다.

【구성과 내용】

진언의 '제목'과 '진언'으로 되어 있다.

【의식】

대중이 함께 <34.시식게>에 이어 지금까지와 같은 박자로 소사물(小四物)을 울리며 진언의 제목 한 번, 진언은 세 번 지송한다.

【연구】

① <35.시귀식진언>을 확인할 수 있는 곳은?

「점안문」·「결수문」·『작법귀감』·『석문의범』 등에 있으며, 이 가운데 「점안문」·『작법귀감』·『석문의범』의 내용은 표기의 차이는 있으나 내용은 같다. 한편 「결수문」의 경우는 전혀 다른 내용으로 되어 있음도 알 수 있다.

<施鬼食眞言>		
「點 眼 文」 :	唵尾枳尾枳野耶尾枳娑嚩二合賀 옴。미기미기。야야미기。스바하	⇐ 『진언집』 권하11.
「結 手 文」 :	唵鉢囉二合步哆弭摩嚟三畨嚩吽 옴。ㅂ라보다。미마례。삼바바。훔	⇐ 『진언집』 권상9.
『作法龜鑑』 :	唵 尾枳尾枳野耶尾枳莎賀	⇐ 『작법귀감』 권상25.
『釋門儀範』 :	唵 尾其尾其 野野尾其 娑婆訶 옴 미기미기 야야미기 사바하	⇐ 『석문의범』 권하68.

<36.普供養眞言①(보공양진언)> 의례적이지만 제불보살께 공양을 올리는 진언

唵 阿阿那 三婆婆 婆我羅 或 三說
옴 아아나 삼바바 바아라 혹 삼설

【자구해설】

①普供養眞言(보공양진언) : 『소석금강과의회요주해(銷釋金剛科儀會要註解)』2에, 이는 행하는 사람이 진언을 염할 때의 운심(運心)으로 관상(觀想)하는 것. 공양하는 물건이 정법계(淨法界)의 람자(㘚字)진언과 길상수인(吉祥手印)을 사용하여 21편을 가지(加持)하면 청정법식(淸淨法食)이 되어 자연히 법계에 두루한다 하였고, 수인[길상수인]은 우수(右手)의 대무지(大拇指)와 무명지를 서로 맞대고 남은 세 손가락을 쭉 편 뒤 변식진언을 염한다고 하였다.

【개요】

위의 <35.시귀식진언>이 진지(進止)128)의 개념을 지닌 진언임에 비해 본 진언은 '공양'에 관한 진언이다. 즉, 「공양시심경」의 <공불게(供佛偈)>129) 등에 당하는 진언으로서 소례께서 공양을 드시기 전에 시방삼세의 제불보살님께 올리는 공양이 원만키를 염하는 진언이다.

【구성 및 내용】

진언의 제목과 진언으로 구성되어 있다.

【의식】

<35.시귀식진언>에 이어 지금까지와 같은 박자로 소사물(小四物)을 울리며 진언의 제목 한 번, 진언은 세 번 지송한다.

【연구】

1 경전 가운데 전거가 있다고 하는 데….

『유가집요구아난다라니염구궤의경(瑜伽集要救阿難陀羅尼焰口軌儀經)』에서는,

---

128) 『일용집』 소수 「식당작법」 제6장 <광수게(廣修偈)>의 주(註)에 다음과 같은 내용이 있다.
　種種之物進止畢 若有果餠則 衆首先擧 得香美食 云云
　공양시 음식을 배분하는 것을 '진지'라 한다. '진(進)'은 '바치다' '올리다'의 의미이고, '지(止)'는 '거동' '행동거지(行動擧止)'의 의미이다.

129) 願我所受供(원아소수공)　원하옵건대, 받자온 이 음식
　變成妙供具(변성묘공구)　미묘한 공양구로 변해시고
　遍於法界中(변어법계중)　온 법계에 두루하여
　供養諸三寶(공양제삼보)　다함없는 삼보님께 공양 올려지이다.

부모가 하나밖에 없는 자식을 생각하는 마음으로 법회에 참석한 중생은 물론 참석하지 못한 중생에게까지도 법식이 고루 베풀어져 기갈을 면하고 급기야 삼공(三空)의 이치를 깨달아 삼도사류(三途四流)를 영리(永離)하고 도과(道果) 이루기를 발원하며 본 진언을 지송할 것을 설하고 있다.

猶如父母一子之想　語諸佛子　汝等各有父母兄弟姉妹妻子眷屬善友親戚　或有事
유여부모일자지상　어제불자　여등각유부모형제자매처자권속선우친척　혹유사

緣來不得者　汝等佛子慈悲愛念　各各賫持飮食錢財物等　遞相布施充足飽滿　無有
연내부득자　여등불자자비애념　각각뢰지음식전재물등　체상보시충족포만　무유

乏少令發道意　永離三塗長越四流　當捨此身速超道果　又爲汝等將此淨食分爲三
핍소영발도의　영리삼도장월사류　당사차신속초도과　우위여등장차정식분위삼

分　一施水族令獲人空　二施毛群令獲法寂　三施他方稟識陶形　悉令充足獲無生忍
분　일시수족영획인공　이시모군영획법적　삼시타방품식도형　실령충족획무생인

次結普供養印作金剛合掌置印當心眞言　唵引 誐誐曩三婆嚩嚩日囉二合斛130)
차결보공양인작금강합장치인당심진언　옴인 아아낭삼바부부일라이합곡

또, 『유가집요염구시식의(瑜伽集要焰口施食儀)』에는 수인(手印)과 함께 다음과 같은 내용이 있다.

次結普供養印 二中指屈者　兩指尖上想白色唵字　流出種種七寶樓閣宮殿幢幡寶蓋香花飮食　無量七寶自己內外之財
차결보공양인 이중지굴자　양지첨상상백색옴자　유출종종칠보루각궁전당번보개향화음식　무량칠보자기내외지재

布施無量諸佛聖賢并諸有情等　誦普供養眞言曰
보시무량제불성현병제유정등　송보공양진언왈

唵_葛葛納三婆幹幹資囉二合解二
옴일갈갈납삼바알알자라이합해이

想從印流出諸供具物　普供三寶及六道衆生　詳普供意　上來到此法事周圓故　以生佛寶平伸供　供畢索願意在奉送　文從下索
상종인류출제공구물　보공삼보급육도중생　상보공의　상래도차법사주원고　이생불보평신공　공필색원의재봉송　문종하색

影上必然矣　或名普通供養
영상필연의　혹명보통공양

諸佛子等從來所受飮食　皆是人間販鬻生命酒脯錢財　血肉腥羶葷辛臭穢　雖復受
제불자등종래소수음식　개시인간판죽생명주포전재　혈육성전훈신취예　수부수

得如是飮食　譬如毒藥損壞於身　但增苦本沈淪苦海無解脫時　我某甲依如來敎精
득여시음식　비여독약손괴어신　단증고본침윤고해무해탈시　아모갑의여래교정

誠罄捨　設此無遮廣大法會　汝等今日遇茲勝事戒品霑身　於過去世廣事諸佛　親近
성경사　설차무차광대법회　여등금일우자승사계품점신　어과거세광사제불　친근

善友供養三寶　由此因緣値善知識　發菩提心誓願成佛不求餘果　先得道者遞相度
선우공양삼보　유차인연치선지식　발보리심서원성불불구여과　선득도자체상도

脫　又願汝等晝夜恒常　擁護於我滿我所願　以此施食所生功德　普將回施法界有情
탈　우원여등주야항상　옹호어아만아소원　이차시식소생공덕　보장회시법계유정

共諸有情同將此福　盡皆回施無上菩提　一切智智勿招餘果　願速成佛131)
공제유정동장차복　진개회시무상보리　일체지지물초여과　원속성불

이라 하여 '결인도(結印圖)'와 함께 설하고 있다.

---

130) 『大正藏』卷21 p. 471c
131) 『大正藏』卷21 p. 480b

② <보공양진언>을 확인할 수 있는 곳은?

『유가집요구아난다라니염구궤의경(瑜伽集要救阿難陀羅尼焰口軌儀經)』·『유가집요염구시식의(瑜伽集要焰口施食儀)』·「결수문」·『석문의범』등에 보이며, 표기의 차이는 있으나 내용은 같다.

```
< 普 供 養 眞 言 >

『軌儀經』: 唵引 誐誐曩三婆嚩嚩日囉二合斛        ⟸ 『大正藏』21-471c.

『施食儀』: 唵二葛葛納三婆斡斡資囉二合解二        ⟸ 『大正藏』21-480b.

「結手文」: 唵 葛葛那 三婆嚩 嚩囉二合 唬        ⟸ 『結手文』
           옴。아아나。삼바바。바ㅇ라。혹

『釋門儀範』: 唵 哦哦那 三婆婆 婆我羅 吽        ⟸ 『釋門儀範』卷下 5.
            唵 阿阿那 三婆婆 婆我羅 或        ⟸ 『釋門儀範』卷下 69.
            옴 아아나 삼바바 바아라 혹
```

<37.施無遮法食①眞言(시무차법식진언)>

有主·無主의 일체고혼에게 차별없이 加持食을 베푸는 진언

唵 穆力楞 娑婆訶 三說
옴 목역능 사바하 삼설

【자구해설】

①無遮法食(무차법식) : 소시(所施) 모두에게 평등하게 베풀 것을 목적으로 법도에 맞게
준비된 음식. 무차(無遮)는 무제한·무차별이라는 뜻.

【개요】

불가(佛家)에서의 공양은 '평등공양(平等供養)'이라는 말이 보편화되어 있듯 평등
을 근본으로 하고 있다. 즉, 본 진언은 앞의 진언인 <35.시귀식진언>을 보다 원만
히 성취하기 위한 진언이라 하겠다.

【구성 및 내용】

진언의 '제목'과 '진언'으로 되어 있다.

【의식】

<36.보공양진언>에 이어 지금까지와 같은 박자로 소사물(小四物)을 울리며 진언
의 제목 한 번, 진언은 세 번 지송한다.

【연구】

① 【개요】에서 불가(佛家)에서의 공양은 평등공양(平等供養)을 기본으로 한
다고 했는데 전거가 있는지?

「소심경」의 <봉반게(奉飯偈)>를 대표적인 예로 들 수 있다. 내용은 다음과 같다.

此食色香味 上供十方佛 中供諸賢聖 下及群生品 等施無差別 受咸皆飽滿 令今
차식색향미 상공시방불 중공제현성 하급군생품 등시무차별 수함개포만 영금

施受等 得無量波羅蜜[132]
시수등 득무량바라밀

또, 『속장경(續藏經)』의 「시식통람(施食通覽)」 소수 남악사대선사(南嶽思大禪師)

---

132) 安震湖 篇 『釋門儀範』 卷上 p. 105 ‖ 마련하온 이음식의 모양이며 향과맛을 / 저위로는 시방세계
부처님께 올리옵고 / 다음으론 어지시온 성현님께 드리오며 / 아래로는 한량없는 중생에게 베푸옴에
/ 고루고루 남김없고 차별없이 베풀어져 / 받으신분 누구나가 포만함을 얻으시어 / 이로인해 베푼이
나 받은이나 모두함께 / 한량없는 바라밀을 얻게되어 지사이다.

의 '수식주원게(受食呪願偈)'에도 같은 내용이 있다. 소개하면 다음과 같다.

　　此食色香味　上供十方佛　中奉諸賢聖　下及六道品　等施無差別　隨咸皆飽滿　令今
　　차식색향미　상공시방불　중봉제현성　하급육도품　등시무차별　수함개포만　영금

　　施主得　無量波羅蜜[133]
　　시주득　무량바라밀

② <시무차법식진언>을 확인할 수 있는 곳은?

「점안문」·『석문의범』 등에 보이고 있으며,「점안문」·『석문의범』의 내용은 표기
의 차이는 있으나 내용은 같다.

<table>
<tr><td colspan="2">＜施無遮法食眞言＞</td></tr>
<tr><td>「點 眼 文 」: 唵穆力陵娑嚩二合賀
　　　　　　　옴。목륵릉。ᄉ바하</td><td>⇐『진언집』하7.</td></tr>
<tr><td>『釋門儀範』: 唵　穆力楞　娑婆訶
　　　　　　　옴　목역능　사바하</td><td>⇐『석문의범』하68.</td></tr>
</table>

---

133) 『續藏經』 卷上 p. 101-425下

<38.發菩提心①眞言(발보리심진언)>

성불토록 하기 위해 원을 세우고 수행에 임하는 마음을 발하게 하는 진언

唵 母地卽多 沒怛 縛那野 弭 三說
옴 모지짓다 못다 바나야 믹 삼설

【자구해설】

①發菩提心(발보리심) : 발무상심(發無上心)·발무상의(發無上意)·발무상도(發無上道)·발아뇩다라삼먁삼보리심(發阿耨多羅三藐三菩提心). 단순히 발심(發心)이라고도 함. 보살이 성불할 것을 발원하고, 사홍서원(四弘誓願) 등의 원심(願心)을 일으켜 육바라밀(六波羅蜜) 등의 수행에 들[入] 결의를 내는 것을 말한다.

【개요】

앞의 진언의식은 영가제위로 하여금 그간의 기갈(飢渴)을 면하고 새로운 힘을 얻게 하는 것이었다. 이에 비해 본 진언은 이렇게 충만된 힘으로 성불을 향해 사홍서원(四弘誓願) 등의 원심(願心)을 일으켜 수행에 들도록 하는 진언이다.

모름지기 불자들은 먹기 위해서 사는 것도, 살기 위해서 먹는 것도 아니다. 성불하기 위해 먹는 것이고 사는 것이다. 영가에 있어서도 이 이치는 한가지다.

【구성 및 내용】

진언의 '제목'과 '진언'으로 되어 있다.

【의식】

<37.시무차법식진언>에 이어 지금까지와 같은 박자로 소사물(小四物)을 울리며 진언의 제목 한 번, 진언은 세 번 지송한다.

【연구】

① <발보리심진언>을 확인할 수 있는 곳은?

『유가집요구아난다라니염구궤의경(瑜伽集要救阿難陀羅尼焰口軌儀經)』·『유가집요염구시식의(瑜伽集要焰口施食儀)』·『석문의범』 등에 보이고 있으며, 표기의 차이는 있으나 내용은 같다.

<發菩提心眞言>

『軌 儀 經』: 唵引冒地喞ᅟ母怛跛二合ᅟ娜野弭三   ⇐『대정장』권21-471b

『施食儀』：唵補提節答－沒怛巴二合二達野弭三　　←『대정장』권21-479b

『釋門儀範』：唵 母地卽多 沒怛 縛那野 弭　　←『석문의범』권상92
　　　　　　　옴 모지짓다 못다 바나야 믹

---

② 경전 가운데 전거가 있다고 하였는데…

『유가집요구아난다라니염구궤의경(瑜伽集要救阿難陀羅尼焰口軌儀經)』에서는, 삼귀의를 전제로 다음과 같이 본 진언의 호지법(護持法)과 진언을 설하고 있다.

次爲汝等發菩提心　汝等諦聽　作金剛掌忍願如蓮花　以印心上　眞言曰　唵리冒地
차위여등발보리심　여등체청　작금강장인원여연화　이인심상　진언왈　옴인모지

唧－母怛跛二合二娜野弭三
즐일모달파이합이나야미삼

또, 『유가집요염구시식의(瑜伽集要焰口施食儀)』에는,

次結發菩提心印　二手金剛掌　忍願如蓮花　以印於心上　應起三心四願　或自發菩提心　文云發願
차결 발보리심인　이수금강장　인원여연화　이인어심상　응기삼심사원　혹자발보리심　발원문운

南無佛　南無法　南無僧　我今發心　不爲自求人天福報　緣覺聲聞乃至權乘諸位菩
나무불　나무법　나무승　아금발심　불위자구인천복보　연각성문내지권승제위보

薩　唯依最上乘發菩提心　願與法界衆生　一時同得阿耨多羅三藐三菩提三說
살　유의최상승발보리심　원여법계중생　일시동득아뇩다라삼먁삼보리삼설

今所發覺心　遠離諸性相　蘊處及界等　能取所取執
금소발각심　원리제성상　온처급계등　능취소취집

諸法悉無我　平等如虛空　自心本不生　空性圓寂故
제법실무아　평등여허공　자심본불생　공성원적고

如諸佛菩薩　發大菩提心　我亦如是發　是故志心禮
여제불보살　발대보리심　아역여시발　시고지심례

前偈三說　誦發菩提心眞言曰
전게삼설　송발보리심진언왈

唵補提節答－沒怛巴二合二達野弭三
옴보제절답일몰달파이합이달야미삼

心想月輪　皎潔淨無瑕翳　放光照諸鬼神　口誦密言　想前鬼神得菩提戒　或想阿字遍入身心　亦得云
심상월륜　교결정무하예　방광조제귀신　구송밀언　상전귀신득보리계　혹상아자변입신심　역득운

今與汝等發菩提心竟　諸佛子等當知　菩提心者　從大悲心起　成佛正因　智慧根本
금여여등발보리심경　제불자등당지　보리심자　종대비심기　성불정인　지혜근본

能破無明煩惱惡業不被染壞
능파무명번뇌악업불피염괴[134]

라 하여 '결인도(結印圖)'와 함께 상세히 설하고 있다.

---

134) 『大正藏』卷21 p. 479b

<39.普回向①眞言(보회향진언)> 본 시식의 공덕을 널리 일체중생에게 회향하는 진언

唵 舍摩羅 舍摩羅 尾摩羅 舍羅摩訶 左佉羅縛吽 三說
옴 삼마라 삼마라 미마나 사라마하 자거라바훔 삼설

【자구해설】

①普回向(보회향) : 독경·법요·법회·공양 등 불사에 따른 선근공덕을 널리 일체중생
    의 몫으로 돌려 성불이라는 공동의 목적에 일조하려는 것.

【개요】

지금까지 베풀어온 불법과 법식의 공덕과 재자가 닦은 선근공덕이 널리 일체 중
생에게 고루 끼쳐질 수 있게 하려는 진언이다.

【구성과 내용】

진언의 '제목'과 '진언'으로 되어 있다.

【의식】

<38.발보리심진언>에 이어 지금까지와 같은 박자로 소사물(小四物)을 울리며 진
언의 제목 한 번, 진언은 세 번 지송한다.

【연구】

① <보회향진언>을 확인할 수 있는 곳은?
「결수문」·『석문의범』등에 보이고 있으며, 「점안문」·『석문의범』의 내용은 표기
의 차이는 있으나 내용은 같다.

```
<普回向眞言>

「結手文」 : 唵沙摩二合囉沙摩二合囉弭摩曩 娑囉摩訶 左乞囉二合嚩吽    ⇐『진언집』上17.
            옴。 스마라。 스마라。 미마나。 사라마하。 자ᄀ라。 바훔

『釋門儀範』 : 唵 舍摩羅 舍摩羅 尾摩羅 舍羅摩訶 左佉羅縛吽    ⇐『석문의범』上11
            옴 삼마라 삼마라 미마나 사라마하 자거라바훔

『釋門儀範』 : 唵 娑摩羅 娑摩羅 弭曩摩 娑羅摩訶 左乞羅縛 吽    ⇐『석문의범』上93
            옴 사마라 사마라 미만나 사라마하 자가라바 훔
```

<40.勸飯①偈(권반게)> 책주귀신을 위시한 영가제위에게 공양을 권하는 게송

受我此法食② 수아차법식	받으소서 저희들의 정성담긴 이법식을
何異阿難饌③ 하이아난찬	아난존자 장만했던 그음식과 다르리까
飢腸咸飽滿 기장함포만	오랫동안 주리셨던 모진고통 달래시고
業火④頓清凉 업화돈청량	업의불길 쓸어버려 청량함을 얻으소서.
頓捨貪嗔癡 돈사탐진치	독중의독 삼독심은 단한번에 버리시고
常歸佛法僧 상귀불법승	한결같이 삼보님께 지성귀의 하시오며
念念菩提心⑤ 염념보리심	생각생각 보리심을 놓지않고 계시오면
處處安樂國 처처안락국	자리하신 모든곳이 안락국토 아니리까.

【자구해설】

①勸飯(권반) : 소시(所施)에게 준비된 공양을 들 것을 권하는 것.

②法食(법식) : 불법 가운데 음식을 취함에는 법제(法製)135)가 있으며, 그 법제에 의해 취함을 법식이라 함. 특히 여기서는 재자(齋者)의 정성으로 마련된 음식에 삼보님의 가호와 사다라니를 위시한 각종 진언의 가지(加持)가 이루어진 음식임을 말함.

③阿難饌(아난찬) : 아난존자께서 아귀 및 바라문을 위해 준비한 음식.『구발염구아귀다라니경(救拔焰口餓鬼陀羅尼經)』등에 자세히 보임.

④業火(업화) : 악업(惡業)의 힘이 맹렬하게 중생을 괴롭힘으로 업을 불에 비유함. 또는 지옥 중생들은 과거에 지은 악업으로 맹화에 불타는 과보를 받으므로 지옥의 불을 업화라고도 함.

⑤菩提心(보리심) : Ⓢbodhi-citta. 상세히 말하면 아뇩다라삼먁삼보리심(阿耨多羅三藐三菩提心)이라 하며, 무상정진도의(無上正眞道意)라 번역한다. 무상보리심(無上菩提心)・무상도심(無上道心)・무상도의(無上道意)라고도 하며, 간략히 도심(道心)・도의(道意)・도념(道念)・각의(覺意)라고 한다. 불과(佛果)에 이르러 깨달음의 지혜를 얻고자 하는 마음을 말함.

---

135) 물건을 규정에 따라 만듦.

【개요】

 소시(所施)인 책주귀신영가를 위시한 고혼영가제위에게 공양을 권하는 게송이다. 상대에게 무엇인가를 권할 때, 또 자신의 의도대로 상대가 따라 주기를 바랄 때는 반드시 상대의 우호적 호기심을 유발하지 않으면 안 된다. 더구나 상대를 진정으로 위하는 마음에서 권하는 일이라면 그 내용이 진실 되지 않으면 안 된다. 본 게송에서는, 마련된 음식이 재자의 정성과 불신력(佛神力) 그리고 ≪사다라니≫ 등의 가지력에 의한 것인 만큼 소시(所施)로 하여금 육체적 정신적 고통을 없애주고 나아가 열반락을 얻을 수 있는 것임을 알려 적극적으로 공양에 임할 것을 권하고 있다.

【구 성 및 내 용】

 5언 율시(律詩) 형식의 본 게송은 오언팔구로 이루어져 있으며, 내용상 구성면에서 기·승·전·결의 형태를 보이고 있다.

 '기'인 수아차법식 하이아난찬(受我此法食 何異阿難饌) —받으소서 저희들의 정성담긴 이법식을 / 아난존자 장만했던 그음식과 다르리까— 에서는, 책주귀신영가를 위시한 고혼영가제위에게 법식(法食)을 권하고 있다. 이처럼 영가에게 베푸는 시식의 시원(始原)이 아난존자에게 있음은 이미 살펴본 바이거니와 지금 준비한 음식이 바로 당시 아난존자께서 행하신 바를 모범한 것임을, '법식'이라는 용어와 '아난찬'이라는 고사(古事)를 들어 책주귀신을 위시한 영가제위에게 권하고 있다.

 '승'인 기장함포만 업화돈청량(飢腸咸飽滿 業火頓淸凉) —오랫동안 주리셨던 모진고통 달래시고 / 업의불길 쓸어버려 청량함을 얻으소서— 에서는, 업신(業身)의 고통을 달랠 수 있는 음식임을 말하였다. 즉, 고통에는 육체적 그리고 정신적인 고통이 있는데, 여기서는 일차적으로 육체적 고통을 달랠 수 있는 음식임을 말하여 권하고 있는 것이다. 그러나 이는 단순한 문제는 아니다. 예컨대 영가라고 해도 그 유(類)가 같지 않은 만큼 그 음식의 질도 달라야 되고, 각 유취(類聚)의 수를 감안하면 양 또한 많아야 하는 것이다. 이런 문제가 모두 해결된, 말 그대로 수승한 음식임을 들어 사양치 말고 들 것을 권하는 내용이다. 여기서 '업화(業火)'는 주림으로부터 느끼는 육체적 고통을 말한 것이다.

 '전'인 돈사탐진치 상귀불법승(頓捨貪嗔癡 常歸佛法僧) —독중의독 삼독심은 단한번에 버리시고 / 한결같이 삼보님께 지성귀의 하시오며— 에서는, '승'구에 이어 법식을 권하고 있다. 즉, 마련된 음식은 단순히 육체적인 고통만을 면하게 하는 것이 아니라 무명으로부터 오는 정신적인 고통까지 덜 수 있는 것임을 말한 것이다. 음식의 공능을 구체적으로 말하면 탐진치 등 버릴 것과 불법승 등 취할 바를 능히 분별하고 행으로 옮김에 원동력이 되는 것이라는 말이니, '기'구에서 이들 음식을 '법식'과 '아난찬'이라 함도 여기에 기인하는 것이다.

'결'인 염념보리심 처처안락국(念念菩提心 處處安樂國) —생각생각 보리심을 놓지않고 계시오면 / 자리하신 모든곳이 안락국토 아니리까— 에서는, 육체적 정신적 고통이 사라짐에 정각을 향한 마음을 일으키게 되고 급기야 무고안온(無苦安穩)의 열반락을 얻게 됨을 들어 법식을 권하고 있다. 일견 권반의 내용과는 다소 거리가 있는 듯이 볼 수도 있겠으나 '결'구의 내용은 법식을 듦으로 해서 얻어지는 결과를 말하여 소시(所施)의 신심을 유발시켜 공양을 들게끔 권하는 것이다. 예컨대 밥투정하는 어린 자식을 달래기 위해 '이 밥을 먹으면 머리가 좋아진다'라든가 '얼굴이 예뻐진다'고 하는 것과 같다.

【의식】
법주와 바라지 및 대중이 소사물을 울리며 동음(同音)으로 독송(讀誦)한다.

【연구】
① 게송의 제목을 <권반게(勸飯偈)>라 하였는데?
소시(所施)에게 음식 즉, 공양을 권하는 내용을 주제로 하고 있기에 그렇게 이름한 것이다.

<41.般若偈(반야게)> 中道의 場으로 인도하기 위해 금강경 第一偈로 空道理를 설한 게송

凡所有相①　　　　　생각건대 인연으로 이루어진 모든것은
범소유상

皆是虛妄　　　　　어느하나 예외없이 허망하기 신기루라.
개시허망

若見諸相非相　　　삼라만상 모든것을 허상으로 볼줄알면
약견제상비상

卽見如來　　　　　오매불망 그리던님 참부처를 친견하리.
즉견여래

【자구해설】

①相(상) : Ⓢlakṣaṇa. 표・특징・특성 또는 상태・양상・형상 등의 뜻. 유위법(有爲法)
　　즉 인연에 의해 이루어진 모든 것을 의미한다. ※一切有爲法 如夢幻泡影

【개요】

　양약(良藥)도 지나치면 독(毒)이 될 수 있다. 지금까지 베푼 법식(法食)으로 자칫
유(有)에 치우친 편견을 지니게 될까 염려하여, 『금강경』 가운데 '제일게(第一偈)'
로써 이를 불식(拂拭)시키고 불교의 궁극적 요체인 중도(中道)의 장으로 인도하려
는 의식이다.

【구성과 내용】

　본 게송은 절구(絶句)로서 내용상 구성면에서 기・승・전・결의 형태를 띠고 있
다. 그러나 '전'구의 자수(字數)가 6자로, 사언절구인 정형시(定型詩)로 보기에는
무리가 있다.

　'기'인 범소유상(凡所有相) ─생각건대 인연으로 이루어진 모든것은─ 에서는, 석존
께서 장차 공도리(空道理)를 말씀하시고자 그 대상의 범위를 말씀하셨다. 즉, 여기
서 언급한 '상(相)'은 곧 유위법(有爲法) 모두를 가리키는 것으로, 무위법(無爲法)
인 허공(虛空)・택멸(擇滅)・비택멸(非擇滅)을 제외하고는 달리 예외 없이 적용됨
을 말씀하신 것이다.

　'승'인 개시허망(皆是虛妄) ─어느하나 예외없이 허망하기 신기루라─ 에서는, 유위
법의 실체를 말씀하셨다. 유위법이란 인연(因緣)에 의해 이루어진 것임을 뜻하는

바, 이루어지기 이전을 생각한다면 당연히 그 실체를 알 수 있는 것이다. 감각의 대상에 집착하거나 희로애락 등의 감정을 일으키는 것은 유위법의 실체를 제대로 파악하지 못한 망견(妄見)에서 비롯된 것임을 일깨우신 대목이다.

'전'인 약견제상비상(若見諸相非相) ―삼라만상 모든것을 허상으로 볼줄알면― 에서는, 여래(如來)를 친견할 수 있는 조건을 말씀하셨다. 그런데 본구에서 말씀하신 조건은 여래를 친견할 수 있는 조건인 동시에 성불의 조건이기도 하다. 즉 여래를 친견할 수 있는 그리고 성불의 제1조건은 공히 혜안(慧眼)을 지녀야 함을 강조하신 것이다.

'결'인 즉견여래(卽見如來) ―오매불망 그리던님 참부처를 친견하리― 에서는, '전'구를 전제로 한 결과를 말씀하셨다. 중요한 것은 여래를 친견할 수 있다 하심이니, 여기서 말씀하신 친견이란 곧 공감대가 형성되었음을 이르시는 것이고, 공감대란 제법의 실체가 공(空)임을 여실히 체득하였음을 이르시는 것이다. 또, 여래라야 여래를 알아 볼 수 있음을 생각하면 곧 성불의 경지를 노래함이라 하겠다.

【의식】

<40.권반게(勸飯偈)>에 이어 법주와 바라지 및 대중이 소사물(小四物)을 울리며 동음(同音)으로 지송한다.

【연구】

① 본 게송의 제목을 <반야게(般若偈)>라 하였는데…

『작법귀감』소수 「상용시식의(常用施食儀)」에 본 게송의 제목을 '반야게'라 한 것을 모범한 것이다.

뿐만 아니라 본 게송은 『금강경』에서 설파코자 하는 불교의 인생관·우주관·진리관이 총망라되어 있다고 평가되고 있는, 말 그대로 『금강경』의 대지(大旨)가 함축적으로 가장 잘 나타나 있다. 그러면, 『금강경』의 대지란 무엇인가? '파이집 현삼공(破二執 顯三空)'[136] 즉 공도리(空道理)를 가리키는 것이며, 이로써 유(有)에 치우친 유정(有情)들의 마음을 중도(中道)의 장으로 이끄는 것이다.

이상과 같은 이유로 본 게송은 『금강경』 뿐 아니라 반야부 계통의 경전이 담고 있는 사상을 대변한다고 보아 『작법귀감』의 제목에 공감하기로 <반야게>로 제목한 것이다.

② 【개요】에서 본 게송을 『금강경』의 '제일게(第一偈)'라 칭송하였는데? 또 대부분의 사구게(四句偈)가 정형시의 형태를 띠고 있는데 본 게송이 파격(破格)임에도 사구게로 간주되는 이유는?

---

136) 秋淡井幸 編 『僧家日用食時默言作法』85丈

『금강경』 가운데는 다음과 같이 4수(首)의 사구게가 있다. 소개하면,

(1) 凡所有相 皆是虛妄 若見諸相非相 卽見如來
    범소유상 개시허망 약견제상비상 즉견여래　　　　　　-如理實見分 第五-

(2) 不應住色生心 不應住聲香味觸法生心 應無所住 而生其心
    불응주색생심 불응주성향미촉법생심 응무소주 이생기심　-莊嚴淨土分 第十-

(3) 若以色見我 以音聲求我 是人行邪道 不能見如來
    약이색견아 이음성구아 시인행사도 불능견여래　　　　-法身非相分 第二十六-

(4) 一切有爲法 如夢幻泡影 如露亦如電 應作如是觀
    일체유위법 여몽환포영 여로역여전 응작여시관　　　　-應化非眞分 第三十二-

이상과 같이 『금강경』에는 경의 내용이 함축적으로 정리된 시문(詩文) 형태의 게송이 4수(首) 나온다. 이들 게송은 네 개의 구(句)로 이루어져 있기로 이를 사구게(四句偈)라 칭한다. 이 가운데 여리실견분(如理實見分)의 게송이 예로부터 제일로 꼽히며 '제일게'로 불리고 있다. 이런 점이 인정되어 ≪대례참례(大禮懺禮)≫에서는 본 게송을 『금강경』의 '제일게'로 꼽고 있다.137)

본 게송을 천태종에서 제법실상(諸法實相)의 도리를 밝히기 위한 방편으로 세운 삼제(三諦)138)에 배대하면 '범소유상 개시허망'은 공제(空諦)에 해당되고, '약견제상비상'은 가제(假諦)에 해당되며, '즉견여래'는 중제(中諦)에 해당한다.

한편 게송 제3구의 자수가 다른 구에 비해 2자가 더 많고, 장엄정토분(莊嚴淨土分)의 사구게는 모두 2구뿐이지만 이는 한역(漢譯) 경전의 일로서 범어 경전에는 글자 수가 맞는다고 한다.

---

137) 安震湖 篇 『釋門儀範』 卷上 p. 24
138) (1)공제(空諦=眞諦=無諦) : 모든 존재는 집착하는 중생의 마음에서 일어나는 것처럼 실체가 없는
　　　공무(空無)한 존재.　　　　　　　　　　　[파정(破情)]
　　(2)가제(假諦=俗諦=有諦) : 모든 존재는 실체가 없기 때문에 인연에 의해 거짓으로 존재한다.
　　　　　　　　　　　　　　　　　　　　　　[입법(立法)]
　　(3)중제(中諦=中道第一義諦) : 모든 존재는 공가(空假)를 넘어선 절대의 것으로서 그 본체는 언어
　　　사려(言語思慮)의 대상이 아니다.　　　[절대(絶對)]

<42.如來十號①(여래십호)> 여래의 10종 德號를 念하여 陰佑를 기원하는 의식

如來 여래②	대비의 원력으로 진여를 현출(現出)하시니 '여래'이시며,
應供③ 응공	인천(人天)의 공양 받을 자격을 갖추셨으니 '응공'이시며,
正遍知④ 정변지	바르고 완전하게 진리를 깨치셨으니 '정변지'이시며,
明行足⑤ 명행족	삼명(三明)과 삼십이상을 모두 갖추셨으니 '명행족'이시며,
善逝⑥ 선서	미혹의 사바세계 거뜬히 넘으셨으니 '선서'이시며,
世間解⑦ 세간해	세간과 출세간의 일 낱낱이 모두 아시니 '세간해'이시며,
無上士⑧ 무상사	삼계에 오직 한 분 위없는 어른이시니 '무상사'이시며,
調御丈夫⑨ 조어장부	중생을 조복제어(調伏制御) 열반으로 인도하시니 '조어장부'이시며,
天人師⑩ 천인사	천상과 인간세계 훌륭한 스승이시니 '천인사'이시며,
佛⑪ 불	스스로 깨치시고 중생을 깨우치시니 '불'이시며,
世尊⑫ 세존	세간을 두루 살펴 더없이 존귀하시니 '세존'이시옵니다.

【자구해설】

①十號(십호) : 석존 및 제불(諸佛)의 열 가지 덕호(德號). 모두 11호가 되는데, 『성실론』 등에서는 '무상사'와 '조어장부'를 하나의 호로 취급하였다. 『지도론』이나 『청정도론』7에서는 최초의 '여래'를 제(除)하고 십호라 하였다.

②如來(여래) : ⓅⓈtathāgata. 畗다타아가타(多陀阿伽陀). 다타아가도(多陀阿伽度) / 이 말 뜻은 이를 구성하는 두 단어로 나누어 보는 것이 좋다. 첫말을 tatha 또는 tathā, 둘째 말을 gata 또는 āgata라고 구분할 수 있다. tatha는 진실·진리라는 뜻. tathā는 ~같이, 곧 여시(如是) 또는 여실(如實)의 뜻. gata는 가다[逝]의 뜻. āgata는 도달·오다[來]의 뜻. 따라서 tathā+gata라 하면 지금까지의 부처님들과 같은 길을 걸어서 열반의 세계인 피안에 간 사람이란 뜻, 곧 선서(善逝)·도피안(到彼岸) 등과 같은 뜻이 된다. 또 tatha+āgata라고 하면 지금까지의 제불과 같은

길을 걸어 동일한 이상경(理想境)에 도달한 사람이란 뜻이 된다. 이밖에도 āgata를 오다[來]의 뜻이라 하면 여래는 부처님과 같은 길을 걸어서 이 세상에 내현(來現)하신 분, 또는 여실한 진리에 수순하여 이 세상에 와서 진리를 보여주신 분이란 의미가 된다.

③應供(응공) : ⓟarahat. ⓢarhat. ⓗ아라한(阿羅漢) / 온갖 번뇌를 끊어서 인간과 천상의 중생들로부터 공양을 받을 만한 덕을 갖춘 사람을 의미.

④正遍知(정변지) : ⓟsammā-saṃbuddha. ⓢsamyak-saṃbuddha. ⓗ삼먁삼불타(三藐三佛陀). 삼야삼불단(三耶三佛檀). ⓔ정진도(正眞道)·등정각(等正覺)·정등각(正等覺)·등각(等覺)·정각(正覺). / 부처님께서는 일체의 지혜를 갖추시어 온갖 우주간의 물심 현상에 대하여 모르시는 것이 없으시다는 의미.

⑤明行足(명행족) : ⓟvijjācaraṇa-sampanna. ⓢvidyā-caraṇa-saṃpanna. ⓔ양족존(兩足尊) / 『열반경』에 의하면, 명(明)은 무상변지(無上遍智), 행족(行足)은 각족(脚足)이란 뜻으로 계·정·혜 삼학(三學)을 가리킴. 부처님께서는 삼학의 각족에 의하여 무상정변지를 얻으셨으므로 이렇게 이름.

⑥善逝(선서) : ⓟⓢsugata. ⓗ수가타(修伽陀)·수가타(須伽陀). ⓔ호거(好去)·묘왕(妙往) / 바른 인(因)으로부터 바른 과(果)에 이르셨기에 윤회의 세계로 돌아오지 않는다는 뜻. 부처님께서는 여실히 저 언덕에 가셔서 다시 생사의 바다에 빠지시지 않기 때문에 이렇게 이름.

⑦世間解(세간해) : ⓟloka-vidū. ⓢloka-vid. ⓗ로가비(路迦憊) / 부처님께서는 능히 세간의 온갖 일을 다 아신다는 뜻으로 이렇게 이름.

⑧無上士(무상사) : ⓟⓢanuttara. ⓗ아뇩다라(阿耨多羅) / 부처님께서는 일체 중생 가운데서 가장 높아서 위가 없는 대사(大士)라는 의미.

⑨調御丈夫(조어장부) : ⓟpurisadamma-sārathi. ⓢpuruṣa-damya-sārathi. ⓗ부루사담먁 사라제(富樓沙曇藐娑羅提) / 부처님께서는 대자·대비·대지로써 중생에 대하여 부드러운 말, 간절한 말, 또는 여러 가지 말을 써서 조복(調伏) 제어(制御)하시고 정도(正道)를 잃지 않게 하는 분이라는 의미.

⑩天人師(천인사) : ⓟsatthā deva-manussānaṃ. ⓢśāstā deva-manuṣyāṇām. ⓗ사다제 바마만사남(舍多提婆摩□沙喃) / 부처님께서는 천(天)과 인(人)의 스승이시라는 의미.

⑪佛(불) : ⓟⓢbuddha. ⓗ불타(佛陀) / 지자(知者) 또는 깨달으신 분이라는 의미.

⑫世尊(세존) : ⓟⓢbhagavat. ⓗ박가범(薄伽梵). 바가바(婆伽婆) / 세상에서 가장 존귀하신 어른이라는 의미.

【개요】

위 <41.반야게>의 내용은 주로 '공도리(空道理)'로서 사상적인 면이 강조된 것이었다. 그러나 본 의식은 종교의식이며, 사상적인 면이 강조됨에 자칫 결핍될 수 있는 신앙적인 면을 여래의 열 가지 덕호인 십호의 의미를 상기하게 하여 보강한 것이다.

【구성과 내용】

제목인 <여래십호>와 총호(總號)인 '여래', 그리고 별호(別號)인 십호로 구성되어 있다. 내용은 '해석'과 【자구해설】의 내용을 참고할 것.

【의식】

<41.반야게>에 이어 법주와 바라지 및 대중이 소사물을 울리며 동음(同音)으로 봉독한다.

【연구】

① 제목은 <여래십호>로 되어 있는데, 내용은 십일호(十一號)로 되어 있다. 이 점에 대해서…

여기에 대한 제방의 설이 있으나, 본고에서는 『지도론(智度論)』 및 『청정도론(清淨道論)』의 입장을 취하고자 한다. 이유는 제목이 '여래십호'인 만큼 여래를 총호(總號)로 간주하고, 나머지 십호를 별호(別號)로 보고자 하기 때문이다.

『지도론』이나 『청정도론』7에서는 최초의 '여래'를 제(除)하고 십호라 하였다. 한편 『성실론』 등 제경론 가운데는 '무상사'와 '조어장부'를 하나의 호(號)로 취급하기도 하고, '불'과 '세존'을 혹은 '세간해'와 '무상사'를 합하여 일호로 간주한 경우도 있다.

② 여래십호(如來十號)의 공덕에 대한 예(例)가 있는지?

『금광명경(金光明經)』 유수장자자품 제십육(流水長者子品 第十六)139)에 다음과 같은 내용이 있다.

유수(流水)라는 장자가 있었는데, 수공(水空)과 용장(龍藏)이라는 두 아들과 함께 노닐다 연못에 만 마리나 되는 많은 물고기가 있는 것을 보았다. 그런데 그 연못은 말라가고 있었다. 물고기를 잡으려는 사람들이 물길을 돌려놓았기 때문이었다. 그대로 두면 죽을 것을 염려한 아버지와 두 아들은 자비심을 내어 물고기를 구해 주기로 하였다. 장자는 왕에게 부탁하여 20마리의 코끼리를 빌려 물을 날라 연못을 채웠고, 아들들은 코끼리 한 마리에 물고기의 먹이를 가득 싣고 와 물고기에게 주었다. 뿐만 아니라 <u>장자는 물고기들의 사후(死後)를 염려하여 직접 물 속에 들어가 여래십호(如來十號)와 십이인연법(十二因緣法)을 설했다.</u> 얼마 후, 물고기들은 그런 공덕으로 목숨을 마치고 도리천에 태어났으며, 장자의 은혜를 생각하고 장자가 자고 있는 동안에 한량없는 보배와 천화(天花) 그리고 미묘한 음악으로 그 은혜를 갚았다.

---

139) 『大正藏』 卷16 p. 352b

<43.法華偈(법화게)> 中道의 場으로 인도하기 위해 법화경의 諸法實相 도리를 설한 게송

諸法①從本來
제법종본래

常自寂滅②相
상자적멸상

佛子行道③已
불자행도이

來世得④作佛
내세득작불

이세상의 모든것은 시작할때 그때부터

그언제나 고요하여 변함없이 그대로라.

이런이치 마음으로 깨쳐아는 불자라면

오는세상 틀림없이 성불작조 하리로다.

【자구해설】

①諸法(제법) : 여러 가지 법. 만법(萬法)과 같음. 우주에 있는 유형 무형의 모든 사물. 제유(諸有). 제행(諸行).

②寂滅(적멸) : 미(迷)의 세계를 영원히 이탈한 경계로서 열반 즉 범어 nirvāṇa의 역어. 깨달음에 의해 무명(無明)으로부터 비롯된 일체의 고뇌(苦惱)가 사라진 경계.

③行道(행도) : 불도(佛道)를 수행하는 것.

④得(득) : 조동사로서 객관적 상황이 허락되는 것을 나타내며, 보통 동사 앞이나 뒤에 쓰인다. '~할 수 있다'라고 해석.

【개요】

<40.권반게> 이후의 내용은, <41.반야게>와 <42.여래십호> 그리고 <43.법화게> 순으로 구성되어 있다. 즉 <41.반야게>에서는 공도리(空道理)를 주제로 사상적인 면이, <42.여래십호>에서는 여래의 열 가지 덕호(德號)를 내용으로 신앙적인 면이 각각 강조되어 있다. 이제 본 항에서는 위에서 언급한 사상과 신앙을 바탕으로 소시(所施)에게 『법화경』의 제법실상(諸法實相)의 도리를 설하고 있거니와 이는 대승불교의 제일의제(第一義諦)인 중도(中道)의 장으로 인도함을 목적으로 하고 있기 때문이다.

【구성과 내용】

본 게송은 오언절구로서 내용상 구성면에서 기・승・전・결의 형태를 띠고 있다.

'기'인 諸法從本來(제법종본래) ―이세상의 모든것은 시작할때 그때부터― 에서는, 장차 성취코자 하는 부처의 세계를 말씀하시고자 열반의 세계와 상대적으로 평가되어온 유위법(有爲法)을 먼저 말씀하셨다. 즉, 여기서 언급한 제법은 <41.반야게

>에서의 '상(相)'과 같은 것으로 곧 유위법 모두를 가리키는 것이며, 여의어야 할 것으로 간주되어 오던 것들이다.

'승'인 상자적멸상(常自寂滅相) —그언제나 고요하여 변함없이 그대로라— 에서는, '기'구에서 언급한 제법의 실상(實相)을 말씀하고 계시다. 지금까지 여의어야 할 것, 혹은 없애야 할 것으로 간주한 그것들이 실은 적멸(寂滅)의 모습이라는 말씀이시다. 그도 그럴 것이 '공(空)'을 바탕으로 한 제법(諸法)임에랴 어찌 고정불변의 제 모습이 달리 있을 수 있겠는가?!

'전'인 불자행도이(佛子行道已) —이런이치 마음으로 깨쳐아는 불자라면— 에서는, 행(行)의 중요성이 강조되고 있다. 즉 '승'구에서의 도리는 말이나 생각으로써 헤아릴 성격의 것이 아니라 체득(體得)해야 함을 강조하신 것이다. 석존께서는 스스로 '어진 의사(良醫)' 혹은 '좋은 길잡이(善導)'이심을 자처하고 계시지만 복용(服用)이나 행도(行道)는 역시 불자 각자의 몫임을 또한 강조하고 계시다.

'결'인 내세득작불(來世得作佛) —오는세상 틀림없이 성불작조 하리로다— 에서는, 이상에서의 내용이 성숙함을 전제로 성불을 약속하신 것이다. 이른 바 '수기(授記)'하심과 같은 의미를 지니는 대목이니 수기에는 전제가 따르기 때문이다. 하지만 인과법(因果法)을 주장하는 불교의 경우, 수기 자체가 무의미할 수도 있다. 스스로 지어 스스로 받는데 누구의 허락이 필요하단 말인가?! 그럼에도 불구하고 자신의 불성(佛性)과 성불(成佛)에 대한 믿음이 미약한 중생에게 부처님께서 수기하심은 무한한 희망이기로 이 대목의 중요성이 있다 하겠다.

【의식】
<42.여래십호>에 이어 법주와 바라지 및 대중이 소사물을 울리며 동음(同音)으로 독송(讀誦)한다.

【연구】
① 본 게송을 <법화게(法華偈)>라 제목하였는데…
『작법귀감』소수「상용시식의(常用施食儀)」에 본 게송의 제목을 <법화게>라 한 것을 모범한 것이다.
본 게송은『법화경』방편품(方便品)에 있는 게송140)으로 <41.반야게(般若偈)>에서와 같이『법화경』에서 설파코자 하는 불교의 인생관·우주관·진리관이 총망라되어 있다고 평가되고 있다.
특히 본 게송의 사상적 기반이 되는 '제법실상(諸法實相)'에 대해 언급하자면, 그

---

140)『大正藏』卷9 p. 8b

것은 대승불교의 제일의제(第一義諦)에 해당하는 것으로 일법인(一法印)이라고도 한다. 제종(諸宗)의 입장에 따라 상이한 해석이 있기는 하지만, 천태종(天台宗)의 입장에서 정리하면, 천태종에서는 삼중(三重)의 해석을 통해 제법실상의 뜻을 규명하고 있다.

초중(初重)에는 인연법(因緣法)에 의해 이루어진 일체의 현상 즉 제법은 인연을 따라 거짓으로 나타난 것으로서 실체가 아니기 때문에 제법의 본질은 공리(空理=實相)임을 제법실상이라고 한다.

제이중(第二重)에서는 공(空)·유(有)의 모든 것을 제법이라 하고, 이러한 공·유를 초월한 절대긍정으로서의 중도(中道)의 이(理)를 따로 세워서 제법의 본질은 이 중도의 이(理)라고 함을 제법실상이라고 한다.

제삼중(第三重)에서는 현상세계의 모든 사사물물(事事物物)은 그대로 즉공(卽空)·즉가(卽假)·즉중(卽中)으로서 실상(實相)의 이(理)에 계합(契合)하는 이른바 제법즉실상(諸法卽實相)인 것을 제법실상이라고 한다.

이 가운데 전이중(前二重)은 대승편교(大乘偏敎)의 설이며, 후일중(後一重)은 대승원교(大乘圓敎)의 설이라고 하거니와 본 게송은 대승원교의 입장을 가장 잘 나타낸 것이기로 '법화경 제일게'로 칭송되고 있다.

이상과 같은 점이 인정되어 ≪대례참례(大禮懺禮)≫에서는 『법화경』의 '제일게'[141]로 꼽고 있고, 본고에서도 이점에 크게 공감하기로 『작법귀감』을 모범하여 '법화게(法華偈)'라 한 것이다.

---

141) 安震湖 篇 『釋門儀範』 卷上 p. 23

<44.無常偈(무상계)> 성불에로 매진토록 무상의 이치를 거듭 밝힌 게송

諸行①無常 제 행 무 상	시간위에 모든것은 영원할수 전혀없네.
是生滅法 시 생 멸 법	생겨나면 사라짐이 지극히도 당연한일.
生滅滅已 생 멸 멸 이	생겨나고 사라지는 그런일이 없어야만
寂滅②爲樂 적 멸 위 락	모든고통 사라지고 즐거움만 남으리라.

【자구해설】

①諸行(제행) : ㉠협의로는 선악의 의사(意思) 및 그것으로부터 발생되는 신업(身業)과 구업(口業)을 말함. 행(行)은 업(業)과 동의어. 또, 십이연기에서의 행(行)은 업(業) 및 그 여력(餘力)을 가리킨다. ㉡광의로는 정신계·물질계의 생멸 변화하는 모든 현상을 말한다. 시간 위에 존재하는 모든 것. 유위(有爲)와 동의어. 제행무상의 제 행은 광의의 행이다.

②寂滅(적멸) : 범어 니르바나nirvāṇa의 의역(意譯)으로서 미(迷)의 세계를 영원히 이탈(離脫)한 경계. 깨달음에 의해 무명(無明)으로부터 비롯된 일체의 고뇌(苦惱)가 사라진 경계. 열반(涅槃)은 니르바나의 음역.

【개요】

기갈을 달래고 법열(法悅)로 충만한 명양이부(冥陽二府) 영가제위에게 수행의 시작은 오히려 지금부터임을 일깨우려는 게송이다. 즉 설산동자(雪山童子)가 위법망구(爲法忘軀)의 행으로 얻은 게송이며 불교의 진리가 간결하게 정리된 것으로 평가되는 본 게송을 이정표로 성불에로 매진하도록 하려는 뜻에서 베푸는 게송이다.

【구성 및 내용】

사언절구인 본 게송은 기·승·전·결의 형태를 보이고 있다.

'기'인 제행무상(諸行無常) ─시간위에 모든것은 영원할수 전혀없네─ 에서는, 세간에 존재하는 일체의 유위법은 예외 없이 무상함을 갈파하였다. 이는 중생이 집착하기 쉬운 상견(常見)을 타파한 것으로 영가로 하여금 세간에 대한 그릇된 견해 즉, 무명(無明)에서 벗어나도록 한 것이다. 생사에 유전(流轉)함은 곧 무명에서 비롯하기 때문이다. 사성제(四聖諦)의 고제(苦諦)에 해당한다.

'승'인 시생멸법(是生滅法) ―생겨나면 사라짐이 지극히도 당연한일― 에서는, 유위법이 무상할 수밖에 없는 이치를 밝혔다. 유위법은 인연에 의해 조작된 것으로 시간 위에 존재하는 만큼 생(生)은 그 자체에 이미 멸(滅)을 잉태하고 있기 때문임을 밝힌 것이다. 사성제의 집제(集諦)에 해당한다.

'전'인 생멸멸이(生滅滅已) ―생겨나고 사라지는 그런일이 없어야만― 에서는, 고통의 원인인 생멸법이 없어짐을 상정하였다. '기'구와 '승'구가 영가에게 문제의식을 제기하였다면, 본 구는 해결책을 예상 내지는 제시한 것이다. 사성제의 도제(道諦)에 해당한다.

'결'인 적멸위락(寂滅爲樂) ―모든고통 사라지고 즐거움만 남으리라― 에서는, '전'구의 성취를 전제로 참된 즐거움을 영가에게 제시하고 있다. 여기서 적멸(寂滅)은 일체의 번뇌와 고통이 고요해지고 없어짐을 말한 것이니 남는 것은 당연히 즐거움뿐인 것이다. 사성제의 멸제(滅諦)에 해당한다.

【의식】
<43.법화게>로부터 이어져오는 박자를 그대로 유지하며 대중은 염불성으로 창화한다.

【연구】
① 본 게송에는 석존 인행시(因行時)에 얽힌 전생담(前生談)이 있다는데?
『대반열반경(大般涅槃經)』 권13 성행품(聖行品)[142]에 의하면 설산동자(雪山童子)가 나찰(羅刹)에게 몸을 공양하고 구한 게송이라 한다. 이런 연유로 '설산게(雪山偈)'라고도 한다. 내용은, 세간의 모든 것은 상주(常住)하는 것이 없어, 생(生)한 것은 반드시 멸하기 때문에 이런 생멸의 세계를 벗어나 적정(寂靜)의 진리에 이르러야만 한다는 것을 보이고 있다. 불교의 진리를 간결하게 나타낸 게송으로 칭송되고 있다. 또, 일본(日本)에서 일의 순서를 나타내는 기호로 사용하고 있는 '이로하가(いろは歌)'[143]는 다름 아닌 본 게송을 화역(和譯)한 것이라 한다.
원문은 팔리어로

aniccā   vata   saṃkhārā   uppāda-vaya-dhammino   uppajjitvā   nirujjhanti,

---

142) 『大正藏』 卷12 p. 692
143) 色は匂へど 散りぬるを / 我が世誰ぞ 常ならむ
　　有爲の奧山 今日越えて / 淺き夢見じ 醉ひもせず
　　색색들이 고운 꽃 머지않아 지나니 / 나 있는 세상에 무엇인들 영원할까
　　덧없어라 험한 산을 오늘도 넘느니 / 헛된 꿈 꾸지 않고 취하지도 않으리.
　　본 노래에는 ん을 제외한 히라가나 47글자가 모두 들어있다. [현대 일본어에서는 쓰지 않는 ゐ(=い)와 ゑ(=え) 포함]

tesaṃ vūpasamo sukho

이고, 번역하면,

여러 가지 만들어진 것은 무상하다. 생겨서는 사멸하는 성질의 것이고, 생성
하여 사멸한다. 적멸한 것이 안락이다.

가 된다.

『미륵성불경(彌勒成佛經)』에도 같은 내용의 게송이 있다.[144] 본 게송의 제목은
‘무상게(無常偈)’ ‘제행무상게(諸行無常偈)’ ‘설산게(雪山偈)’ 등으로도 부른다.

---

144) 『大正藏』卷14 p .430

≪45.莊嚴念佛(장엄염불)≫[145]
행지(行智)의 구비로 보리도(菩提道)에 나아가게 하려는 게송의 집대성

『救病施食』= Ⅰ.召請篇 1.擧佛 2.唱魂 3.振鈴偈 4.着語 5.大悲呪 6.破地獄偈 7.破地獄眞言 8.滅惡趣眞言 9.召餓鬼眞言 10.普召請眞言 11.祭文 12.由致 13.證明請 14.香華請 15.歌詠 16.獻座眞言 17.茶偈 18.孤魂請 19.香煙請 20.歌詠 Ⅱ.沐浴篇 21.引詣香浴 22.沐浴眞言 23.化衣財眞言 24.授衣眞言 25.着衣眞言 26.指壇眞言 27.普禮三寶 28.受位安座 29.受位安座眞言 30.茶偈 Ⅲ.施食篇 31.宣密號 32.四陀羅尼 33.稱揚聖號 34.施food偈 35.施鬼食眞言 36.普供養眞言 37.施無遮法食眞言 38.發菩提心眞言 39.普回向眞言 40.勸飯偈 41.般若偈 42.如來十號 43.法華偈 44.無常偈 45.莊嚴念佛 46.功德偈 Ⅳ.奉送篇 47.表白 48.念願文 49.願往偈 50.燒錢眞言 51.奉送眞言 52.上品上生眞言 53.解百生冤家陀羅尼 54.破城偈 55.告佛偈

<(1)發願偈(발원게)>

願我盡生無別念
원아진생무별념
이한목숨 다하도록 다른생각 아니하고

阿彌陀佛獨相隨
아미타불독상수
오직한분 서방정토 아미타불 따르오며

心心常係玉毫光
심심상계옥호광
일편단심 옥빛백호 그광명을 연모하와

念念不離金色相
염념불리금색상
생각생각 금빛이신 그모습을 그립니다.

<(2)執珠偈(집주게)>

我執念珠法界觀
아집염주법계관
마음모아 염주쥐고 온법계를 살피올제

虛空爲繩無不貫
허공위승무불관
허공으로 끈삼음에 꿰지못함 없나이다.

平等舍那無何處
평등사나무하처
평등하신 노사나불 안계신곳 없사오나

觀求西方阿彌陀
관구서방아미타
연모함은 오직한분 서방정토 아미타불.

南無西方大敎主
나무서방대교주
서방정토 극락세계 위대하신 교 화 주

無量壽如來佛
무량수여래불
무량수불 여래님께 지성귀의 하옵니다.

南無阿彌陀佛
나무아미타불
나무아미타불……….   [十念(십념)]

<(20)本願偈(본원게)>

十念往生願
십념왕생원
미타명호 십념함에 왕생정토 원입니다.

---

145) ≪45.장엄염불≫에 보이는 게송에 관한 것은 『각론Ⅳ』 소수 「3.송주」에 상세히 언급되어 있다.

往生極樂願 왕생극락원	극락중에 서방정토 태어남이 원입니다.
上品上生願 상품상생원	아홉종류 극락중에 상품상생 원입니다.
廣度衆生願 광도중생원	뭇중생을 빠짐없이 제도함이 원입니다.

<㉑廻向偈(회향게)>

願共法界諸衆生 원공법계제중생	원하옴은 온세상의 많은중생 모두함께
同入彌陀大願海 동입미타대원해	아미타불 크신원력 저바다에 들게하사
盡未來際度衆生 진미래제도중생	미래세가 다하도록 빠짐없이 제도되어
自他一時成佛道 자타일시성불도	저희모두 한날한시 성불토록 하옵소서.

【개요】

「구병시식」의 목적은 책주귀신영가와 고혼영가제위의 이고득락(離苦得樂)에 있다. 한편, 작별에 즈음하여 건네는 전별금(餞別金)은 상대의 장도가 원만하기를 바라며 건네는 금전이다. '장엄염불'은 영가제위와의 작별을 고하는 봉송을 앞두고 본 의식의 목적이 성취되기를 바라며 전하는 염불이다. 내용은 지금의 상황에 필요한 것을 경전이나 선조사 스님들의 어록에서 발췌하여 게송의 형태로 집대성해 놓은 것이다.

【연구】

① 장엄염불을 염송하는 마음자세는 어떠해야 하는지 구체적으로…

명절이 우리에게 주는 의미는 다양하다. 무엇보다 자주 뵙지 못하는 부모님을 뵙는다는 것이 으뜸이다. 부모님의 입장에서도 마찬가지다. 다시 떠나는 자식에 대한 부모님의 아쉬움은 자식들 손에 들려있는 보따리를 보면 알 수 있다.

이제 「구병시식」도 막바지에 이르고 있다. 그러나 아쉬움이 남는다. 인연의 이치를 깨닫고 보면 어떤 인연이든 소중하지 않은 것이 없기 때문이다. 비유하면 장엄염불은 떠나는 이와의 석별의 정을 나누기 위해 준비한 선물보따리다.

부연하면, 장엄에는 건립(建立)의 의미가 있다. 여기서 건립하고자 하는 것은 곧 적멸궁(寂滅宮)인데 적멸궁은 원효스님께서 「발심수행장」 첫머리에,

夫諸佛諸佛 莊嚴寂滅宮 於多劫海 捨慾苦行
부제불제불 장엄적멸궁 어다겁해 사욕고행

　　대저 모든 부처님들께서 적멸궁을 장엄하심은 많은 겁해(劫海)에 있어서 욕
　심을 버리고 고행하셨기 때문이다.

라고 하셨듯, 불자들이 말하는 이상향의 완결편이다.

　여기에 이르는 방법으로는 『지도론』에서 '지목행족(智目行足)'이라 했듯 올바른 지혜(智慧)와 난행(難行)이 필요하다. 바로 이런 모범적 내용을 경전이나 선조사 스님들의 어록에서 발췌하여 게송의 형태로 집대성해 놓은 것이 장엄염불이다. 따라서 장엄염불의 내용을 숙지하고 실행에 옮기면 그것이 보리도(菩提道)요 그 종점에 적멸궁이 자리하고 있는 것이다.

　부모님의 소원은 오직 자식의 행복이요, 들려 보내는 그 보따리는 자식의 행복에 조금이라도 도움이 되기를 바라는 부모님의 마음이다.

　'장엄염불'은 적멸궁에 이르는 노자인 지혜와 자비의 보따리다.

<46.功德偈(공덕게)> 선근공덕을 중생에게 회향하여 미타친견과 성불을 염원함

願以此功德① 원이차공덕	원하옴은 지금까지 염불하온 이공덕이
普及於一切② 보급어일체	모든국토 중생에게 빠짐없이 베풀어져
我等與衆生 아등여중생	이내몸과 더불어서 한량없는 모든중생
當生極樂國 당생극락국	내생에는 서방정토 극락국에 태어나서
同見無量壽 동견무량수	거룩하신 무량수불 모두함께 친견하고
皆共成佛道 개공성불도	우리모두 너나없이 저불도를 이루과저.

【자구해설】

①功德(공덕) : 훌륭한 결과를 초래하는 공능(功能)이 선(善)을 행한 덕(德)으로써 구비되어 있음을 말함.

②一切(일체) : 모든 것. 온갖 것. 여기서는 법계의 중생을 말함.

【개요】

지금까지 「구병시식」을 거행하며 나름대로 공덕을 조성하여 왔다. 그리고 이 법석에 참예한 영가제위는 이미 스스로 대승보살의 길을 가는 염불행자임을 자각하고 있다고 해야 할 것이다. 따라서 지금까지 지은 공덕을 일체중생에게 회향하여 모두 아미타불을 친견하게 되고, 나아가 성불에 이르기를 발원한 게송이다.

【구성과 내용】

본 게송은 총 오언육구(五言六句)로 구성되어 있으며, 각 구는 짝을 이루어 기·서·결의 형태를 보이고 있다.

'기'인 원이차공덕 보급어일체(願以此功德 普及於一切) —원하옴은 지금까지 염불하온 이공덕이 / 모든국토 중생에게 빠짐없이 베풀어져— 에서는, 대승보살인 염불행자의 서원을 노래하고 있다. 중생과 삼악도가 존재하는 이상 보살의 원행(願行)이 그칠 수 없기 때문이다.

'서'인 아등여중생 당생극락국(我等與衆生 當生極樂國) —이내몸과 더불어서 한량없는 모든중생 / 내생에는 서방정토 극락국에 태어나서— 에서는, '기'에서의 원(願)에 따른 공능이 인정됨을 전제로, 일차적으로 아미타불의 국토에 태어나기를 발원하고 있다. 극락에 왕생함이 궁극의 목적은 아니지만 훌륭하신 스승이 계시고 도반이 있을 뿐 아니라 중생의 세간으로 퇴전(退轉)치 않는 국토이기 때문이다.

'결'인 동견무량수 개공성불도(同見無量壽 皆共成佛道) —거룩하신 무량수불 모두함께 친견하고 / 우리모두 너나없이 저불도를 이루과저— 에서는, 극락에 왕생하려는 이유와 목적을 밝히고 있다. 즉, <발원게(發願偈)>146)의 내용처럼 아미타불께서는 모든 스승 가운데 으뜸가는 분이시고, 그분의 인도로 마침내는 성불에 이를 수 있기 때문이다.

【의식】

≪45.장엄염불≫이 끝나면, 소사물을 울려 박자를 유지하며 대중이 함께 염불성으로 거행한다. 시간적 여유가 있으면, 법주와 대중이 번갈아 가며 홑소리로 창화한다.

단, 홑소리로 창화할 경우 다음 <봉송게(奉送偈)>147)의 내용 가운데 '전'구와 '결'구를 <46.공덕게>에 붙여 소리로 창화한다.

【연구】

① 본 게송의 전거는 있는가?

본 의식에서의 회향문은 『법화경』 화성유품(化城喩品)에

願以此功德 普及於一切 我等與衆生 皆共成佛道148)
원이차공덕 보급어일체 아등여중생 개공성불도

라는 내용과 선도(善導)의 『관무량수불경소(觀無量壽佛經疏)』에

願以此功德 平等施一切 同發菩提心 往生安樂國149)
원이차공덕 평등시일체 동발보리심 왕생안락국

이라는 내용이 정토문(淨土門)의 입장에서 합해진 것으로 보인다.

---

146) 十方三世佛(시방삼세불)　　시방삼세 어디엔들 부처님이 안계실까
　　阿彌陀第一(아미타제일)　　하옴에도 아미타불 따를분이 없으시네
　　九品度衆生(구품도중생)　　극락구품 건립하사 중생제도 하시옴에
　　威德無窮極(위덕무궁극)　　위의덕망 빼어나사 더할나위 없나이다.
147) 奉送孤魂泊有情(봉송고혼계유정)　고혼과 명양이계(冥陽二界)의 중생 등
　　地獄餓鬼及傍生(지옥아귀급방생)　삼악도의 제중생을 전송하오니,
　　我於他日建道場(아어타일건도량)　이 몸이 다른 날 도량을 건립커든
　　不違本誓還來赴(불위본서환래부)　본래의 맹세를 저버리지 마시고 오시어 증명하소서.
148) 『大正藏』 卷9 p. 24c
149) 『大正藏』 卷37 p. 246a

Ⅳ.奉送篇(봉송편)

<47.表白①(표백)> 의식의 주제가 전송(餞送)으로 바뀌었음을 알리는 의식

上來a 상래	지금까지,
施食念佛②諷經③功德 시식염불풍경공덕	음식을 베풀며 염불하고 경(經)을 외운 공덕을
特爲某人嘖主鬼神靈駕爲首 특위모인책주귀신영가위수	특별히 아무개의 책주귀신 영가를 으뜸으로
一切親屬靈駕諸位 일체친속영가제위	모든 친척과 권속 등 영가 여러분과
靈祇靈魂佛子a 영기영혼불자	영기·영혼 등 불자를 위[해 회향]하고자 하옵니다.
含冤而逼惱者則 함원이핍뇌자즉	[하오니] 원한을 품어 고뇌하는 분이시라면
速證法喜之妙果 속증법희지묘과	속히 법의 즐거움이란 신묘한 결과를 증득하시고,
因餓而侵嘖者則 인아이침책자즉	주림으로 인하여 성가시게 하는 분이시라면
永飽禪悅④之珍羞⑤a 영포선열지진수	영원히 선열이란 좋은 음식으로 배부르시옵소서.
願承觀音大悲之威光⑥ 원승관음대비지위광	원하오니 관세음보살님의 위대하신 자비광명으로
共入彌陀大願之覺海⑦a 공입미타대원지각해	다함께 아미타불의 큰 원이신 깨달음의 바다에 들어 가소서.

【자구해설】

①表白(표백) : (1)일을 나타내어 사람들에게 고(告)하는 것이라는 뜻. (2)법회 또는 수법(修法)의 처음에 그 취지를 삼보님 또는 회중(會衆)에 고하는 것. 부처님께 아뢰는 것. (3)선종에서 제문(祭文)이나 회향문(廻向文. 법회나 의식에 있어서 佛事를 마칠 즈음에 불사로 인한 공덕을 일체 중생에게 돌리기 위한 發願文) 등을 읽는 것 또는 그 소임.

②念佛(염불) : 부처님의 은혜에 감사하는 수행. 「念佛者 感佛之恩也」150)

---

150)「八溢聖解脫門(팔일성해탈문)」(大正藏. 卷48 p. 1053a) / 禮佛者 敬佛之德也。念佛者 感佛之恩也。持戒者 行佛之行也。看經者 明佛之理也。坐禪者 達佛之境也。參禪者 合佛之心也。得悟者 證佛之道也。說法者 滿佛之願也。實際理地不受一塵 佛事門中不捨一法。然此八事 猶如四方四隅 闕一不可。前

③諷經(풍경) : ⑴소리내어 경문(經文)을 읽음. ⑵선원에서, 부처님 앞에 경을 소리내어
　　　　읽고 외우거나 예배하는 일.
　　　※看經(간경) : 부처님께서 말씀하신 이치를 밝히는 수행. 「看經者 明佛之理也」
④禪悅(선열) : 선정(禪定)에 들어선 법열. 즉 선정에 의해 심신이 쾌락한 것을 말함.
　　　※禪悅食(선열식) : 선정으로써 몸과 마음을 도우며 선정의 즐거움을 얻어 몸을
　　　　길러 혜명(慧命)을 얻는 것이 마치 사람이 음식을 먹어 육체의 여러 기관을 길러
　　　　목숨을 보존함과 같으므로 이렇게 이름한다.
　　　예) 經七日夜 加趺不起 以念解脫快樂爲食151)
⑤珍羞(진수) : 맛이 썩 좋은 음식. 보기 드물게 잘 차린 음식.
⑥威光(위광) : 감히 범하기 어려운 위엄과 권위.
⑦覺海(각해) : 불교의 세계.

【개요】

　전항 <46.공덕게>를 끝으로 책주귀신영가와 고혼영가제위를 대상으로 거행한 시
식과 염불 및 풍경은 완료되었다. 이어 지금부터의 의식은 영가제위의 전송(餞送)
을 주제로 거행하는 의식이며, 본 <47.표백>은 이 점을 영가제위와 대중에게 주
지시키는 의식이다.

【구성 및 내용】

　본항의 구성은 기·서·결의 형태를 보이고 있다.

　'기'인 상래 시식염불풍경공덕 특위모인책주귀신영가위수 일체친속열명영가제
위 영기영혼불자(上來奉請 施食念佛諷經功德 特爲某人嘖主鬼神靈駕爲首 一切
親屬靈駕諸位 靈祇靈魂佛子) ―지금까지 / 음식을 베풀며 염불하고 경(經)을 외운 공
덕을 / 특별히 아무개의 책주귀신 영가를 으뜸으로 / 모든 친척과 권속 등 / 영가 여러
분과 / 영기·영혼 등 불자를 위[해 회향]하고자 하옵니다― 에서는, <46.공덕게>에서
노래했듯 지금까지 거행한 시식의 공덕을 누구에게 회향할 것인지 그 대상을 거
듭 밝히고 있다. 대상은 다름 아닌 <2.창혼>에서 청한 책주귀신영가를 위시한 고
혼영가제위이다.

　'서'인 함원이핍뇌자즉 속증법희지묘과 인아이침책자즉 영포선열지진수(含寃
而逼惱者則 速證法喜之妙果 因餓而侵嘖者則 永飽禪悅之珍羞) ―[하오니] 원한을
품어 고뇌하는 분이시라면 / 속히 법의 즐거움이란 신묘한 결과를 증득하시고 / 주림으로
인하여 성가시게 하는 분이시라면 / 영원히 선열이란 좋은 음식으로 배부르시옵소서―
에서는, <40.권반게>에서 시식을, <42.여래십호>에서는 염불을, <41.반야게 >
<43.법화게> <44.무상게> 등에서는 풍경을 거행하였다. 이런 공덕으로 밝힌 자비

聖後聖 其揆一也。六波羅蜜亦須兼行。六祖云。執空之人 滯在一隅 謂不立文字 自迷猶可 又謗佛經 罪
障深重 可不戒哉。
151) 『佛本行集經』卷31(大正藏 卷3 p. 799b)

와 지혜의 광명으로 원한과 주림을 모두 물리치고, 법희(法喜)와 선열(禪悅)을 만 끽하기를 발원하고 있다.

'결'인 원승관음대비지위광 공입미타대원지각해(願承觀音大悲之威光 共入彌陀大願之覺海) —원하오니 관세음보살님의 위대하신 자비광명으로 / 다함께 아미타불의 큰 원이신 깨달음의 바다에 들어가소서— 에서는, 본「구병시식」의 증명이신 관세음 보살님의 자비광명을 의지할 것과 아미타불의 극락세계에 이를 것을 발원하였다. 즉 목적지와 방법을 다시금 천명하여 책주귀신영가와 고혼영가제위로 하여금 천 재일우의 기회를 헛되지 않도록 당부하는 대목이다.

【의식】

법주는 영단을 향해 일어선 자세로 요령을 한번 길게 흔들어놓고, <47.표백>을 서서히 읽어 내려간다. 단, 'a' 표시에서는 편게성(編偈聲)[152]으로 짓는 것이 바람 직하다. 끝나면 다시 한 번 요령을 길게 흔들어놓는다.

---

152) ｡개요 : 착어(着語)등의 내용에 동의한 영가로 하여금 실참실구(實參實究)토록 하는 것이니 진리 의 고지(高地)인 성불을 향한 그 소리는 환희와 희망에 차게 마련이고, 따라서 다소 경쾌한 느낌을 준다.
｡특징 : 편게성(片偈聲)이라고도 함. '편게(編偈)'라는 단어에서 짐작할 수 있듯 소리가 일정한 법 칙에 의해 매우 조직적으로 운용된다. 또 '편게(片偈)'라고도 표현하는데 음악에서 말하는 소절(小節) 이 분명함을 특징으로 한다. 무엇보다도 가장 큰 특징은 '고자(高字)'에서 소리의 끝을 드는 듯이 처 리한다는데 있다. 이러한 특징 때문에 착어성(着語聲)에 비해 다소 경쾌한 감이 느껴지기도 한다.
｡종류 :「관욕(灌浴)」·「전시식(奠施食)」의 <증명청(證明請)> 등.

<48.念願文(염원문)> 시방삼세 불보살님의 悲願으로 왕생극락케 되기를 염원하는 글

念十方三世 염시방삼세	온누리에 항상 계옵신
一切諸佛 일체제불	한량없는 부처님과
諸尊菩薩摩訶薩① 제존보살마하살	거룩하신 모든 보살님[의 가호]를 생각하오니
摩訶②般若③波羅蜜④ 마하반야바라밀	[제영가로 하여금] 크나큰 지혜로 저 언덕에 이르게 하옵소서.

【자구해설】

①摩訶薩(마하살) : ⑤Mahā sattva. 보살을 아름답게 이르는 말. 보살의 존칭. 위대한 뜻을 가진 사람. 훌륭한 사람. 대중의 우두머리가 되는 사람. 대보리(大菩提)를 구하는 사람의 통칭.

②摩訶(마하) : ⑤mahā. ⑧막하(莫訶)·마하(摩訶). ⑨대(大). 대(大)·다(多)·승(勝)·묘(妙)의 뜻으로 이 가운데 대·다·승을 마하의 삼의(三義)라 한다. 『智度論』 卷3

③般若(반야) : ⑤prajñā. ⑧바야(波若)·반라야(般羅若)·발자야(鉢剌若). ⑨지혜(智慧)·혜(慧)·명(明). 만물의 참다운 실상을 깨닫고 불법을 꿰뚫는 지혜. 온갖 분별과 망상에서 벗어나 존재의 참모습을 앎으로써 성불에 이르게 하는 마음의 작용.

④波羅蜜(바라밀) : 바라밀다(波羅蜜多). ⑤pāramitā. ⑨도피안(到彼岸)·도무극(到無極)·도(度)라 번역한다. 미혹의 이 언덕[此岸]에서 깨달음의 저 언덕[彼岸]에 이른다는 뜻.

【개요】

의식이 여기에 이르면 책주귀신영가를 위시한 고혼영가제위의 천도를 위해 취할 수 있는 모든 일은 마친 셈이다. 이제 남은 것이 있다면 오직 제불보살님의 가호를 청하는 일뿐이다. 때문에 제불보살님의 비원(悲願)153)을 생각하며 영가제위의 바라밀(波羅蜜)을 발원하는 의식이다.

【구성 및 내용】

산문 형식의 본 의식문은 '기'와 '결'로 나누어 볼 수 있다.

'기'인 염시방삼세 일체제불 제존보살마하살(念十方三世 一切諸佛 諸尊菩薩摩訶薩)―온누리에 항상 계옵신 / 한량없는 부처님과 / 거룩하신 모든 보살님[의 가호]를

---

153) 부처님과 보살님의 자비심에서 우러난 중생구제의 소원. 아미타불의 48원(願)과 약사여래의 12원 등이 있다.

생각하오니— 에서는, 영가제위의 천도를 위해 한량없는 시간과 공간에 계신 한량없는 부처님과 보살님의 비원을 염(念)하고 있다. 시방삼세의 제불보살을 염함은 대승불교의 특징이기도 하지만, 많은 영가를 제도함에는 많은 불·보살님이 계심으로써 보다 효과적이리라는 생각에서이다. 그물의 코가 많고 간격이 좁으면 포획의 효과도 그만큼 커진다.

'결'인 마하반야바라밀(摩訶般若波羅蜜) —[제영가로 하여금] 크나큰 지혜로 저 언덕에 이르게 하옵소서— 에서는, 본 구병시식의 목적인 책주귀신영가를 위시한 일체 고혼영가제위가 피안(彼岸)에 이르기를 염원하였다.

【의식】

<47.표백>이 끝나면 법주는 요령을 한번 흔들어 놓는다. 이를 신호로 바라지와 대중은 소사물을 울리며 염불성으로 함께 독송한다.

【연구】

① 본 의식문의 제목을 <염원문(念願文)>이라 하였는데?

 의식문의 내용에서 짐작하듯 설혹 잘못되고 부족한 점이 있더라도 소외된 중생 없이 모두 제도하시려는 제불보살님의 비원으로 금일 「구병시식」에 인연 있는 중생 모두가 정토에 왕생하여 급기야 성불의 기틀을 다지게 되기를 발원하고 있다.

 즉, 제불보살님의 비원을 간절히 염(念)하는 글이라는 의미에서 <염원문>이라 한 것이다.

<49.願往偈(원왕게)> 극락세계에 왕생하려는 이유와 염원을 밝힌 게송

願往生　願往生 원왕생　원왕생	가고지고 나고지고 고해건너 저언덕에
往生極樂見彌陀 왕생극락견미타	극락세계 태어나서 아미타불 친견하고
獲蒙摩頂①受記②莂 획몽마정수기별	정수리를 만져주사 기별얻기 원입니다.
願往生　願往生 원왕생　원왕생	가고지고 나고지고 고해건너 저언덕에
願在彌陀會中坐 원재미타회중좌	아미타불 회상중에 일원으로 參詣하여
手執香華常供養 수집향화상공양	이손으로 향화공양 받드옵기 원입니다.
願往生　願往生 원왕생　원왕생	가고지고 나고지고 고해건너 저언덕에
往生華藏蓮華界 왕생화장연화계	연꽃속에 갈무려진 연화세계 태어나서
自他一時成佛道 자타일시성불도	우리모두 한날한시 성불하기 원입니다.

【자구해설】

①摩頂(마정) : 정(頂)은 정상(頂上). 마정(摩頂)은 두상을 쓰다듬는 것. 스승과 제자 사이가 매우 친밀함을 나타냄.

　　　　佛卽以四大海水 三點于迦葉之頂 摩頂付囑大法而拈華瞬目
　　　　불즉이사대해수 삼점우가섭지정 마정부촉대법이염화순목 -「傳法室內 密示聞記」-

②受記(수기) : 기(記)는 기별(記別·記莂). 예언(豫言). 부처님께 장차 부처를 이루리라는 증명(證明)을 받는 것.

　　※記別(기별) : Ⓢvyākaraṇa. 부처님께서 수행하는 사람에 대하여 미래에 성불할 것을 낱낱이 구별하여 예언해 주시는 것. 즉 시간[劫數(겁수)]·국토(國土)·불명(佛名)·수명(壽命) 등을 빠짐없이 예언해 주신 글. 이 기별을 제자에게 주시는 것을 수기(授記)라고 한다.

　　※奇別(기별) : 다른 곳에 있는 사람에게 소식을 전함. 또는 소식을 적은 종이.

【개요】

<48.염원문>의 내용을 구체적으로 들어가며 염하고 있다. 즉, 미타국토에 왕생코자 하는 염원이 얼마나 간절한지 잘 나타나 있는 게송이라 하겠다. 내용 가운데 아미타불로부터의 수기, 아미타불께 올리는 공양 내지 성불은 왕생 후의 일이다. 그럼에도 그런 일까지 낱낱이 예상하고 있음은 아미타불의 서원에 대한 신뢰를 바탕으로 가능한 일이며, 나아가 왕생에 대한 염원이 간절함을 넘어 결정된 것으로 간주하려는 크나큰 신심의 발로라 하겠다.

【구성과 내용】

삼구(三句)를 하나의 단락으로, 모두 3개의 단락으로 이루어진 게송 형태의 글이다. 또, 이들 3개의 단락은 기·서·결의 형태를 보이고 있다.

'기'인 원왕생 원왕생 왕생극락견미타 획몽마정수기별(願往生 願往生 往生極樂見彌陀 獲蒙摩頂受記莂) ―가고지고 나고지고 고해건너 저언덕에 / 극락세계 태어나서 아미타불 친견하고 / 정수리를 만져주사 기별얻기 원입니다― 에서는, 극락국토에 태어날 것과 아미타불의 수기(授記)를 받게 되기를 발원하고 있다.

'서'인 원왕생 원왕생 원재미타회중좌 수집향화상공양(願往生 願往生 願在彌陀會中坐 手執香華常供養) ―가고지고 나고지고 고해건너 저언덕에 / 아미타불 회상 중에 일원으로 參詣하여 / 이손으로 향화공양 받드옵기 원입니다― 에서는, 수기(授記) 후 많은 보살을 도반(道伴)으로 수행 정진하며 아미타불을 친근히 모시고 항상 공양 올릴 수 있게 되기를 발원하고 있다.

'결'인 원왕생 원왕생 왕생화장연화계 자타일시성불도(願往生 願往生 往生華藏蓮華界 自他一時成佛道) ―가고지고 나고지고 고해건너 저언덕에 / 연꽃속에 갈무려진 연화세계 태어나서 / 우리모두 한날한시 성불하기 원입니다― 에서는, 연화장세계에 태어나기를 원하고 있다. 그러나 이는 단순히 쾌락을 위해서가 아니라 궁극적원(願)인 정각을 이루기 위함임을 밝히고 있다.

【의식】

<48.염원문>에 이어 목탁 등 소사물의 박자를 유지하며 염불성으로 대중이 함께 독송한다.

【연구】

① '기'와 '서'의 내용으로 보아 순서가 바뀐 것이 아닌지?

정행(井幸) 편 『승가일용식시묵언작법(僧家日用食時默言作法)』29장, 모악산(母岳山) 금산사(金山寺) 간 『제반문(諸般文)』[154] 127장 및 권상로(權相老) 편 『조석지

---

154) 1694년 숙종(肅宗)20. 강희(康熙)33 갑술(甲戌)

송(朝夕持誦)』[155] 2장 등에는 질문에서 지적한 바와 같이

    願往生 願往生 願在彌陀會中坐 手執香華常供養   '공양(供養)'
    願往生 願往生 往生極樂見彌陀 獲蒙摩頂受記莂   '수기(授記)'
    願往生 願往生 往生華藏蓮華界 自他一時成佛道   '성불(成佛)'

로 되어 있다.

한편, 『석문의범』에는 본고의 내용과 같은 순서[156]로 되어 있으며, 2쪽 범례(凡例)에는 자세한 설명 없이

    — 願往生願往生云云등의 初二節이 在來로 倒置되었기에 本書는 此를 正誤함

이라 하였다.

즉, 위에서 든 몇 가지 예와 『석문의범』의 '범례'를 전거로 보면, 『석문의범』 이전까지는 전자의 예로 독송되어 오다가 『석문의범』에서 지적되고 난 뒤, 지금과 같은 순서로 독송되고 있음을 알 수 있다. 그러나 아쉽게도 『석문의범』의 '범례'에는 편자의 의견이 수록되어 있지 않다. 따라서 본고에서는 다음과 같은 방법으로 순서에 대한 소견을 밝혀 두기로 한다.

우선 양자의 주제(主題)를 살피면, '願往生 願往生 往生極樂見彌陀 獲蒙摩頂受記莂'에서의 주제는 수기(授記)이고, '願往生 願往生 願在彌陀會中坐 手執香華常供養'에서의 주제는 공양(供養)이다.

제불께 올리는 공양을 수행의 일환으로 보면, 수기는 수행 후에 얻는 것이므로 질문의 내용과 같이 현행 <원왕게>의 처음 2절(節)의 순서가 바뀌었다고 해야 할 것이다.

그러나 <원왕게>의 내용은 왕생을 발원한 것이지만, 정작 그 내용은 왕생이 성취된 뒤 어떻게 하겠다는 즉, 왕생이 성취된 뒤의 내용으로 되어 있다. 따라서 왕생이 성취되고 아미타불을 친견하게 되었다 함은 곧 성불이 약속된 것이며, 성불이 약속되었다 함은 아미타불로부터 수기를 받았음을 뜻한다.

한편 진정한 의미에서의 공양은 일방적으로 올려지는 것이 아니라 능례(能禮)와 소례(所禮)의 마음에 공감대가 전제되어야 한다. 따라서 극락세계에서 회중(會中) 가운데 자리하여 아미타불께 항상 공양을 올릴 수 있다는 사실은 이미 수기를 통해 공감대가 형성된 관계를 의미한다고 하겠다.

결론적으로 『석문의범』의 '범례'에서 <원왕게>의 순서를 지적한 안진호 스님의 의견에 공감하며, 본고에서는 여기에 따르기로 한다.

---

155) 1936년 경성 창신동 안양암(安養庵)에서 간행
156) 願往生 願往生 往生極樂見彌陀 獲蒙摩頂受記莂 / 願往生 願往生 願在彌陀會中坐 手執香華常供養 / 願往生 願往生 往生華藏蓮華界 自他一時成佛道

<50.燒錢①眞言(소전진언)> 제영가의 의지처였던 위패 및 전(錢) 등을 소하는 진언

唵 毗魯旣帝 沙訶　　三說
옴 비로기제 사바하　　삼설

【자구해설】

①錢(전) ; ⑴망자의 넋이 의지할 수 있도록 시식단(施食壇)에 걸어 놓는 종이로 만든 인형. ⑵송장(送葬)에 있어서 귀신에게 베푸는 종이로 만든 돈.

【개요】

영가의 전송이 끝나는 시점에 이르면 금번 시식의 주인공이 의지했던 '위목(位目)'과 명양이부(冥陽二府)의 모든 영가를 모셨던 '전(錢)' 등을 소(燒)하는 의식이다. 이로써 이곳 사바세계가 더 이상 머물 곳이 아님을 확실히 하려는 것이다.

【구성 및 내용】

진언의 제목과 진언으로 구성되어 있다.

【의식】

<49.원왕게>에 이어 소사물로 박자를 유지하며 대중이 동음으로 지송하며, 이때 시식단에 안치한 책주귀신영가의 위패와 전(錢) 등을 소(燒)한다.

【연구】

① 위목(位目)이나 전(錢) 등을 소(燒)하는 것이 불교 고유의 의식인가?
본 의식은 원래 신성한 불 속에 제물을 넣어 태우면 그것이 곧 소례(所禮)에 전달된다고 본 바라문교(婆羅門敎)의 의식이다. 외에도 바라문교의 의식이나 사상이 불교에 원용된 예는 많은데, 본 의식에 원용된 것은 화신(火神) '아그니(Agni)'다. 무신론(無神論)의 입장에 있는 것이 불교임에도 불구하고 이렇듯 원용이 가능했던 까닭은 불교가 인도의 사상과 문화를 토양으로 발생했고, 또 부처님께서 교화의 대상으로 삼으신 것은 다름 아닌 당시 인도인(印度人)이었기 때문이라 하겠다.

② 본 의식에서 소하는 것은 단지 위패와 전(錢) 뿐인가?
여기서 언급된 전(錢)은 포괄적 의미를 지닌 것이다. 『작법귀감』의 '삼단합송규(三壇合送規)'에 의하면 인로번(引路幡)·오여래번(五如來幡)·천왕번(天王幡)·신중위목(神衆位目)·시왕번(十王幡)·삼신번(三身幡) 등도 포함된다. 단, 「구병시식」의 경우 위목이나 '전'만을 언급한 것은 비교적 규모가 작은 의식이기 때문이다.

<51.奉送①眞言(봉송진언)> 정토를 향해 출발하는 제영가를 전송하는 진언

唵 縛日羅 薩陀 目叉目 三說
옴 바아라 사다 목차목 삼설

【자구해설】

①奉送(봉송) ; 귀인이나 윗사람을 전송(餞送)함. 영령(英靈)이나 유골 등을 정중히 보냄.
　　　拜送(배송). 삼가 보냄.
　　　餞送(전송). 전별하여 보냄.
　　　餞別(전별). 떠나는 사람에게 잔치를 베풀어 작별함. 전배(餞杯).

【개요】

정방(淨邦)인 극락세계를 향한 영가제위의 장도(壯途)가 원만하기를 발원하는 진언의식이다.

【구성 및 내용】

진언의 제목과 진언으로 구성되어 있다.

【의식】

<50.소전진언>에 이어 소사물로 박자를 유지하며 대중이 동음으로 지송한다.

<52.上品上生眞言(상품상생진언)> 제영가의 도착지가 상품상생이기를 염원하는 진언

唵 摩尼陀尼 吽吽縛吒 娑婆訶　三說
옴 마니다니 훔훔바탁 사바하　삼설

【개요】

『관무량수경』에 의하면 극락에는 하품하생(下品下生)으로부터 상품상생(上品上生)까지 모두 구품(九品)이 있다고 한다. 어느 곳에 태어나는가는 염불행자의 업력에 따라 정해진다. 이 가운데 상품상생이 가장 좋은 곳이기로 그 곳에 태어나기를 원할 때 지송(持誦)하는 진언의식이다.

【구성과 내용】

진언의 '제목'과 '진언'으로 되어 있다.

【의식】

<51.봉송진언>에 이어 소사물로 박자를 유지하며 대중이 동음으로 지송한다.

【연구】

① 상품상생이란 구체적으로 어떤 곳인지…

『관무량수경(觀無量壽經)』에 다음과 같은 내용이 있다.

佛告阿難及韋提希 凡生西方有九品人 上品上生者 若有衆生願生彼國者 發三種心卽便往生 何等爲三 一者至誠心 二者深心 三者回向發願心 具三心者必生彼國 復有三種衆生 當得往生 何等爲三 一者慈心不殺具諸戒行 二者讀誦大乘方等經典 三者修行六念廻向發願生彼佛國 具此功德 一日乃至七日 卽得往生 生彼國時 此人精進勇猛故 阿彌陀如來與觀世音及大勢至無數化佛百千比丘聲聞大衆無量諸天 七寶宮殿 觀世音菩薩執金剛臺 與大勢至菩薩至行者前 阿彌陀佛放大光明照行者身 與諸菩薩 授手迎接 觀世音大勢至與無數菩薩 讚歎行者 勸進其心 行者見已歡喜踊躍 自見其身乘金剛臺 隨從佛後 如彈指頃往生彼國 生彼國已 見佛色身衆相具足 見諸菩薩色相具足 光明寶林演說妙法 聞已卽悟無生法忍 經須臾間 歷事諸佛 遍十方界 於諸佛前 次第受記 還至本國 得無量百千陀羅尼門 是名上品上生者[157]

부처님께서 다시 아난과 위제희에게 말씀하셨다.

---

157) 『大正藏』 卷12 p. 344c

「상품상생이란 저 불국토에 가서 나고자 하는 중생들이 세 가지 마음을 내어 왕생하는 것을 말한다. 세 가지란 첫째는 진실한 마음이고, 둘째는 깊이 믿는 마음이며, 셋째는 회향하여 발원하는 마음이다. 이 세 가지 마음을 갖춘 사람은 반드시 저 불국토에 가서 나게 된다.

또 세 가지 중생이 저 불국토에 가서 나게 되는데, 첫째는 자비한 마음으로 산목숨을 죽이지 않고 모든 계행을 갖춘 사람이고, 둘째는 대승경전을 독송하는 사람이며, 셋째는 불·법·승·계(戒)·시(施)·천(天. 最後身十地 혹은 涅槃果)의 여섯 가지를 생각하는 행을 닦는 사람이다. 이들이 원을 세우고 하루에서 이레까지 이와 같은 공덕을 쌓으면 곧 극락세계에 왕생하는 것이다. 가서 날 때에 수행자가 용맹스럽게 정진하기 때문에 아미타불께서는 관세음보살, 대세지보살, 무수한 화신불, 백천 비구들과 한량없는 천인과 함께 칠보로 된 궁전을 지니시고 그의 앞에 나타나신다.

관세음보살은 금강대를 가지고 대세지보살과 함께 그의 앞에 이르고, 아미타불께서는 큰 광명을 놓아 수행자의 몸을 비추시면서 여러 보살들과 함께 손을 내밀어 영접하신다. 관세음보살과 대세지보살은 수많은 보살들과 함께 수행자를 칭찬하고 그 마음을 격려한다. 수행자는 환희에 넘쳐 자기 몸을 돌아보자, 금강대를 타고 아미타불의 뒤를 따라 잠깐 사이에 저 불국토에 왕생한 것이다. 그 나라에 태어나면 부처님 몸과 형상에 여러 가지 상이 구족한 것을 뵙고 보살들의 모습이 갖추어진 것을 본다. 찬란한 보석의 숲에서 설하는 미묘한 법을 듣고 무생법인을 깨닫는다. 잠깐 사이에 시방세계를 다니면서 여러 부처님을 섬기고 그 여러 부처님께 수기를 받고 다시 극락세계로 돌아와 한량없는 백 천 신비스런 힘[陀羅尼]을 얻는다. 이것을 상품상생이라 한다.」

즉, 말미에서 언급한 '신비스런 힘을 얻는다[得無量百千陀羅尼門]'함은 상품상생의 수승(殊勝)한 점에 대한 총체적 표현으로서 곧 모든 일을 해결할 수 있는 열쇠를 얻는다는 말이다. 이런 점은 하품하생(下品下生)과 비교해 볼 때 더욱 확연히 드러난다.

하품하생 역시 극락국토이지만 이곳에 수생(受生)하는 부류는 오역죄(五逆罪)와 십악업(十惡業) 등을 지은 자들로 임종시에 다행히 선지식(善知識)이 나타나 염불을 권함에 이를 듣고 늦게나마 참회하며 염불한 자들이 나는 곳이다. 임종함에 해바퀴 같은 황금 연꽃이 그의 앞에 나타나 순식간에 극락세계에 태어난다. 그러나 연꽃 속에서 12겁(劫)을 지내야 하며, 그 이후에야 연꽃 속에서 나와 관세음보살 등을 뵙고 보리심을 발하게 된다는 것이다.

<53.解百生寃家①陀羅尼②(해백생원가다라니)>

다겁다생의 원결을 해소하는 다라니

唵 阿阿暗惡 百八遍
옴 아아암악 백팔편

【자구해설】

①寃家(원가) : 怨家. 자기에게 원한을 품은 사람.
②陀羅尼(다라니) : ⓢdāhraṇī. 총지(摠持)・능지(能持)・능차(能遮)라 번역.
   ⊙총지(摠持) : 능히 무량무변한 이치를 섭수(攝受)해 지니어 잃지 않는 염혜(念慧)의 힘을 말함.
   ⊙능지(能持) : 가지가지의 선법을 능히 지닌다.
   ⊙능차(能遮) : 가지가지의 악법을 능히 막는다.

【개요】

금일 재주(齋主)와 책주귀신영가 및 고혼영가제위와의 원결이 조금이라도 남아 있을까 염려하여 이를 마저 해소시키려는 진언의식이다.

【구성 및 내용】

진언의 '제목'과 '진언'으로 되어 있다.

【의식】

<52.상품상생진언>에 이어 소사물로 박자를 유지하며 대중이 동음으로 <해백생원가다라니> 108편을 지송한다. 단, 이때 밝혔던 불을 모두 끄고 준비해 놓은 적두(赤豆. 붉은 팥)를 시식단(施食壇)을 향해 뿌린다.

【연구】

① 불을 끄고 적두(赤豆)를 뿌리는 이유는?

야간에 불을 밝히는 것은, 날이 저물었음에도 가족 가운데 출타한 사람이 있거나 반가운 손님을 기다려야할 경우 대문 밖이나 처마 끝에 장명등(長明燈)을 밝혀 놓는다. 기다림과 환영의 의미다. 상대적으로 불을 끈다는 것은 그 반대의 의미가 된다.

한편 적두(赤豆. 붉은 팥)는 백곡지왕(百穀之王)이라 부른다. 알이 굵을 뿐 아니라 그 빛깔이 벽사(辟邪)의 기운이 있다는 붉은 색인데 기인한다.[158]

---

158) 백암성총(栢庵性聰) 스님은 『치문경훈』을 주해(註解)하며, ≪고소경덕사운법사무학십문(姑蘇景德

주의할 것은, 촛불을 끄는 것은 곧 책주귀신영가 및 고혼영가제위로 하여금 머물 자리가 아님을 깨닫게 한다는 뜻이지 쫓는다는 의미는 아니다. 적두를 뿌리는 것도 이런 의지를 강하게 표명하려는 것이지 강제로 쫓는 퇴마(退魔)나 구마(驅魔)를 의미하는 것은 아니다. 무변중생을 제도해 마쳐야 보살도를 성취할 수 있음을 말하는 것이 불교이며, 무엇보다도 이때 거행하는 진언의 제목이 '해백생원가다라니(解百生冤家陀羅尼)'임이 그 증거다. 다시 말해 이유기(離乳期)에 젖을 뗄 때와 같은 심정으로 하는 일종의 방편이라는 말이다.

불을 끄고, 적두를 뿌리며 다라니를 지송하는 것이 쫓기 위한 방편이라면, 이는 또 다른 원결을 맺는 결과를 가져오게 된다. 즉, 원결을 푼다는 다라니의 의미와 상치된다. 다라니의 구체적 의미는 다음【연구】②에서 보듯 영가로 하여금 발심(發心)으로부터 열반(涅槃)에 이르기까지의 모든 여정이 원만하도록 하려는 것이다.

② '해백생원가다라니'의 전거나 의미를 알 수 있는지?

'唵(옴. oṁ)'을 별도로 하면, '아아암악(阿阿暗惡)'이 남는데, 이 부분에 대한 전거로는 『大毘盧遮那成佛經疏』의 다음과 같은 설명되어 있음을 볼 수 있다.

謂阿是菩提心。阿$_長$是行。暗是成菩提。噁是大寂涅槃。噁$_長$是方便。[159]

이를 정리하면, 阿(아. a)는 발심, 阿$_長$(아-. ā)는 수행, 闇(암. aṁ)은 정각, 噁(악.

寺雲法師務學十門)》 가운데 <8,불역사무이식(八,不歷事無以識)>에 이르러 '나한수성 적염부지(羅漢 雖聖 赤鹽不知)'라는 대목에서,

> 법예바라문(法預婆羅門)이 붉은 소금을 가져와 나한에게 물음에 알지 못하였다. 산해경(山海經)에 '대륙의 남쪽 끝에 7개의 우물이 있는데 밤낮으로 끓어 소금이 생긴다. 그 색이 붉은데 이것이야 말로 천하의 독물(毒物)이어서 문에다 바르면 모든 귀신이 능히 들어오지 못하며, 나무에다 바르면 어떤 새도 능히 머물지 못한다.(法預婆羅門 將赤鹽 問羅漢不知 山海經 大州南極 有七井 晝夜煮 而爲鹽 其色赤 此天下之毒物 塗之門則 諸鬼不能入 塗之木則 諸禽不能止)

고 주해하였다. 즉, 붉은 색에는 이와 같이 축귀의 의미가 있다.

또, 동지(冬至)의 절식으로 팥죽을 쑤어 부처님께 공양 올리고 나누어 먹는 것도 같은 의미가 있다. 뿐만 아니라 감로탱화에는 마지(摩旨)올리는 장면이 묘사되어 있는데, 이때도 마지 위에 홍보(紅褓)가 덮여져 있는 것을 볼 수 있다. 역시 벽사의 의미가 있다고 한다.

민간에서도 붉은 빛에 축귀와 벽사의 의미를 담은 예는 얼마든지 볼 수 있다. 여자들의 저고리 소매 끝에 붙이는 붉은 끝동, 붉은 옷고름, 붉은 댕기, 이불깃과 베개의 붉은 헝겊, 신부 얼굴의 연지와 곤지, 손발톱에 들이는 봉숭아 등이 모두 그것이다.

한자에서도 '赤=大+火'라 설명하고 있는바 축귀·벽사의 의미에서 서로 통한다 하겠으며, 벽조목(霹棗木)에는 불의 기운이 있어 음의 기운인 재앙을 쫓는다는 믿음 등이 좋은 예다.

이토록 붉은 색에 대한 신앙이 있게된 데는, 오방에 오색을 배대한 옛 사람들이 남쪽을 붉은 색으로 보았기 때문이다. 따라서 남쪽은 양에 속하고, 양은 음을 물리칠 수 있다고 보았다. 앞서 말한 '赤=大+火'란 공식을 적용했기 때문이다.

159) 『大正藏』 卷39 p. 723b

aḥ)은 열반, 그리고 噁長(아-ㄱ. aḥ)은 방편이다. 이 가운데 '噁長'을 제외한 4자를 취해 진언으로 삼은 것이다. 즉, 중생으로 하여금 '발심⇒수행⇒정각⇒열반'하도록 하려는 것이라 하겠다.

또, 『ダラニ(다라니)大辭典』에는 '阿阿引暗惡惡引(a ā aṁ aḥ āḥ) 오아명(五阿明) 태장계 5佛을 나타냄'이라고 되어있으며,[160]

밀교에서는 삼구를 정리하여 다음 표와 같이 정리하기도 한다.

三句	五轉	五字	五佛	五臺
菩提心爲因 (因)	發心 (我卽佛의 自覺)	A	寶幢佛	東臺
大悲心爲根 (行)	修行 (如來로서의 行)	Ā	開敷華王如來	南臺
方便爲究竟 (果)	菩提(成佛)	Aṁ	無量壽佛	西臺
	涅槃	Aḥ	天鼓雷音佛	北臺
	方便	Āḥ	大日如來	中臺

[161]

외에도 『대일경』 실지출현품 제륙(悉地出現品 第六)에는 '무소부지인(無所不至 印)'을 소개하며 그 진언을, 南麼薩婆怛他蘗帝弊(namaḥ sarva tathāgatebhyaḥ 歸命一切如來等) 微濕嚩目契弊(vicva mukhebhyaḥ 種種巧妙門) 薩縛他(sarvathā 一切智) 阿(a. 因) 阿(ā. 行) 闇(aṁ. 證) 噁(aḥ. 入)[162] 이라 하였다. 『대소(大疏)』 13에서는 진언의 뜻을 해석하는 가운데, 끝의 네 자에 대해 '이 네 자는 경(經) 가운데 정종(正宗)인 체(體)이다. 일체 비밀장(秘密藏)이 모두 이로부터 나온다. 즉 이는 비로자나불(毘盧遮那佛)의 마음이니라'고 하였다.

이와는 별도로 '(唵 oṁ)'에 대해 알아보면,

'옴'은 신성한 뜻을 품은 기도하는 말로서, 인도에서 옛날부터 철학·종교서의 처음에 놓여져 있는 밀어(密語). 이 글자의 음은 원래 a·u·m의 삼자(三字)가 합성된 것으로, 이 3자에 비슈누·쉬바·브라흐만의 삼신(三神)을 배대(配對)하는 설이 있었는데, 불교에서도 대승경전의 처음에 이 글자를 놓는 형식을 채용하여, 『수호국계다라니경(守護國界陀羅尼經)』 권9에서는, 3자(字)를 불(佛)의 삼신(三身. 법신·보신·화신)을 나타내는 것이라 했으며, '옴'자 관할 것을 권하고, 그 공덕에 의해서 아뇩다라삼먁삼보리를 이룰 수가 있다고 했다. 특히 진언이나 다라니의 머리 부분에 첨가하여 성스러움을 강조하였고, 내용이 짧은 진언에는 일반적으로 '옴'자를 첨가하여 진언 자체의 무게를 더하였던 것으로 사료된다.

---

160) 『ダラニ大辭典』(國書刊行會, 平成10年) p. 407
161) 종석 저 『밀교학개론』(운주사, 2002) p. 136 참고
162) 『大正藏』 卷18 p. 18b
　　『密敎大辭典』 2136b '無所不至印'

<54.破城偈(파성게)> 봉송을 마치며 긴요한 四句偈로 성불하기를 당부하는 게송

火蕩風搖①天地壞②   불에타고 바람불어 온천지가 무너져도
화탕풍요천지괴

寥寥③長在白雲④間   고요하게 꼼짝않고 백운사이 자리했네.
요요장재백운간

一聲⑤揮破⑥金城壁⑦   한번의할 드날려서 금성철벽 부수리니
일성휘파금성벽

但向佛前七寶山⑧   부처님이 계신방향 칠보산을 향하소서.
단향불전칠보산

【자구해설】

①火蕩風搖(화탕풍요) : 『장아함경(長阿含經)』 『세기경(世記經)』 『구사론(俱舍論)』 등 에서 말하는 성주괴공(成住壞空) 사겁(四劫) 가운데 괴겁말(壞劫末)에 일어나는 삼재(三災). 괴겁의 현상 가운데 화재(火災)와 풍재(風災)만을 말하였으나 결국 삼 재 모두를 말한 것임.

②天地壞(천지괴) : 괴겁(壞劫)시기를 20소겁으로 보면 최초의 19겁에서 유정세간(有情世 間)이 파괴사멸(破壞死滅)되고, 제20겁에서 기세간(器世間)이 파괴된다. 이때 파괴 의 순서는 화재(火災)에 의해 욕계(欲界)와 초선천(初禪天)이, 수재(水災)에 의해 제이선천(第二禪天)이, 그리고 풍재(風災)에 의해 제삼선천(第三禪天)까지 파괴된 다고 한다. 따라서 여기서의 '천지괴(天地壞)'는 인간의 입장에서 보면 전우주가 무너지는 것이다.

③寥寥(요요) : 고요한 모양. 수가 적은 모양. 공허한 모양.

④白雲(백운) : 하늘 높이 떠서 한가로이 오고가는 구름. 전(轉)하여 집착이 없이 자유무 애한 절대계(絶對界)의 비유로 쓰임. 그러나 여기서는 근본무명(根本無明)의 비유 로 쓰였음.
　　　예) 一片白雲橫谷口 幾多歸鳥盡迷巢(일편백운횡곡구 기다귀조진미소)
　　　　　　　　　　　　　　　　　　　　　　　　　　　　　　「다비문」<삭발> 중

⑤一聲(일성) : 할(喝). 본 「관음시식」의 주인공인 제영가가 지금까지 위곡(委曲)한 가르 침에도 불구하고 마지막 관문을 뚫지 못할 것을 예상하여 보내는 일갈(一喝). '할 (喝)'은 본래 '갈'을 대표음으로 하고 있으나 의식에서는 '할'로 발음하여 왔으며 여기서는 다음과 같은 뜻을 지닌다. / 喝(꾸짖을 '갈', 목멜 '애')

⑥揮破(휘파) : 휘둘러 부숨. / 揮(휘두를 '휘')

⑦金城壁(금성벽) : 방비가 매우 튼튼하고 강한 성(城). 금성철벽(金城鐵壁).

⑧七寶山(칠보산) : 불교의 우주론에서는 일세계(一世界)가 구산팔해(九山八海)로 이루어 져 있다고 한다. 중앙에 수미산(須彌山)이 있고 제일 외각에는 철위산(鐵圍山)이 있는데 그 중간에는 7개의 산이 있다. 이 7개의 산을 '칠보산(七寶山)'이라 부른

다. 염부제(閻浮提) 등 사주(四洲)는 7번째 보산 밖 함해(鹹海)에 자리하고 있다.

【개요】

봉송을 마침에 즈음하여 영가제위가 성불의 길로 바로 나갈 수 있기를 염원하며 당부하는 게송이다. 예컨대 책가방을 메고 나서는 자식이 왠지 미덥지 않을 때, 특히 다른데 정신을 파는 듯 할 때 다소 목소리를 높여 '길 건너기'와 '공부하기' 등에 대한 당부를 하는 것과 같은 내용의 게송이다.

【구성 및 내용】

본 게송은 칠언절구로 기·승·전·결의 구성을 보이고 있다.

'기'인 화탕풍요천지괴(火蕩風搖天地壞) ―불에타고 바람불어 온천지가 무너져도― 에서는, 겁말(劫末)에 유위법(有爲法)의 세계 모두가 파괴되어 사라지는 시점(時點)을 예상하고 있다. 즉, 모든 것이 다 없어지는 극한 상황을 가정한 것이다.

'승'인 요요장재백운간(寥寥長在白雲間) ―고요하게 꼼짝않고 백운사이 자리했네― 에서는, 격동적인 '기'구의 내용이 현실화되었음을 가정한 가운데, 그런 상황에서도 끈질기게 남아있는 것이 있음을 말하였다. 또, 남아있는 그것이 '백운' 사이에 있다고 하였다. 그러나 여기서의 백운은 일반적으로 임운자재(任運自在)와 같이 긍정적 의미의 비유로 등장한 것이 아니라 「다비작법」 소수 <삭발(削髮)> 항163) 에서도 확인할 수 있듯 매우 부정적인 근본무명(根本無明)에 비유되고 있음에 주의할 필요가 있다.

'전'인 일성휘파금성벽(一聲揮破金城壁) ―한번의할 드날려서 금성철벽 부수리니― 에서는, 일성(一聲) 즉, 선가 특유의 '할(喝)'로 백운 사이에 있다는 근본무명이 부서지길 염원하였다. 윤회생사의 원인인 근본무명은 끊기가 어렵다하여 세혹(細惑) 이라 하는 만큼 본구에서의 '일성'은 극단적인 처방이자 비장의 처방임을 알 수 있다.

'결'인 단향불전칠보산(但向佛前七寶山) ―부처님이 계신방향 칠보산을 향하소서― 에서는, 오직 불법에 귀의하여 생사로부터 벗어날 활로(活路)를 찾을 것을 노래하였다. 부처님 앞에 있는 칠보로 이루어진 산! 부처님을 모신 단을 '수미단(須彌壇)'이라 부르거니와 여기서 그 수미단은 곧 수미산 위를 가리키는 것이다. 그리고 그 수미산은 불교의 우주관에서 보면, 구산팔해(九山八海) 가운데 가장 중앙에 위치하고 있다. 이에 비해 철위산은 제일 바깥쪽에 자리하고 있으며 그 사이에 7개의 산이 있으니 이를 칠보산(七寶山)이라 한다. 정리하면 부처님 앞의 칠보산을

---

163) 新圓寂某靈 生從何處來 死向何處去 生也一片浮雲起 死也一片浮雲滅 浮雲自體本無實 生死去來亦如然 獨有一物常獨露 湛然不隨於生死 [某靈] 還會得 湛然之一物麼 火蕩風搖天地壞 寥寥長在白雲間 今茲削髮 斷盡無明 十使煩惱 何由復起 一片白雲橫谷口 幾多歸鳥盡迷巢

향하라 함은 영가로 하여금 생사윤회로부터 성불 쪽을 향해 방향을 잡으라는 의미이다.

【의식】
 법주와 대중이 바라지의 태징소리를 신호로 하여 '쓰는소리'로 거행한다. 한 대목이 끝날 때마다 바라지는 태징을 세 망치 울리고, 대중은 반배한다.

【연구】
① 본 게송의 제목을 <파성게(破城偈)>라 하였는데?
 본 게송의 특징이 가장 뚜렷하게 나타난 '전'구의 주제를 제목으로 삼은 것이다. 일성휘파금성벽(一聲揮破金城壁)! 일성에 깨지는 금성철벽이고 보면, 일성의 위력은 가히 가공할 만한 것이다. 때문에 그 의미를 축약하여 <파성게(破城偈)>라 한 것이다.
 한편, 「예수재(豫修齋)」에는 같은 내용의 게송이 '파산게(罷散偈)'라 되어있다.164)

② 삼재(三災)와 팔난(八難)에 대해…
 삼재와 팔난은 모두 불자로서의 수행이나 유기체로서의 생존에 장애가 되는 생활상의 세 가지 어려움과 지혜상의 여덟 가지 문제점을 말한다.
 우선 '삼재(三災)'에 대해 언급하자면, 대삼재(大三災)와 소삼재(小三災)가 있다.
 '대삼재(大三災)'는 우주가 변하는 모습인 사상(四相. 成·住·壞·空) 가운데 세 번째 괴겁(壞劫)165)의 말기 즉, 우주가 파괴되고 괴멸할 때 일어나는 세 가지 재앙을 말한다. 순서대로 살펴면,
 ①하늘에 7개의 태양이 떠, 세상을 삼킬만한 대화재(大火災)가 일어난다.
 ②이런 재앙이 7번 일어난 후, 대홍수가 닥치는데 그 위력은 지금껏 일어났던 대화재에 못지 않다. 이러기를 7번 반복한다.
 ③다시 또 7번의 화재가 일어나고 마지막으로 지금까지의 모든 재앙을 합친 것보다 더 큰 위력을 지닌 바람의 재앙이 일어난다. 산과 산이 부딪히는 그런 바람

---

164) 安震湖 編 『釋門儀範』 卷上 (法輪社, 1931), p. 213
165) 劫(겁) ; 어떤 시간의 단위로도 계산할 수 없는 무한히 긴 시간. 다음과 같이 대겁(大劫), 중겁(中劫), 소겁(小劫) 등 3종이 있다.

一 四 ┌ 成劫(一中劫) = 二十小劫(二十增減劫) ┐ 八
大 = 中 = │ 住劫(一中劫) = 二十小劫(二十增減劫) │ 十 =
劫 劫 │ 壞劫(一中劫) = 二十小劫(二十增減劫) ├ 小
      └ 空劫(一中劫) = 二十小劫(二十增減劫) ┘ 劫

※증겁(增劫)에는 자구(資具)·수명(壽命) 중생(衆生)·선품(善品) 등이 증가한다고 하여 사증성(四增盛)이라 하고, 감겁(減劫)에는 이 네 가지가 쇠퇴한다고 한다.
※2013년 3월 22일(금) YTN 9시 뉴스 / 유럽우주국 '우주의 나이 138억년'

이다. 우주가 블랙홀(black hole)166)로 빨려 들어가는 모습을 연상하면 된다. 이렇게 해서 결국 공겁(空劫)을 맞이하게 된다.

'소삼재(小三災)'는 우주의 사상(四相) 가운데, '주겁(住劫)의 감겁(減劫)'에 일어나는 세 가지 재앙을 말한다.

①흉기(凶器)로 서로 해치는 도병재(刀兵災),

②악성질병이 유행하는 질역재(疾疫災),

③기상이변으로 작황이 부족하여 굶주리는 사람이 많아지는 기근재(饑饉災) 등 세 가지 재앙을 말한다. 대부분이 인간의 입장에서는 불가항력인 재앙이다.

'팔난(八難)'은 지혜상의 어려움이다. 즉, 부처님을 뵙지 못하는 어려움으로 성불에 장애가 되는 8가지 경계를 말한다.

①지옥(地獄) ②아귀(餓鬼) ③축생(畜生), 이 세 가지가 팔난의 앞 부분을 차지하고 있다. 생존 자체가 괴로움이기 때문에 수행은 엄두도 내지 못하는 경우다.

④장수천(長壽天)은 색계(色界)167) 제4천인 무상천(無想天)의 별칭으로, 이 곳 사람의 수명이 500대겁(大劫)이라 해서 붙여진 이름이다. 오래 살다보니 세월의 무상함이나 존귀함을 실감하지 못한다. 그래서 진리에 접근할 기회를 갖지 못한다.

⑤변지(邊地. 鬱單越)는 즐거움이 너무 많아서 수행의 필요를 느끼지 않으며 사는 곳이다. 역시 진리를 가까이 하는데는 오히려 적합지 않은 조건이다.

⑥맹농음아(盲聾瘖啞)는 감각기관의 결함을 말한다. 헬렌 켈러는 '비교하지 않으면 행복하다'고 했지만 이는 비명에 가까운 자위(自慰)다. 그들이 겪는 고통은 경전에서도 인정하여 팔난의 한 부분을 차지하고 있다.

⑦세지변총(世智辯聰)은 세간적 지혜가 남다르게 뛰어난 사람을 말한다. 문제는 물에 비친 자기 모습에 도취한 '나르시스'처럼 자신에 만족한 나머지 정작 진리를 알아보려는 마음이 일어나지 않는다는데 있다.

⑧불전불후(佛前佛後)는 타이밍(timing)에 관한 문제다. 만고의 진리인 불법이 존재하지 않는 시기에 태어난다면 큰 문제라는 뜻이다.

생각건대, 삼악도와 같은 악조건에서 신심을 내서 수행·정진하는 자가 있다면 말할 것도 없고, 건강·재력·인물·지식 등 행복의 조건이라 할 모든 것을 갖추고 있으면서도 그와 같은 사람이 있다면, 자기 자신을 위한 일일지라도 존경받아 마땅하다 하겠다.

---

166) 블랙홀(black hole) ; 초고밀도에 의하여 생기는 중력장의 구멍. 항성이 진화의 최종 단계에서 한없이 수축하여, 그 중심부의 밀도가 빛을 빨아들일 만큼 매우 높아지면서 생겨난다.
↔ 빅뱅(big bang) ; 우주 생성의 시발이 된 것으로 여겨지는 대폭발.

167) 色界(색계) ; 삼계(三界)의 하나. 욕계에서 벗어난 깨끗한 물질의 세계를 이른다. 선정(禪定)을 닦는 사람이 가는 곳으로, 욕계와 무색계의 중간 세계이다. 초선천(범중천·범보천·대범천), 이선천(소광천·무량광천·광음천), 삼선천(소정천·무량정천·변정천), 사선천(무운천·복생천·광과천·무상천·무번천·무열천·선견천·선현천·색구경천) 등 총 18개의 천(天)으로 구성되어 있다.

<55.告佛偈(고불게)> 봉송을 마치며 아미타불과 관세음보살님께 거듭 귀의를 표명하는 게송

南無歡喜藏摩尼寶積佛① 환희장마니보적불께 귀의하옵니다.
나무환희장마니보적불

南無圓滿藏菩薩②摩訶薩 원만장보살님께 귀의하옵니다.
나무원만장보살마하살

南無回向藏菩薩③摩訶薩 회향장보살님께 귀의하옵니다.
나무회향장보살마하살

【자구해설】

①歡喜藏摩尼寶積佛(환희장마니보적불) : 참제업장(懺除業障)을 주제로 하고 있는 '참제업장십이존불(懺除業障十二尊佛)' 가운데 제팔존(第八尊)이신 부처님. 『승가일용식시묵언작법』 33장 '참회불(懺悔佛)'이라는 제목 하에 12불의 명호와 가피(加被)에 관한 내용이 소개되어 있다. 환희장마니보적불에 대한 내용은 다음과 같다.

古本無注 功應同餘佛(고본무주 공응동여불)
옛날 책에는 주가 없다. [이 부처님을 생각하며 명호를 한 번 부른] 공(功)은 마땅히 여타의 부처님과 같다.

단, 환희장마니보적불을 독립된 부처님으로 생각한다면 아미타불이시다. 대중이 원하는 것은 축원의 내용처럼 영가의 왕생극락이다. 이런 염원을 환희 가운데 성취토록 인도해주실 부처님은 곧 48원의 주인공이신 아미타불이시기 때문이다.

불명(佛名)을 해석한다면 '환희를 덕으로 하시며 마니보주와 같은 보배를 모아놓은 듯하신 아미타부처님'이라 하겠다. 즉, '환희장마니보적'은 다음 '불'을 꾸미는 형용사이다. 또, 불·보살의 명호 가운데 '장(藏)'은 능력의 보유를 뜻한다. 즉, '~게 하실 수 있는', '~을 덕으로 하시는'의 의미.

②圓滿藏菩薩(원만장보살) ; 인로왕보살(引路王菩薩)의 경우와 같이 특정 보살을 지칭하는 고유명사가 아니라 봉송의식의 공덕이 원만하도록 보살펴주시는 보살님이라는 뜻으로 '원만(圓滿)'은 형용사이다. 즉, 본 시식이 '구병시식'인만큼 원만장보살은 곧 관세음보살님을 가리킨다.

③回向藏菩薩(회향장보살) ; 금일 봉송의식이 원만히 회향되도록 보살펴주시는 보살님이라는 뜻. 역시 관세음보살님을 가리킨다.

【개요】

'봉송'의 목적은 영가를 극락세계로 모시는데 있다. 이제 영가의 천도를 위해 할 수 있는 의식을 모두 마치고 전송하려는 시점이다. 즉, 영가 봉송을 마치며 극락세계의 주인이신 아미타불님과 영가를 인도하고 보살펴주실 관세음보살님께 거듭 귀의를 표명하여 목적한 바의 성취를 발원하는 의식이다.

【구성 및 내용】

형태로 보면 『불교의식각론Ⅱ』의 「대령」에서 언급한 <거불>의 유형(1)에 해당한다. 즉, 소례이신 삼존이 체(體)를 달리하는 경우로 제일 먼저 거불되는 분이 주존(主尊)이시고, 차례로 거불되는 분이 좌우보처(左右補處)이시다.

그러나 내용면에서 보면 주존은 아미타불이시며, 형태상 좌우보처이신 원만장보살과 회향장보살은 관세음보살의 역할을 시점에 따라 각도(角度)를 달리하여 거명한 것이다. 한 가지 유의할 것은 주존과 좌우보처이신 불·보살님은 시식의 종류에 따라 실질적 주인공은 달라질 수 있다는 점이다. 즉, 인로왕보살이라는 명호가 고유명사가 아니라 직함을 나타내는 보통명사인 점과 같다.

【의식】

법주와 대중은 <54.파성게>에 이어 바라지의 태징 세 망치를 신호로 '쓰는소리'로 거행한다. 한 대목이 끝날 때마다 바라지는 태징을 세 망치씩 울리고, 대중은 반배한다. '나무회향장보살마하살'이 끝나면 바라지는 태징을 몰아친다.

【연구】

① 【구성 및 내용】에서 소례(所禮)이신 삼존(三尊)의 명호를 고유명사가 아닌 보통명사라 하였는데?

『불교의식각론Ⅱ』의 「시련」에서 언급한 <7.거인론>의 【연구】에서, '인로왕보살'이란 보살의 명호가 고유명사가 아닌 보통명사로서 보살께서 맡으신 직함(職銜)을 명칭화 한 것임을 밝힌 바 있다.

다른 일례로 <무상계게(無常戒偈)>에 보이는 '나무과거보승여래·응공·정변지·명행족·선서·세간해·무상사·조어장부·천인사'라는 보승여래십호(寶勝如來十號)를 들 수 있다.168) 여기서 '보승(寶勝)'은 최승(最勝)·최상(最上)의 뜻을 지닌 형용사로서 '칠여래(七如來)'169)의 한 분이신 보승여래(寶勝如來)와는 구분된다.

이와 같은 예는 의식문 도처에서 발견되는데, 이는 의식상에 등장하시는 불·보살님의 역할을 보다 돋보이게 하려는 또, 그렇게 함으로써 자신이 원하는 바를 소례에게 정확히 전달하여 원을 성취하려는 간절함이 반영된 것으로 평가할 수 있다.

---

168) 『금광명경』(大正藏, 卷16 p. 353a)
　　『법원주림』4 (大正藏, 卷53 p. 783a) (한글대장경, 卷87 p. 203a)
169) 安震湖 篇 『釋門儀範』 卷下 p. 67 / 「전시식(奠施食)」의 <칭양성호>에는 칠여래의 명호와 함께, 각 여래께 발원하는 내용이 있다. 소개하면 다음과 같다.
　　①南無多寶如來　願諸孤魂 破除慳貪 法財具足 ②南無寶勝如來　願諸孤魂 各捨惡道 隨意超昇
　　③南無妙色身如來 願諸孤魂 離醜陋形 相好圓滿 ④南無廣博身如來 願諸孤魂 捨六凡身 悟虛空身
　　⑤南無離怖畏如來 願諸孤魂 離諸怖畏 得涅槃樂 ⑥南無甘露王如來 願諸孤魂 咽喉開通 獲甘露味
　　⑦南無阿彌陀如來 願諸孤魂 隨念超生 極樂世界

2 본 게송의 제목을 <고불게(告佛偈)>라 하였는데?

「시련(侍輦)」을 위시해서 「상주권공」 및 「봉송」 의식을 모두 마치는 시점에서 올리는 게송이다. 그러나 아직 남은 것이 있으니, 영가천도에 관한 일이다. 안타까운 일은 대중과 재자가 정성을 다하였음에도 영가 천도의 가부(可否)에 대한 판독은 영역 밖의 일로서 아미타불과 관세음보살님께 의지하는 수밖에 없다.

때문에 의식을 마치면서 지금까지의 의식이 모두 끝났음을 말씀드리고 또, 영가의 왕생극락이 성취되도록 보살펴 주실 것을 거듭 부탁드린다는 의미에서 올리는 귀의례(歸依禮)이기로 '고불게'라 한 것이다.

결 론

지금까지 살펴보았듯 「구병시식」은 총55개의 항목으로 구성되어 있으며 다음과 같이 ≪Ⅰ.소청편(召請篇)≫, ≪Ⅱ.목욕편(沐浴篇)≫, ≪Ⅲ.시식편(施食篇)≫, ≪Ⅳ.봉송편(奉送篇)≫ 등 크게 4개의 편으로 나누어 볼 수 있다.

≪Ⅰ.소청편(召請篇)≫은, 본 「구병시식」에서 초청코자 하는 소청(所請)의 범위를 말하여 청하는 의식으로서 <1.거불>로부터 <20.가영>까지이다. 소청의 범위는 <13.증명청>의 주인공이신 관세음보살님과 <18.고혼청>의 주인공인 책주귀신을 위시한 고혼영가 제위이다.

각 항목의 해제(解題)만 모아보면,

<1.거불(擧佛)>은, 청하고자 하는 소례(所禮)의 명호를 거명하여 귀의를 표명하는 의식.

<2.창혼(唱魂)>은, 책주귀신영가를 향단으로 청하려는 재주의 뜻을 전하는 의식.

<3.진령게(振鈴偈)>는, 요령을 울려 영가제위를 향단으로 청하는 게송.

<4.착어(着語)>는, 자비와 지혜 그리고, 대비주의 중요성을 강조한 게송.

<5.대비주(大悲呪)>는, 전항에서 지시한바 대비주의 지송을 거행하는 의식.

<6.파지옥게(破地獄偈)>는, 지옥고까지 벗어나게 하는 화엄경의 으뜸가는 게송.

<7.파지옥진언(破地獄眞言)>은, 지옥을 부수려는 원을 실행에 옮기는 진언.

<8.멸악취진언(滅惡趣眞言)>은, 삼악도(三惡道)를 소멸하는 진언.

<9.소아귀진언(召餓鬼眞言)>은, 아귀를 향단으로 초청하는 진언.

<10.보소청진언(普召請眞言)>은, 관음보살님의 권현이신 초면귀왕(焦面鬼王) 내지 영가제위를 향단으로 청하는 진언.

<11.제문(祭文)>은, 소(疏)의 일종으로 구병시식를 거행하는 취지를 책주귀신에게 전하는 글.

<12.유치(由致)>는, 영가고혼제위를 청하는 연유와 관세음보살님께 의지하는 이유를 밝히는 의식.

<13.증명청(證明請)>은, 증명이신 관세음보살님을 청함에 즈음하여 귀의・찬탄하는 의식.

<14.향화청(香華請)> 향과 꽃을 사르고 뿌리며 성중의 강림을 환영하는 의식.

<15.가영(歌詠)>은, 소례이신 관세음보살님의 공덕을 찬탄한 노래.

<16.헌좌진언(獻座眞言)>은, 소례이신 관음보살님과 성중께 자리를 권하는 진언.

결론

<17.다게(茶偈)>는, 증명이신 관세음보살님께 다공양을 올리는 의식.

<18.고혼청(孤魂請)>은, 책주귀신을 위시한 인연 있는 영가를 향단으로 청하는 의식.

<19.향연청(香煙請)>은, 고혼영가 제위를 향단으로 청하기 위한 의지를 향을 사르며 표하는 의식.

<20.가영(歌詠)>은, 초청된 영가제위가 장차 성취케 될 결과를 찬탄한 노래.

≪Ⅱ.목욕편(沐浴篇)≫은, 책주귀신영가를 위시한 고혼영가제위의 삼업(三業)을 청정하게 하는 관욕의식(灌浴儀式)으로서 <21.인예향욕>으로부터 <30.다게>까지 총10개항으로 구성되어있다. 이는 석존께서 고행림(苦行林)에서의 6년 고행을 뒤로하시고 니련선하(尼連禪河)에서 목욕하심으로써 보이신 궤도수정을 모범한 의식이다.

<21.인예향욕(引詣香浴)>은, 영가제위를 욕실로 안내할 것을 대중에게 부탁하는 의식.

<22.목욕진언(沐浴眞言)>은, 신구의 삼업(三業)을 청정히 하는 진언.

<23.화의재진언(化衣財眞言)>은, 명의(冥衣)를 해탈복(解脫服)으로 변하게 하는 진언.

<24.수의진언(授衣眞言)>은, 해탈복을 영가제위에게 전달하는 진언.

<25.착의진언(着衣眞言)>은, 해탈복을 영가로 하여금 착용케 하는 진언.

<26.지단진언(指壇眞言)>은, 영가제위를 향단(香壇)으로 인도하는 진언.

<27.보례삼보(普禮三寶)>는, 널리 시방상주 삼보님께 귀의의 예를 올리는 의식.

<28.수위안좌(受位安座)>는, 법식제공을 위해 영가제위에게 좌정할 것을 고하는 의식.

<29.수위안좌진언(受位安座眞言)>은, 영가제위를 영단에 안좌토록 하는 진언.

<30.다게(茶偈)> 영단에 좌정한 영가제위에게 다(茶)를 권하는 게송.

≪Ⅲ.시식편(施食篇)≫은, 정적(情的)인 면과 이적(理的)인 면에서 영가제위에게 법식을 베풀고, 영가제위가 장차 이르러야 할 목적지와 그 방법170)을 전달하는 의식으로서 <31.선밀게>로부터 <46.공덕게>까지 총16개항으로 구성되어 있다.

<31.선밀게(宣密偈)>는, ≪32.사다라니≫의 거행에 앞서 영가의 주의를 환기시키기 위한 게송.

---

170) <41.반야게>는 공도리로서 사상적인 면을, <42.여래십호>는 여래의 십종 덕호로서 신앙적인 면을, <43.법화게>는 제법실상의 도리를, <44.무상게>는 열반의 도리를 보이고 있다.

≪32.사다라니(四陀羅尼)≫는, 영가의 지위와 수에 알맞게 공양의 질과 양을 변화시키는 진언.

≪33.칭량성호(稱揚聖號)≫는, 오여래(五如來)의 본서(本誓)에 의지하여 영가제위를 해탈케 하는 의식.

<34.시식게(施食偈)>는, <18.고혼청>에서 거명된 영가제위에게 가지식(加持食)을 권하는 게송.

<35.시귀식진언(施鬼食眞言)>은, 책주귀신 등 영가제위에게 가지식을 베푸는 진언.

<36.보공양진언(普供養眞言)>은, 의례적이지만 영가제위가 공양에 임해 제불보살께 공양을 먼저 올리는 진언.

<37.시무차법식진언(施無遮法食眞言)>은, 유주·무주의 일체고혼에게 차별 없이 가지식을 베푸는 진언.

<38.발보리심진언(發菩提心眞言)>은, 성불토록 하기 위해 원을 세우고 수행에 임하는 마음을 발하게 하는 진언.

<39.보회향진언(普回向眞言)>은, 본 시식의 공덕을 널리 일체중생에게 회향하는 진언.

<40.권반게(勸飯偈)>는, 책주귀신을 위시한 영가제위에게 공양을 권하는 게송.

<41.반야게(般若偈)>는, 중도(中道)의 장(場)으로 인도하기 위해 금강경 제일게(第一偈)로 공도리(空道理)를 설한 게송.

<42.여래십호(如來十號)>는, 여래의 10종 덕호(德護)를 念하여 여래의 음우(陰佑)를 기원하는 의식.

<43.법화게(法華偈)>는, 중도의 장으로 인도하기 위해 법화경 제일게로 제법실상(諸法實相)의 도리를 설한 게송.

<44.무상게(無常偈)>는, 성불에 매진하도록 무상의 이치를 거듭 밝힌 게송.

≪45.장엄염불(莊嚴念佛)≫은, 행지(行智)를 구비하여 보리도(菩提道)에 나아가게 하려는 게송을 염하는 의식.

<46.공덕게(功德偈)>는, 선근공덕을 중생에게 회향하여 아미타불의 친견과 성불하길 염원하는 의식.

≪Ⅳ.봉송편(奉送篇)≫은, 위패 및 전(錢) 등을 소하며 영가제위의 극락왕생을 아미타불과 관세음보살님께 기원하는 의식으로서 <47.표백>으로부터 <55.고불게>까지 총9개항으로 구성되어있다.

<47.표백(表白)>은, 의식의 주제가 전송(錢送)으로 바뀌었음을 알리는 의식.

<48.염원문(念願文)>은, 시방삼세 불보살님의 비원(悲願)으로 왕생극락케 되기를

결론

염원하는 글.

<49.원왕게(願往偈)>는, 극락세계에 왕생하려는 이유와 염원을 밝힌 게송.

<50.소전진언(燒錢眞言)>은, 제영가의 의지처였던 위패 및 전(錢) 등을 소하는 진언.

<51.봉송진언(奉送眞言)>은, 정토를 향해 출발하는 제영가를 전송하는 진언.

<52.상품상생진언(上品上生眞言)>은, 제영가의 도착지가 극락구품(極樂九品) 가운데 상품상생이기를 염원하는 진언.

<53.해백생원가다라니(解百生寃家陀羅尼)>는, 다겁다생의 원결을 해소하는 진언.

<54.파성게(破城偈)>는, 봉송을 마치며 마지막으로 긴요한 사구게로 성불하기를 당부하는 게송.

<55.고불게(告佛偈)>는, 봉송을 마치며 아미타불과 관세음보살님께 거듭 귀의를 표명하는 게송이다.

종교를 대하는 자세에 대해 평소 주장하는 것이 있다. '종교를 믿기에 앞서 알아보라'는 것이다. 이유는 간단하다. 베개를 잘못 만나면 하루 밤 고생이고, 전자제품을 잘못 고르면 십 년 고생이다. 배우자를 잘 못 선택하면 평생 고생이지만, 종교는 자신의 세세생생(世世生生)이 걸린 문제이기 때문이다.

내가 아는 한, 불교는 지극히 합리적인 종교다. 천리 길을 가려면 첫걸음을 바르게 하라했다(欲行千里 一步爲正). 석존께서는 6년의 고행이 바른길이 아님을 반성하시는 순간 니련선하(尼連禪河)에서 목욕을 하시고 수행의 궤도를 수정하셨다. 지혜 있는 사람이라면 마땅히 본받아야 할 점이다.

행복의 추구는 우리 모두의 권리이자 자기 자신에 대한 의무이기도 하다. 그리고 이는 바른 수행에 의해서만 이루어진다. 일거수일투족이 모두 수행이다. 구병시식에 대한 바르고 분명한 지견을 지님은 사생이령(死生二靈) 모두에게 성불의 시기를 앞당기는 계기가 될 것이다.

부 록

☐ 정암사(淨巖寺) 창건과 '구병시식' 유래

정암사(淨巖寺)는 우리나라 5대 적멸보궁(寂滅寶宮)의 하나로서 갈래사(葛來寺)라고도 하며,[171] 신라의 대국통(大國統) 자장율사(慈藏律師)께서 창건하신 사찰이다. 사적기(事蹟記)에 따르면,

> 자장율사께서 말년에 강릉 수다사(水多寺)에 머무셨는데, 하루는 꿈에 이승(異僧)이 나타나
> 「내일 대송정(大松汀)에서 보리라.」고 하였다.
> 아침에 대송정으로 가시니 문수보살(文殊菩薩)께서 내현(來現)하셔서
> 「태백산 갈반지(葛磻地)에서 만나자.」하시더니 사라지셨다.
> 자장율사께서는 태백산으로 들어가 갈반지를 찾으시다, 어느 날 큰 구렁이가 똬리를 틀고 있는 것을 보시고 제자에게,
> 「이곳이 '갈반지'니라.」고 이르시고 가람을 일구시니 이 절이 현재 정암사인 석남원(石南院)이다.

이 절에는 자장율사와 문수보살 사이에 있었던 유명한 설화가 전해지고 있다. 자장율사께서 이곳에서 문수보살 오시기를 기다리시던 어느 날, 떨어진 방포(方袍＝袈裟)를 걸친 늙은 거사가 칡 삼태기에 죽은 강아지를 담아 가지고 와서,

> 「내 자장을 만나러 왔으니 들어가 전하거라.」고 하였다.
> 시자(侍者)는 스승의 이름을 함부로 부르는 노거사(老居士)가 마땅치 않았으나 일단 율사께 말씀을 드렸다.
> 「웬 남루한 복장을 한 사람이 와서 예의도 없이 스님을 뵙자고 합니다. 제 정신이 아닌 사람 같습니다.」
> 시자의 말을 들은 율사께서는 잠시 마음이 흐트러지셨다.
> 「기다리는 문수보살께서는 아니 오시고 웬 거지들만 찾아오는지…. 없다고 이르거라.」
> 시자는 그렇지 않아도 찾아온 사람이 마땅치 않았는데 잘됐다 싶어,
> 「우리 스님께서는 지금 절에 계시지 않습니다.」고 하였다.
> 그러자 거사는,
> 「아상(我相)을 가진 자가 어찌 나를 알아보겠는가.」하고, 삼태기를 거꾸로 들자 죽은 강아지 떨어지더니 사자보좌(獅子寶座)로 바뀌었으며, 그 보좌에 올라앉아 빛을 발하면서 사라져갔다.

시자에게 이 말을 전해들은 율사께서는 거사가 사라진 방향으로 황급히 쫓아가 높은 고개에 올랐으나 벌써 멀리 사라져 도저히 따를 수 없었다. 율사께서는 그만 그 자리에서 입적하셨는데, 다비를 모신 후 유골을 수습하여 석혈(石穴)에 안치했다고 전한

---

171) 강원도 정선군 고한읍 고한리 태백산(太白山)에 있는 절. 월정사(月精寺)의 말사.

다.172)

또, 범패중흥 제2조이신 벽해(碧海) 스님께서 들려주신 '구병시식'과 관련된 말씀이 있다. 그 내용인즉 지금까지의 말씀에 이어지는 것으로서 소개하면,

> 시자로부터 이 말을 전해들으신 율사께서는 거사가 사라진 방향으로 황급히 쫓아가 높은 고개에 올랐으나 벌써 멀리 사라져 도저히 따를 수 없었다. 그러자 율사께서는 시자를 불러 이르셨다.
> 「내가 지금 문수보살님을 쫓아가 친견하고 올 것이니 너는 누구한테든 내가 죽었다고 말을 해서는 안 된다. 족히 몇 일 걸릴 것이다.」
> 그리고는 이내 조실(祖室)로 들어가 단좌(端坐)하고 선정에 들었다. 그러나 겉으로의 모습은 틀림없이 입적하신 것 같았다. 부지불식간에 일어난 일인지라 시자는 정신이 하나도 없었다. 하루 이틀 지나 정신이 들자 시자는 덜컥 겁이 났다.
> '혹시, 스님께서 돌아가신 것이라면 시봉(侍奉)을 들고 있는 내게도 책임이 있는 것이 아닌가. 더구나 이를 알고도 대중에게 알리지 않은 것 또한 질책 받을 일이다.'
> 생각이 여기에 이르자 스님의 당부 말씀도 잊은 채 사중(寺中)에 알리고 말았다. 이런 보고를 받은 사중에서는 스님이 입적하신 것으로 간주하고 곧 장례를 치렀다. 여기서 말하는 장례는 다비(茶毘)였다.
> 한편, 율사께서는 문수보살을 뒤쫓아 참예(參詣)하고 보살님으로부터 서가모니 부처님의 진신사리(眞身舍利)와 가사(袈裟)를 얻어 사찰로 돌아오셨으나 들어갈 육신이 없었다. 그래서 허공에서 시자의 이름을 부르셨다. 시자는 대경실색하여 어찌할 바를 몰랐다. 율사께서는 오히려 시자를 달래시며,
> 「문수보살님으로부터 받아온 부처님의 진신사리와 가사를 전해 줄 방법이 없는 것이 안타깝지만 어쩔 수 없구나. 일생일사(一生一死)는 누구에게나 있는 일! 이미 세연(世緣)을 마칠 때가 되었으니 너무 자책하지 마라. 다만, 네게 일러줄 것이 있으니 소상히 듣고 잘 실천해야한다. 다름 아니라 특별한 이유 없이 앓는 병자들을 구할 방편이니, 많은 이들의 괴로움을 덜어주고 후세에도 전하도록 하라.」
> 하시더니 '구병시식'에 관한 내용과 영가의 의지처로 사용하는 종이로 만든 인형인 '전(錢)' 조성하는 법 등을 일러주셨다. 그리하여 율사의 말씀을 옮겨 기록하고 제작한 것이 다름 아닌 '구병시식'과 '전(錢)'이라 한다.

외에도, 창건에 관한 일설에는 율사께서 처음 사북리 불소(佛沼) 위의 산정에다 불사리탑(佛舍利塔)을 세우려 하셨으나, 세울 때마다 붕괴되었다. 율사께서는 불력에 의지하기 위해 간절히 기도하셨다. 그랬더니 하룻밤 사이에 칡넝쿨 세 줄기가 설상(雪上)에 나타나 뻗어가더니 지금의 수마노탑(水瑪瑙173)塔)·적멸보궁·사찰터에 각각 멈추었다.

---

172) 『三國遺事』 卷第4, 義解第5, [慈藏定律]條 '遂殞身而卒 茶毘安骨於石穴中'
173) 석영(石英)의 한 가지. 매우 아름다운 빛과 광택이 있으며 홍(紅)·흑(黑)·백(白)의 세 종류가 있음. 도장·문방구 등의 장식품을 만드는데 주로 쓰임.

해서 그 자리에 탑과 법당 그리고 본당을 건립하고, 갈래사(葛來寺)라 이름하고 지명 역시 '갈래'라고 했다고 한다.

사찰에 자리한 적멸보궁은 신라 선덕여왕 당시 자장율사께서 서가모니 부처님의 사리를 수마노탑에 봉안하고 이를 지키기 위하여 건립한 것이다. 수마노탑 안에는 부처님의 사리가 봉안되어 있기 때문에 법당에는 불상을 모시지 않았다.

이 보궁 안에는 선덕여왕이 자장율사에게 하사했다는 금란가사(金襴袈裟)가 보존되어 있었다고 한다. 적멸보궁 뒤쪽의 수마노탑은 보물 제410호이다.

자장율사께서 643년(선덕여왕 12) 당나라에서 돌아오실 때 서해 용왕이 자장율사의 신심에 감화되어 마노석(瑪瑙石)을 배에 싣고 동해 울진포를 지나 신력으로 갈래산에 비장해 두었다가, 자장율사께서 이 절을 창건하실 때 이 돌로써 탑을 조성하게 했다고 하여 마노탑이라 하였다 한다.

또한, 물길을 따라 이 돌이 반입되었다고 해서 '수(水)'자를 앞에 붙여 수마노탑이라고 하였다고 한다. 이 탑을 세운 목적은 전란이 없고 날씨가 고르며, 나라가 복되고 백성이 편안하게 살기를 염원하는 데 있다고 한다.

또 이 절에는 금탑과 은탑의 전설이 있다. 정암사의 북쪽으로 금대봉이 있고 남쪽으로 은대봉이 있는데, 그 가운데 금탑·은탑·마노탑의 3보탑이 있다고 한다.

마노탑은 사람이 세웠으므로 세인들이 볼 수 있으나, 금탑과 은탑은 자장율사께서 후세 중생들의 탐심(貪心)을 우려하여 불심이 없는 중생들이 육안으로 볼 수 없도록 비밀한 곳에 감추셨다고 전한다.

자장율사께서는 당신의 어머니에게 금탑과 은탑을 구경시켜드리기 위하여 동구에 연못을 파서 보게 하셨는데, 지금의 못골이 그 유지(遺地)이며 지상에는 삼지암(三池庵)이 있었다는 전설이 전해진다.

그밖에도 적멸보궁 입구의 석단에는 선장단(禪杖壇)이라는 고목이 있다. 이 나무는 자장율사께서 사용하시던 지팡이를 심은 뒤 수백 년 동안 자랐으나 지금은 고목으로 남아 있다.

신기한 것은 고목이 옛날 그대로 손상된 곳이 없다는 것인데, 다시 이 나무에 잎이 피면 자장율사께서 재생하신다고 전해져 내려오고 있다.

---

② 변하는 것과 변하지 않는 것 / 바사익왕

십사무기(十四無記)라는 것이 있다. 십사불가기(十四不可記) 혹은 십사난(十四難)이라고도 하는 이것은 부처님께서 제자의 질문에 침묵하시고 답하지 않으신 14가지를 말한다. 침묵하신 이유는 수행에 도움이 되지 않는 것이기 때문이다. 이에 대한 말씀은 독화살의 비유(毒箭之喩)가 들어있는 『전유경(箭喩經)』[174], 14가지 질문의 사항이 잘 드러나 있는 『사유경(思惟經)』[175] 및 『사견경(邪見經)』[176]등에서 볼 수 있다.

14가지 문제를 정리하면 다음과 같다.

⊙시간(時間)의 문제
(1)세계는 영원한가? (2)세계는 무상한가?
(3)세계는 영원하면서 무상한가? (4)세계는 영원하지도 무상하지도 않은가?

⊙공간(空間)의 문제
(5)세계는 유한한가? (6)세계는 무한한가?
(7)세계는 유한하면서 무한한가? (8)세계는 유한하지도 무한하지도 않은가?

⊙자아(自我)의 문제
(9)자아와 육체는 동일한가?
(10)자아와 육체는 별개인가?

⊙사후(死後)의 문제
(11)여래는 사후에 존재하는가?
(12)여래는 사후에 존재하지 않은가?
(13)여래는 사후에 존재하기도 하고 않기도 하는가?
(14)여래는 사후에 존재하는 것도 아니고 않는 것도 아닌가?

그런데, 응병여약(應病與藥) 혹은 대기설법(對機說法)이라는 말씀이 있듯, 형이상학적 문제일지라도 부처님께서는 천편일률적으로 대응하신 것은 아니다. 사후의 문제 등에 대해 다음과 같은 말씀을 『능엄경』에서 볼 수 있다.

이때 바사익(波斯匿) 왕이 일어서서 부처님께 사뢰었다.
「제가 전일, 부처님의 가르침을 받잡기 전에 가전연과 비라지자을 만났사온데, 모두들 말하기를 '이 몸이 죽은 뒤에 단멸(斷滅)하는 것을 열반이라 한다」고 하였습니다. 이제 부처님을 뵈었사오나, 아직도 의혹이 없지 않사오니, 어떻게 발명하오면 이 마음의 생멸하지 않는 경지를 증(證)하오리까? 지금 이 대중들로서 누(漏)가 있는 이들은 모두 듣잡고자 하나이다.」
부처님께서 대왕에게 말씀하셨다.
「대왕의 몸이 현재하기에 지금 묻거니와, 대왕의 육신이 금강과 같아 항상 머물러 있고 죽지 않으리라 하는가? 또는 변하여 없어지리라 하는가?」
「세존이시여, 이 육신은 마침내 멸할 것입니다.」
부처님께서 말씀하셨다.
「대왕이 일찍 멸한 적이 없는데, 어떻게 멸할 줄을 아는가?」

174) 『中阿含經』 卷60(大正藏, 卷1 p. 917)
175) 『雜阿含經』 卷16(大正藏, 卷1 p. 108c)
176) 『大正藏』 卷1 p. 917a

「세존이시여, 이 무상하게 변하는 제 몸이 비록 멸한 적은 없사오나, 현전에도 염념(念念)히 변천하고 새록새록 달라지는 것이, 마치 불이 스러져 재가 되듯이 점점 늙어지나이다. 이렇게 쉴새 없이 늙어지므로 이 몸이 반드시 멸할 줄 아나이다.」

부처님께서 말씀하셨다.

「그러하니라. 대왕의 나이는 지금 노쇠하였거니와, 얼굴은 어릴 때와 비교하여 어떠한가?」

「세존이시여, 제가 어렸을 적에는 피부가 윤택하였사오며, 점점 장성하여서는 혈기가 충실하옵더니, 지금 늙어빠져 쇠진(衰盡)하였사옴에, 형용은 초췌하고 정신이 혼매(昏昧)하며, 머리털은 백발이 되고 낯은 쭈그러져 앞날이 멀지 않았사온데, 어떻게 젊었을 때와 비교할 수 있사오리까?」

부처님께서 말씀하셨다.

「대왕의 얼굴이 갑자기 늙지는 아니 하였으리라.」

왕이 말하였다.

「세존이시여, 밀밀히 변화하는 것을 제가 깨닫지는 못하오나 세월이 흘러감에 따라 점점 이렇게 늙었나이다. 그 까닭을 말하오면, 제 나이 20살 적에는 젊었다고는 하나, 10세 적보다는 늙었고, 30세 때는 20세보다 늙었으며, 지금은 62세 이온데 50적을 생각하오면 매우 강건하였나이다.

세존이시여, 밀밀히 변천하는 것이 이렇게 엄청나게 늙었사온데, 그동안 변이(變異)한 것을 10년씩 잡아 말하였거니와, 만일 자세하게 생각하오면, 그 변천하는 것이 어찌 10년 20년 뿐이오리까, 실은 해마다 변하였으며, 어찌 해마다 뿐이오리까, 역시 달마다 변하였으며, 어찌 달마다 뿐이오리까, 실상은 날마다 변하였사오니, 곰곰이 생각하오면 일 찰나 동안도 정주(停住)치 아니 하옴에, 이 몸이 필경에 변멸(變滅)할 줄을 아나이다.」

부처님께서 말씀하셨다.

「대왕이여, 당신이 변천하여 정주하지 아니함을 보고, 필경에 멸할 줄을 아노라 하였거니와, 그 멸할 때에 그대의 몸 가운데 불멸하는 것이 있는 줄을 아는가?」

바사익왕이 합장하고 사뢰었다.

「그것을 참으로 알지 못하나이다.」

부처님께서 말씀하셨다.

「내가 이제 그대에게 불생멸하는 성(性)을 보여주리라. 대왕의 나이 몇 살 적에 항하수(恒河水)를 보았는가?」

「제가 태어난 지 세 살 적에 어머니가 저를 데리고 기바천사(耆婆天舍)에 가서 뵈올 적에 항하를 건너게 되어, 그때에 항하수인 줄 알았나이다.」

「대왕이여, 그대의 말대로 20시절이 10세일 때보다 늙었고, 지금 60이 넘도록 날로 달로 해로 때로 쉬지 않고 변천하였다 하거니와 세 살 적에 이 물을 보던 것과, 13세 적에 보던 것은 그 물이 어떠한가?」

「세살 적과 꼭 같아서 조금도 달라지지 않았사오며, 지금 62살 이옵니다마는 역시 다름이 없나이다.」

부처님께서 말씀하셨다.

「그대가 지금 머리가 세고 낯이 쭈그러짐을 설워하나니, 낯은 어렸을 적보다 쭈그러졌으려니와, 지금에 항하수를 보는 것도 어려서 항하를 보던 것보다 늙어졌는가?」

「그렇지 않나이다. 세존이시여.」

「대왕의 낯은 쭈그러졌을망정, 보는 정기는 성질이 쭈그러지는 것이 아니니라. 쭈그러지는 것은 변하려니와, 쭈그러지지 않는 것은 변하는 것이 아니며, <u>변하는 것은 멸하려니와, 변하지 않는 것은 원래 생멸이 없는 것</u>이니, 어찌 그 가운데서 너의 생사를 받으리라 하여 말가리들이 말하는 이 몸이 죽은 뒤에는 아주 멸한다는 말을 되풀이하느냐?」

「왕이 이 말을 듣고는 몸이 죽은 뒤에도 이 생을 버리고 다른 생에 태어남을 알고, 여러 대중과 함께 뛸 듯이 환희하며 미증유를 얻었느니라.」

아난이 곧 자리에서 일어나 부처님께 예를 올렸다.

大佛頂如來密因修證了義諸菩薩萬行首楞嚴經 卷第二

波斯匿王起立白佛　我昔未承諸佛誨　。見迦旃延毘羅　子。咸言此身死後斷滅名爲涅槃。我雖値佛今猶狐疑。云何發揮證知此心不生滅地。令此大衆諸有漏者咸皆願聞佛告大王汝身現存今復問汝。汝此肉身爲同金剛常住不朽。爲復變壞。世尊我今此身終從變滅佛言大王汝未曾滅云何知滅。世尊我此無常變壞之身。雖未曾滅我觀現前。念念遷謝新新不住　如火成灰漸漸銷殞。殞亡不息。決知此身當從滅盡佛言如是大王。汝今生齡已從衰老。顏貌何如童子之時。世尊我昔孩孺膚　潤澤。年至長成血氣充滿。而今頹齡迫於衰耄。形色枯悴精神昏昧。髮白面皺逮將不久。如何見比充盛之時佛言大王汝之形容應不頓朽。王言世尊變化密移我誠不覺。寒暑遷流漸至於此。何以故我年二十雖號年少。顏貌已老初十年時。三十之年又衰二十。于今六十又過于二。觀五十時宛然强壯。世尊我見密移雖此殂落。其間流易且限十年。若復令我微細思惟。其變寧唯一紀二紀實爲年變。豈唯年變亦兼月化。何直月化兼又日遷。沈思諦觀刹那刹那。念念之間不得停住。故知我身終從變滅

佛言大王汝見變化遷改不停。悟知汝滅亦於滅時。知汝身中有不滅耶。波斯匿王合掌白佛我實不知。佛言我今示汝不生滅性。大王汝年幾時見恒河水。王言我生三歲慈母攜我。謁耆婆天經過此流。爾時卽知是恒河水。佛言大王如汝所說。二十之時衰於十歲。乃至六十日月歲時念念遷變。則汝三歲見此河時。至年十三其水云何。王言如三歲時宛然無異。乃至于今年六十二亦無有異。佛言汝今自傷髮白面皺。其面必定皺於童年。則汝今時觀此恒河。與昔童時觀河之見有童耄不。王言不也世尊。佛言大王汝面雖皺而此見精性未曾皺。皺者爲變不皺非變。變者受滅彼不變者元無生滅。云何於中受汝生死。而猶引彼末伽梨等。都言此身死後全滅。王聞是言信知身後捨生趣生。與諸大衆踊躍歡喜得未曾有。阿難卽從座起禮佛。[177]

---

177) 『大正藏』 卷19 p. 110a

③ 우장(愚杖) / 대령(對靈)[178]

옛날에 태어나자 곧 부모를 잃은 사내아이가 있었다. 다행히 이웃에 부자가 이 아이를 거두었고, '지덕(知德)'이라는 이름도 지어주었다. 주인은 매우 후덕한 사람이어서 잘 자랄 수 있었다. 자라면서 집안 일도 돕고 심부름도 했다. 그런데 이 아이에게는 문제가 하나 있었으니 머리가 매우 아둔한 것이었다. 그래서 주위에서는 그를 '바보 지덕이'라고 불렀다. 이 지덕에게 얽힌 다음과 같은 일화가 있다.

지덕의 나이 20세쯤 된 어느 날, 주인이 시장에 갈 양으로 식전(食前)에 지덕에게 말했다.

「오늘 조반 후에 나와함께 장터에 가자. 그러니 지게를 하나 마련해 놓거라.」

그런데 정작 조반 후에 지덕이가 보이질 않았다. 주인이 식솔들에게 물었다.

「누구 지덕이를 본 사람이 있느냐?」

「식전에 지게를 메고 나가는 것을 보았습니다.」

주인은 '아차' 싶었다. 지덕은 머리가 아둔한지라 길게 말하면 모두 기억하지 못한다는 사실을 잊었기 때문이었다. 그래서 하루 일을 그르치고 말았다.

어느새 하루가 지나고 땅거미가 질 무렵이었다. 주인은 뒷간에 가려고 대청에서 막 내려서려는 순간 눈에 들어오는 것이 있었다. 대문 안으로 들어서는 지덕이었다. 순간 하루 일을 못 본 주인은 화가 치밀어 올랐다. 그래서 노기 띤 음성으로 지덕을 불렀다. 왠지 심상치 않음을 느낀 지덕은 쭈뼛거리며 게걸음으로 주인 앞으로 다가왔다. 주인이 물었다.

「네 이놈, 도대체 어디를 다녀오는 게냐?」

「장터에 다녀옵니다.」

「장터에는 왜 갔더냐?」

「그렇지 않아도 왜 왔는지를 몰라 윗장터 아랫장터로 하루 종일 돌아다니다가 날은 저물고 배도 고파 어쩔 수 없어 지금 돌아오는 길입니다.」

「이 천하의 바보녀석아.」

평소의 주인 같지 않았다. 그래도 분이 풀리지 않았던지 짚고 있던 지팡이로 지덕을 때리려 했다. 그러다 잠시 주춤하더니 지팡이를 거두었다. 때리는 것도 야단치는 것도 무언가 달라지기를 기대하고 하는 일인데, 지덕에게는 통하지 않음을 잘 알고 있었기 때문이었다. 그래도 분이 가라앉지 않았는지 주인은 지팡이를 지덕에게 불쑥 내밀었다. 지덕은 엉겁결에 지팡이를 받아들었다. 지덕의 눈빛은 지팡이를 건네준 이유를 묻고 있었다. 주인이 말했다.

「이 지팡이는 상으로 주는 것이니라. 바보상(賞)!」

순간 지덕이 눈에서는 하염없이 눈물이 쏟아졌다. 그도 그럴 것이 많은 사람들이 바보라고 놀려도 주인의 사랑은 변함이 없었고, 지덕을 놀리는 사람들을 나무라

---

178) 대령(對靈)을 거행하는 이유는 영가를 향단(香壇)으로 맞이하여 영가로 하여금 어디로 가야할지, 어떻게 가야할지, 왜 가야하는지 등을 제시하여 스스로 헤쳐나갈 수 있도록 하려는 것이다.

던 주인이었다. 그런 주인으로부터 '천하의 바보 녀석'이라는 말을 들었고, 맞지는 않았지만 '바보상'까지 얻었기 때문이었다. 주인도 그런 지덕의 모습이 안됐던지 다시 한 마디 보탰다.

「그렇게 서럽고 억울하거든 너 보다 못난 바보를 찾아봐라. 찾거든 그 지팡이를 넘겨주면 될 것 아니겠느냐.」

이런 말을 남기고 주인은 화장실 쪽으로 사라졌다. 지덕도 어쩔 수 없이 제방으로 들어갔다. 손에 들려있는 지팡이를 보았다. 보면 볼수록 설움이 복받쳤다. 그러나 하루 종일 굶은 탓에 지덕이도 지쳐있었다. 지팡이를 벽장에다 처박아 넣고는 이내 잠이 들었다.

그리고 몇 년인가 세월이 흐른 어느 날이었다. 아침에 집안 분위기가 여느 때와 달랐다. 얼마 전부터 노환으로 애쓰던 주인이 임종(臨終)에 처해 있다는 것이었다. 지덕이도 걱정이 안 될 수 없었다. 주인 방으로 들어갔다. 지덕이의 눈에도 주인의 상태가 좋지 않음이 느껴졌다. 지덕은 주인 옆에 무릎을 꿇고 가만히 앉았다. 그리고는 이불 밖으로 나와 있는 주인의 손을 가만히 잡았다. 누군가 온 것을 느꼈는지 어렵사리 눈을 떴다. 이내 두 사람의 눈길이 마주쳤다. 그 순간 지덕이가 입을 열었다.

「어르신 왜 이러십니까?」
「내가 이제 가려나보다.」
「어디로 가십니까.」

주인은 고개를 가로 저었다. 그러자 이번에는,

「언제 가십니까?」

주인은 또 고개를 가로 저었다. 지덕의 질문은 이어졌다.

「어떻게 가십니까?」
「왜 가십니까?」
「무엇 때문에 가십니까?」

주인은 기가 막혔다. 자신을 놀리는 것이라 여겼다. 그래서 사력을 다해 '네 이놈—'하고 호통을 치려했다. 그러자 지덕은 그러는 주인을 만류하며 말했다.

「어르신 가실 길이 바쁘시더라도 잠깐만 기다려 주십시오.」

그리고는 자기 방으로 달려가 벽장을 열고 무언가를 꺼냈다. 몇 해 전에 처박아 두었던 지팡이였다. 지덕은 주인에게 돌아가 주인의 손에 쥐어주었다.

「무슨 짓이냐?」
「어르신 잊으셨습니까? 이 지팡이는 여러 해 전 주인께서 제게 '바보상'으로 주신 것입니다. 그 때, '너 보다 못난 바보를 찾거든 넘겨 주라'고 하셨습니다. 그래서 열심히 찾아보았습니다. 그리도 찾기 어렵더니 오늘에서야 찾았습니다.」

이렇게 말하는 지덕이의 표정은 매우 진지했다.

이야기는 여기서 끝나지만, 그 지덕이가 우리 앞에 나타나 지팡이를 내민다면 '내게는 필요치 않다'고 말 할 수 있는 사람이 과연 얼마나 될는지…?!

④ 염라대왕의 질문 / 관욕(灌浴)[179]

회사를 경영하던 사람이 어느 날 세연(世緣)이 다하여 염라대왕 앞에 섰다. 염라대왕이 물었다.

「그대는 누군가?」
「예, 저는 ○○회사 사장(社長)입니다.」
「그대의 직함을 묻는 것이 아니고 그대가 누구인지를 묻는 것이다. 그대는 누구인가?」
이 사람은 잠시 생각하더니
「아무개의 남편입니다.」
「가족 관계를 묻는 것이 아니라 그대가 누구인지를 묻는 것이다. 그대는 누군가?」
이렇게 질문과 답변은 이어졌지만 염라대왕이 기대하는 답은 나오지 않았다.

생각커니와 지금껏 우리들이 자기 자신이라고 규정해온 나는 예외 없이 이 세상에 와서 얻은 것들로서 진정한 내가 아니다. 오히려 거짓이 참을 가려버린 결과를 초래한 것이다. '관욕(灌浴)'은 참이 아닌 것을 모두 씻어버리고 청정한 자아(自我)를 되찾게 하려는 의식인바 '염라대왕의 질문에 답할 것을 준비하는 의식'이라 하겠다.
특히 극락(極樂)이라는 청정한 국토에 들어가기 위해서는 스스로 청정하지 않으면 안 되기 때문이다.
귀 기우려보면 누군가의 목소리가 들려온다.
「그대는 누군가?」
선가(禪家)에서 말하는 부모미생전(父母未生前)의 소식(消息)을 알아야 답이 나올 것 같다.

⑤ 원숭이 잡는 법 / 천도(薦度)[180]

인도(印度)에는 원숭이를 잡는 비법이 있다. 방법은 의외로 간단하다. 큼지막한 나무 상자를 만들어 놓고, 원숭이 손이 가까스로 들어갈 만한 구멍을 뚫어 놓는다. 그리고 상자 안에 원숭이가 탐낼만한 망고나 바나나 같은 과일을 넣어두기만 하면 된다.
과일의 아름다운 냄새에 사로잡힌 원숭이는 탐색을 끝낸 후 별 의심 없이 손을 상자

---

179) 관욕(灌浴)을 거행하는 이유는 영가로 하여금 부모미생전소식(父母未生前消息) 즉, 자신의 본모습이 무엇인지를 깨닫고 본래면목(本來面目)을 회복할 수 있도록 도움을 주려는 데 있다.
180) 사십구재를 위시한 천도재(薦度齋)는 영가로 하여금 '참'과 '거짓'을 구분하여 참이 아닌 것에 대한 집착을 놓아버리고 참인 열반의 세계를 향하도록 하는 데 그 목적이 있다.

부록

안으로 밀어 넣어 과일을 움켜쥔다. 싱겁지만 원숭이 포획작전은 이로써 끝이다. 과일을 쥔 채로 손을 빼기에는 상자의 구멍은 너무 작다. 사람이 다가가면 원숭이는 본능적으로 달아나려 한다. 그러자면 손에 쥐고 있는 과일을 놓아버리는 것이 순서다. 그러나 원숭이는 과일을 포기하려 하지 않는다. '방하착(放下著)'을 모르는 원숭이의 욕심이 결국 자신을 잡히게 하고 만다.

망연(妄緣)! 원숭이에게는 과일이 망연이고, 늘 자신의 이익을 우선순위에 두고 살아가는 우리에게는 오욕(五欲)과 같은 욕심이 망연이다. 사대(四大)·육진(六塵)·심식(心識)이 곧 망연의 대상이다. 이들에 대한 욕심을 놓아버리지 않으면 무상살귀(無常殺鬼)에 잡히고 만다. 그리하여 지금까지 그랬듯 삼계육도(三界六道)라는 상자에 손목을 잡힌 채 끊임없이 고통으로 지내야 한다. 현주소가 '사바세계(娑婆世界=堪忍世界)'인 우리들에게 과일을 쥐고 있는 원숭이를 비웃을 자격이 아직은 없다.

---

⑥ 제법무아(諸法無我) / 뒤바뀐 몸

제법무아(諸法無我)의 이치를 실감하기에 알맞은 내용으로써 『중경찬잡비유경(衆經撰雜譬喩經)』에 다음과 같은 내용이 있기로 소개한다.

옛날 어떤 사람이 먼 길을 가다 빈집에서 혼자 잤다. 한밤중에 귀신 하나가 죽은 사람의 시체를 메고 와 그의 앞에 내려놓았다. 그 뒤에 또 다른 귀신이 쫓아와 화를 내며 먼저 온 귀신을 꾸짖었다.

「이 시체는 내게 있었는데 왜 네가 메고 왔는가.」

두 귀신은 각기 한 팔씩 잡고 서로 다투더니, 먼저 온 귀신이 말했다.

「여기 사람이 있으니 물어보자. 이 시체를 누가 메고 왔는지」라고,

그는 생각하였다. '이 두 귀신은 모두 힘이 세다. 바른 말을 해도 죽을 것이요, 거짓말을 해도 죽을 것이다. 어차피 죽음을 면치 못할 바에야 왜 거짓말을 하겠는가' 그래서,

「먼저 온 귀신이 메고 왔다.」고 본 대로 말하였다.

뒤에 온 귀신은 불같이 화를 내며 그 나그네의 팔을 뽑아 땅에 내던졌다. 그러자 먼저 온 귀신은 곧 죽은 사람의 한 팔을 뽑아 보충시켜 주었다. 이와 같이 뒤에 온 귀신은 그 나그네의 두 다리, 머리, 옆구리 등을 차례로 뽑아 버렸고, 먼저 온 귀신은 곧 죽은 사람의 그것들로 붙여주어 본래와 같이 되었다. 그러더니 두 귀신은 땅에 버려진 나그네의 몸을 같이 나눠먹고 입을 닦으며 떠났다.

나그네는 생각했다.

'우리 부모께서 내 몸을 낳아주셨는데, 저 두 귀신이 내 몸을 모두 다 먹는 것을 내 눈으로 보았다. 지금 나의 이 몸은 모두 다른 사람의 것이다. 지금 내게는

과연 몸이 있는 것인가 없는 것인가. 만일 몸이 있다면 그것은 모두 남의 몸이요, 없다면 지금 이 몸은 무엇인가'고.
생각이 여기에 이르자 그 마음이 헷갈리고 어지러워 마치 미친 사람 같았다. 이튿날 아침 앞의 나라로 가서 불탑과 스님들이 있는 것을 보고,
「다른 일은 여쭙지 않겠습니다. 다만 내 몸이 있나 없나를 여쭙니다.」고 하니, 비구들이 묻기를,
「그대는 누구인가.」라 하였다.
「나도 사람인지 아닌지 모르겠습니다.」라 하며, 스님들에게 자초지종을 자세히 말하였다.
그러자 모든 비구가 말하였다.
「이 사람은 스스로 나 없음을 안다. 곧 제도될 수 있을 것이다.」고 하였다.
「그대 몸에는 본래부터 언제나 '나'가 없다. 지금만이 아니다. 다만 네 가지 요소가 모였기 때문에 '내 몸'이라고 헤아리는 것이다.」
그는 곧 제도되어 도를 닦아 모든 번뇌를 끊고 아라한의 도를 얻었다.[181]

예전에는 경(經) 가운데서, 지금은 의학에서, 공간 위에 자리한 것은 모두가 인연에 의해 이루어진 것이라는 삼법인(三法印)의 두 번째 덕목 제법무아(諸法無我)의 이치를 깨닫는다. 인연으로 이루어진 유위법(有爲法)은 어느 것을 막론하고 고정적 실체가 없다. 애초부터 그럴 수가 없었던 것이다. 따라서 지금의 자신을 진정한 나라고 생각한다면, 그 생각 자체가 오해다. 호흡을 계속하면서, 땀을 흘리면서, 용변을 보면서, 심지어는 수술과 같은 일로 자신의 일부를 적출함을 보면서까지도 자기 자신이라고 믿는 것은 집착이고 착각일 뿐이다. 불교의 입장에서는 제법무아를 실감케 해주는 과학과 의학의 발전이 고맙기만 하다.
일체의 희로애락은 자아를 전제로 존재하는 것이다. 자아가 존재하지 않는 상황에서의 희로애락은 허상일 뿐이다.

---

⑦ 설산동자(雪山童子) / 무상게(無常偈)

『대반열반경(大般涅槃經)』[182]의 내용을 간단히 소개하면 다음과 같다.

옛날 석존께서 인행시에 무량무수 겁을 두고 귀천을 가리지 않으시고 갖가지 몸으로 온갖 선행과 고행을 하셨다. 어떤 때는 남의 하인이 되어 참기 어려운 괴로움을 참아가며 이웃과 상전을 위해 목숨을 아낌없이 바치기도 하셨고, 어떤 때는 큰 부자가 되어 옷 없는 사람에게는 옷을, 밥이 없는 사람

181)『大正藏』卷4 p. 531c
182)『大正藏』卷12 p. 692

에게 밥을 주시고 병든 이에게는 약을 베푸시는 등 불우한 사람들을 구제하셨다. 또, 때로는 악녀의 남편이 되어 자신을 희생하며 자비로 인도하여 바른 길을 가도록 하셨고, 때로는 신하가, 때로는 임금이 되기도 하셨다. 이렇듯 보살로서 만행을 하시는 가운데 한 번은 설산동자로 계신 적이 있었다. 기암괴석과 맑은 시냇물, 이름 모를 나무들과 숲 속의 약초, 아름다운 새들이 깃들이며 뭇 짐승들이 평화롭게 살고 있는 깊은 산 속에서 인생과 우주의 진면목을 찾아 열심히 공부하고 있었다.

그러던 어느 날 환희(歡喜)라는 천인이 이십팔천(二十八天) 가운데 인간세상에서 두 번째 하늘인 제석천의 천주(天主)인 제석(帝釋)에게 이렇게 말했다.

「제석이시여, 인간 세상에 중생을 위해 자기 몸을 돌보지 않고 한량없는 고행을 하며 생사의 괴로움을 여의고자 하는 거룩한 이가 있사온데 설산동자라 하옵니다. 그는 이 세상 모든 것은 다 헛되고 괴로움의 씨앗임을 잘 알고 있습니다. 설사 금·은·보배가 바다와 육지에 가득 차있다 하더라도 결코 탐내지 않을 것이며, 돌아보지도 않을 사람입니다. 부귀영화는 물론 나라나 처자 내지는 자신의 눈·귀·코·머리·몸뚱이·목숨까지도 버리고 오직 중생들로 하여금 위없는 진리인 '아뇩다라삼먁삼보리'를 깨우치도록 하고자 할 따름입니다.」

제석천왕은 이 말을 듣고 감탄하여 이렇게 말하였다.

「그렇다면 그는 세상의 모든 중생을 건져 줄 분이로다. 만일 부처님의 나무가 있다면 천·인 내지 아수라 등 모든 중생들이 그 부처님 나무의 서늘한 그늘 밑에서 번뇌의 녹이 다 스러질 것이다. 그분이 이다음 세상에 성불하면 우리들도 번뇌의 불길을 끄고 보리심을 일으킬 수 있을 것이다. 그러나 그것은 매우 어려운 일이다. 수많은 사람들이 '아뇩다라삼먁삼보리'를 향한 발심을 하지만, 물위에 비치는 달의 그림자가 물이 흔들리면 따라서 흔들리는 것처럼 조그만 인연에도 끄달려 곧 마음이 흔들리는 것을 나는 많이 보았다. 내 이제 그에게 가서 정말 '아뇩다라삼먁삼보리'라는 무거운 짐을 감당할 수 있을지 어떨지 한번 시험해 보아야겠다. 참으로 그대의 말처럼 거룩한 분인지 알아봐야겠다. 수레는 두 바퀴가 있어야 구르고, 새는 두 날개가 있어야 날듯 수도하는 사람도 계를 굳게 지키고, 밝은 지혜를 닦아야 하는데, 과연 그분에게 깊은 지혜가 함께 있는지 궁금하구나. 물고기는 많은 알을 낳지만 물고기가 되는 수는 극히 적고, 암마라 나무에 꽃은 많이 피지만 열매는 그보다 훨씬 적은 것과 같아 발심하는 사람은 많지만 성불하는 이는 적다. 진금(眞金)인지 아닌지는 불에 달구고 두들겨 보면 알 것이다.」

이렇게 말하고 제석천왕은 설산동자를 시험해 보기 위해 사람의 더운피와 살을 먹고산다는 흉악한 나찰의 몸으로 변화하여 설산으로 향했다. 그리고는 설산동자가 고행정진하고 있는 곳에서 조금 떨어진 자리에 서서 맑은 음성으로 게송을 크게 외웠다.

「시간 위에 모든 것 항상함이 없나니(諸行無常) / 이것이 곧 생하고 사멸하는 법일세(是生滅法)」

선정에 들어있던 설산동자는 나찰이 읊은 게송을 듣고 정신이 번쩍 들었다. 그 게송의 뜻이 바로 그동안 찾고 있던 진리임을 알았기 때문이다. 마치 망망한 대해에 표류하며 정처 없이 떠내려가던 사람이 구조선을 만난 듯 기쁨과 기대에 가득 차 설레는 마음을 진정하며 설산동자는 사방을 두루 살폈다. 그 게송을 읊은 주인공을 찾아서 그 나머지 법문의 내용과 거룩한 진리를 더 배우고 싶어서였다. 그러나 아무리 전후좌우를 살펴보아도 게송을 읊었음직한 도인다운 이는 고사하고 사냥꾼이나 나무꾼 같은 사람조차도 찾아 볼 수가 없었다. 그런데 한쪽을 보니 송곳니는 툭 튀어나오고 뒤집힌 듯한 눈알을 부라리며 곧 잡아먹을 듯 무서운 모습의 나찰이 있었다. 그래서 설산동자는 나찰은 쳐다보지도 않고,

「누가 해탈의 문을 열어 보이셨는가? 누가 생사해탈의 무상도를 말하셨는가? 누가 이 게송을 읊어서 답답하던 나의 마음을 시원하게 해 주셨단 말인가?」하며 게송을 설한 선지식을 찾아보았다. 그러다 다시 생각했다.

「아니다. 나의 판단이 슬기롭지 못할지도 모른다. 여기에는 저 나찰밖에 없다. 혹시 저 나찰이 어느 생(生)에선가 부처님을 뵙고 이 게송을 들었을 수도 있지 않은가?! 그래서 들은 풍월로 외워댔는지도 모른다.」

이렇게 생각한 설산동자는 무서움도 잊은 채 나찰에게로 다가갔다.

「당신께서는 어디서 이런 게송을 들으셨습니까? 이 게송은 진실로 삼세제불의 정도(淨道)입니다. 외도의 법에서는 이런 진리를 들을 수 없었습니다.」

그러나 나찰은 이렇게 대답한다.

「그대는 나에게 아무 말도 하지 말라. 하도 여러 날을 굶었더니 도무지 기운이 없어서 아무 말도 할 수가 없다.」

설산동자는 나찰에게 다시 말했다.

「당신이 만일 게송의 나머지 반을 마저 일러 주신다면 나는 일생을 두고 당신의 제자가 되어 지성으로 받들어 모시겠습니다. 당신께서 조금 전에 읊으신 게송은 글로도 반쪽이고 뜻으로도 완전하지 못합니다. 재물을 남에게 보시하는 경우 그 복은 다 할 때가 있습니다만, 진리를 보시한 공덕은 끝이 없는 것입니다. 나는 지금 이 게송을 듣고 너무도 놀랍고 환희스럽습니다. 그러나 다음 내용이 어떤지 매우 의심스럽고 궁금하오니 게송의 나머지를 마저 가르쳐 주십시오.」

이에 나찰은 이렇게 말했다.

「그대는 지나치게 꾀가 많아 자기만 알고 남의 사정은 아예 모른 체 하는구나. 나는 지금 배가 고파서 말을 하려야 할 수가 없다.」

설산동자는 다시 물었다.

「대체 당신께서는 무엇을 드셔야 하는데 그렇게 배가 고프시단 말입니까?」

「내 말을 들으면 그대는 놀라서 까무러칠 것이다. 내가 먹는 음식은 사람의 더운피와 살이다. 나는 전생에 극악무도한 죄업을 지었기 때문에 그 업보로 사람을 잡아먹어야 한다. 그러나 천신(天神)들이 사람들을 수호하기 때문에 함부로 사람을 잡아먹을 수 없는 것이 실정이다.」

이 말을 들은 설산동자는 망설임 없이 말했다.

「당신께서 만일 나머지 게송을 마저 일러 주시면 나는 기꺼이 이 몸을 당신에게 공양하겠습니다. 설사 내가 좀 더 살다가 죽는다 하더라도 이 육신이야 별 수 없지 않겠습니까?! 필경에는 호랑이·늑대·여우의 밥이 될 것이니, 무상대도를 일러주신 당신께 이 몸을 공양하는 것이 공덕이 될 것입니다. 보잘 것 없는 육신을 버려 금강 같은 법신을 구하려는 것이오니 조금도 의심치 마시고 나머지 게송을 어서 말씀해주십시오.」

이에 나찰은 또 이렇게 말했다.

「그렇지만 당신의 그 말을 내가 어떻게 믿을 수 있겠소. 나머지 반쪽 게송을 듣기 위해 귀중한 생명을 버린다니 나는 도무지 곧이 들리지가 않소.」

「세상 사람들이 질그릇을 주고 칠보의 보배 그릇을 가지라면 좋아하지 않는 이가 없듯, 나 역시 이 연약하고 허망한 육신을 주고 금강 같은 진리의 몸과 바꾸려는 것입니다. 나의 이 언약은 범천·제석·사천왕이 증명할 것이며 남의 마음을 환히 아는 타심통을 얻은 자비보살께서 모두 증명이 돼 주실 것입니다.」

이렇게 하여 나찰은 설산동자의 몸을 제공받기로 하고 나머지 반쪽 게송을 일러주었는데, 그 내용은 다음과 같다.

「생멸하는 그것이 없어지고 말아야(生滅滅已) / 모든 고통 사라져 즐거움만 남나니(寂滅爲樂)」

게송을 다 읊고 난 나찰은 설산동자를 향하여,

「이제 당신은 소원을 성취하였소?」하고 물었다. 설산동자는 고맙다는 말을 수없이 했으며 게송의 뜻을 다 알아들은 동자는 뛸 듯이 기뻐하며 여기저기 돌과 벽과 나무에 그 게송을 다 새기고 써서 뒷날 발심 수도하는 이들의 길잡이가 되도록 하고는 드디어 나무 위로 올라갔다. 그리고 큰 소리로 이렇게 외쳤다.

「이 세상 사람들이여, 간탐하고 인색한 사람들이여, 모두 와서 내가 몸을 던져 법을 구하는 모습을 보라. 또, 작은 것을 베풀고 큰 것을 구했다고 뽐내는 사람들은 와서 진리의 게송을 위해 생명을 버리는 뜻을 새겨 참다운 도를 위해 발심하라.」

말을 마친 설산동자는 나찰 있는 곳으로 몸을 던졌다. 그때 제석은 짐짓 나투었던 나찰의 몸을 거두고 본래의 몸인 제석천의 모습을 나투었다. 그리고 설산동자가 땅에 떨어지기 직전 두 손으로 동자의 몸을 받들어 조심스럽게 땅 위에 내려놓고 설산동자에게 예경하였다. 그러자 제석천왕을 따라 왔던 여러 천신들도 다함께 동자의 발아래 예경하였으며, 이때 제석천은 이렇게 말했다.

「참으로 장하십니다. 당신은 정말 대도를 성취해서 무량중생을 구제하실 대보살이십니다. 캄캄한 이 암흑세계에 밝은 법의 횃불을 켜주실 어른이며, 망망대해에 표류하는 불쌍한 중생들을 건져주실 하늘이며, 인간세상의 참된 구세주이십니다. 내가 큰 법을 아끼기 위해 당신을 시험하였사오나 그 죄를 이제 진심으로 참회하오니 자비로 받아 주십시오. 당신은 반드시 오는 세상에 위없는 아뇩다라삼먁삼보리를 이루시리니 그때는 꼭 저희들을 제도하여 주옵소서.」하고 물러갔다.

보살은 이렇게 자신의 목숨조차도 아끼지 않고 온갖 수행을 하며 오직 크고 바른 아뇩다라삼먁삼보리만을 위하여 보살행을 일념으로 닦고 또 닦았다.

---

8 오달국사(悟達國師)와 인면창(人面瘡) / 인과법(因果法)

불조삼부경(佛祖三部經) 가운데 하나인 「위산대원선사경책(潙山大圓禪師警策)」에

가령 백천겁을 지나더라도 지은바 업은 없어지지 않나니 인연이 모이게되면 과보를 되돌려 스스로 받느니라(假使百千劫 所作業不亡 因緣會遇時 果報還自受)[183]

라는 말씀이 있다. 아래 내용은 이와 같은 인과의 이치를 여실히 보여주고 있기로 소개하고자 한다.

중국 당나라 때 지현(智顯)이란 스님이 있었다. 계행이 청정하고 정혜를 닦음이 남달라 대중 가운데 뛰어났다. 항상 마음이 자비로워 대중 스님들은 그를 추천하여 간병 일을 보게 하였다. 간병이란 환자를 간호하는 직무이다.

하루는 생긴 것이 이상하고 성질 역시 그에 못지않게 괴팍한 환자가 왔다. 자신의 뜻과 맞지 않으면 야단을 치고 때로는 구타까지도 서슴지 않았다.

몸에는 이미 만성이 된 문둥병으로 사방이 온통 곪아 피와 고름이 옷과 하나가 되어 있었다. 악취 또한 심하여 코를 둘 수가 없는데도 항상 옆에 불러 앉혀 놓고 떠나지를 못하게 했다.

---

183) 安震湖 編 『精選懸吐 緇門』(法輪社, 昭和 11), 4丈下 <潙山大圓禪師警策>
『福蓋正業所集經』卷三(續藏經, 卷2 195上) / 經於百千劫 彼業不可壞 因緣和合時 果報決定受

지현스님은 생각했다.

'이 사람의 거친 성품은 참기 어려운 고통 때문이다. 참으로 가엾은 일이다. 어떻게든 쾌차토록 정성을 다해야겠다.' 하고 정성껏 간병하며, 좋은 약이 있다는 소리만 들으면 원근을 불문하고 가서 구해왔다. 그런데도 노장 스님의 신경질적인 태도는 줄어들 줄 몰랐다. 자신을 위해 밥을 짓고, 죽을 쑤고, 약을 대려 정성껏 갔다 드리면, 밥그릇을 팽개치거나 죽 그릇을 내던지기도 했다. 뿐만 아니라 때로는 약이 쓰다고 투정을 부리기도 하였다. 그런데도 지현스님은 화는커녕 오히려 미안해하며 간호에 전념하였다. 정성스런 간호 덕분이었던지 차츰 차도가 있어 3개월쯤 되자 완치되었다.

노장스님은 그곳에 더 머물 일이 없게 되었다. 드디어 떠나는 날, 여느 때와 다른 태도로 지현스님에 대한 감사의 뜻을 나타내었다.

「가히 현세의 보살이다. 복을 짓는 가운데는 간병보다 더 나은 것이 없는데, 정성으로 간호하여 내 병을 이렇게 낫게 해주었으니 참으로 감사할 뿐이다. 그대 나이 40이 되면 이 나라의 국사가 되어 황제와 백성의 존경을 받으리라. 그런데 혹여 천하제일의 의복을 입고 천하제일의 음식을 먹으며 황제와 나란히 봉연(鳳輦)을 타고 다닌다고 해서 아만심(我慢心)이 생긴다면 크게 고통 받는 일이 있으리라. 그 때에는 꼭 나를 찾아야 할 것이니 잊지 말라.」

하였다. 그러자 지현스님은,

「스님은 별 말씀을 다 하십니다. 저 같은 사람에게 나라의 국사는 다 무엇이며 천하일미가 무슨 상관이 있겠습니까? 오욕(五欲)을 버리고 출가수도 하는 것은 견성성불(見性成佛)하여 한량없는 중생을 제도코자 하는데 뜻이 있는 것이니, 설사 그러한 지위에 나가게 된다하더라도 초근목과(草根木果)와 현순백결(顯順白潔)의 누더기를 떠나지 않겠습니다.」

「허어, 그 사람 장담은─」

「하온데 스님, 스님께서 계신 곳이나 일러주십시오.」

「그렇군. 내가 있는 곳은 다룡산 두 소나무 아래 영지 옆이니 아무 때고 그리로 오면 만날 수 있을 것이다.」

「감사합니다. 만일 그런 일이 있으면 꼭 찾아뵙겠습니다.」

이렇게 노장스님과 지현스님은 아쉬운 작별을 하였다. 그리고 세월이 흘러 지현스님 나이 40세가 되었을 때였다. 나라에서는 국사를 모시고자 천하 총림에 조서를 내렸는데 이구동성으로 지현스님을 추천하였다. 극구 사양하였으나 결국 국사 자리에 앉게 되었다. 드디어 의종(懿宗) 황제의 명을 받고 오달조사(悟達祖師)라는 호를 받기에 이르렀다. 금빛 찬란한 비단장삼에 금란가사(金襴袈裟)가 몸에 둘러지고 천하에 제일가는 음식이 입에서 떠나지 않았다. 만조백관조차도 국사 앞에서는 꼼짝 못하고, 또 황제는 항상 그를 자기와 똑같은 봉연(鳳輦)에 태워 함께 다니며 정사를 자문하니 오히려 황제보다도 높은 듯했다.

그러다 보니 오달조사는 자신도 모르는 사이에 아만심이 생겼다. 지난날의 청정한 계행은 간 곳이 없고 40여 년 동안 행하여온 오후불식(午後不食)도

지키지 않았다. 그러던 어느 날이었다. 이상하게도 넓적다리가 쓰리고 아팠다. 만져보니 난데없는 혹이 하나 났는데 시시각각으로 커져 사람의 머리만 해졌다.

그 자체만으로도 충분히 괴로운데, 그 혹에는 머리도 나고 코도 있고 눈도 생겨 필시 사람의 얼굴과 꼭 같아졌다. 걸을 때면 씻기고 아파 견딜 수가 없었으므로 걸음걸이는 절뚝거렸고 얼굴은 저절로 찡그려졌다.

무엇보다도 오달국사의 특징 가운데 하나가 자비로운 모습이었는데, 고통으로 일그러진 모습으로 만조백관을 대하게되니 세상에 그 보다 더 괴롭고 가슴아픈 일은 없었다. 백방으로 약을 써 보았으나 낫지 않았다.

설상가상! 하루는 이상하게도 그 아픈 곳에서 사람의 목소리가 들리는 듯했다. 밤이 되기를 기다려 가만히 옷을 벗고 들여다보니 어쩌면 그렇게도 사람의 얼굴과 꼭 같은지 기가 막혔다. 그래서 인면창(人面瘡)이라 부르리라고 마음을 먹었다. 그런데 그 인면창이 말했다.

「오달아, 좋은 음식을 너만 먹지 말고 나에게도 좀 다오. 그리고 걸음을 걸을 때는 제발 조심 좀 해주렴. 네가 억지로 걸음을 똑바로 걸으려 할 때마다 나는 얼굴이 씻겨지고 아파 견딜 수가 없구나.」

하였다. 오달국사는 깜짝 놀라,

「네가 도대체 누구인데 나를 이렇게 괴롭히는 거냐? 무슨 연유인지 말이나 해 보아라.」

그러나 인명창은 입을 꼭 다물고 말하지 않았다.

오달조사는 왈칵 소름이 끼쳤다. 창피하여 견딜 수가 없었다. 명색이 일국의 국사로서 이러한 병을 가졌다면 얼마나 추하고 창피스런 일인가. 오달국사는 부귀도 영화도 다 싫어지고 임금님을 대하는 것도 만조백관이나 천하총림의 대덕들을 대하는 것도 다 싫어지고 부끄럽게 느껴졌다. 그러던 차에 몇 년 전 오늘과 같은 일이 있을 줄 예견하고 일러준 노장스님의 말씀이 문득 떠올랐다.

'네 나이 40이 되면 나라의 국사가 되어 천하의 존경을 받고 천하제일의 옷을 입고 천하제일의 음식을 먹으며 황제와 나란히 봉연을 타고 다니리라. 그러나 아만심을 버리지 아니하면 크게 고통 받는 일이 있을 것이다. 그 때는 마땅히 나를 찾아오너라. 나는 다룡산 두 소나무 아래 영지 옆에 있느니라.' 던 이 말씀을 생각해낸 오달국사는 즉시 길을 나섰다.

여러 날 걸려 다룡산 두 소나무 사이에 이르니 안개가 자욱하게 끼었는데 어디서 이상한 풍경 소리가 들렸다. 가까이 다가가 보니 조그만 정자가 있는데, 그 곳에 바로 그때 그 노장스님이 앉아 있었다.

「네가 올 것을 기다리고 있었느니라.」

오달조사는 반가운 인사도 창피도 뒤로하고 바지를 내리더니 자신의 인면창을 가리켰다. 그리고는,

「스님, 제발 이것 좀 고쳐 주십시오.」

「그래서 내가 이르지 않았더냐. 그런데도 너는 설사 국사가 된다 하더라도

초근목과와 현순백결의 누더기를 떠나지 않는다고 호언장담을 하였었지…?
네 몸의 인면창은 바로 전생의 네 원수다. 저 아래 영지(領地)로 내려가 씻
으면 말끔히 없어질 것이니라.」

노장스님의 이 같은 말을 들은 오달국사는 한달음에 영지가 있는 곳으로
내려갔다. 그때였다. 인면창이 말하기를,

「내가 너에게 할 말이 좀 있다.」

「무슨 말이냐?」

「네가 나를 알아보겠느냐?」

「내가 어찌 너를 알 수 있겠느냐?」

「그럴 것이다. 그러나 나는 너를 잊지 않고 있었다. 나는 옛날 한 나라 경
제(景帝)때 재상 '조착(晁錯)'이다. 네가 오나라의 재상인 '원앙(袁盎)'으로 있
을 때 우리나라의 사신으로 왔다가 무슨 오해를 가졌던지 경제임금께 참소
(讒訴)하여 나를 무고히 죽게 하였다. 그러므로 나는 이것이 원한이 되어 기
회만 있으면 원수를 갚고자 하였다. 그런데 네가 세세생생에 승려가 되어 계
행을 청정히 지니고 마음 닦기를 게을리 하지 않아 좀체 틈을 얻지 못하였
다. 그런데 마침 네가 국사가 되더니, 계행은 해이해지고 수행에도 게으름을
부려 모든 선신(善神)이 너를 버리고 떠나갔느니라. 드디어 원수를 갚을 때
라고 생각하고 인면창으로 변하여 지금에 이른 것이다. 그러나 어쩌겠느냐.
네 불심이 장하고, 많은 사람을 구제해 온 공덕으로 오늘 저 스님의 은혜를
입게 되었으니, 나로서는 더 어쩔 수가 없구나. 이 못은 해관수(解寬水)라는
신천(神泉)으로 한번 씻으면 만병이 통치되고 묵은 원한이 함께 풀어지기 때
문이다. 그리고 정자에 계시던 스님은 말세의 화주(化主)로 다룡산에 계시는
가낙가존자(迦諾迦尊者)이시니라. 이러한 성현의 가피를 입어 너와 내가 세
세생생의 원수를 풀고 진실한 도를 구해 나아가게 되었으니 어찌 다행한 일
이 아니랴. 그럼 잘 있거라!」

하고 그 인면창은 감쪽같이 스며들었다. 오달국사는 그 동안의 해이된 계행,
거만한 마음을 참회하고 그 물에 목욕하니 병은 간 곳이 없고 몸은 날아갈
듯 했다. 해관수에서 나와 존자를 뵙고자 그 곳을 찾았더니 소나무는 여전한
데 정자와 사람은 간 곳이 없었다. 성현의 영적(靈跡)임에 분명했다.

오달국사는 이로부터 곧 국사의 자리를 내놓고 그 곳에 안주하여 자비수참(慈悲
水懺)184)을 짓고 아침저녁으로 부지런히 행하니 모든 수행인의 본이 되고 시방제
불의 찬탄한바 되었다.

---

184) 【수참水懺】(佛光大辭典, p. 1493-中) / 唐代悟達國師以三昧水洗瘡而濯除累世冤業之懺法. 又作水懺
法·三昧水懺·慈悲水懺·慈悲水懺法. 悟達於過去世爲袁盎時, 曾斬晁錯 ; 其後十世中, 袁盎轉爲戒律精
嚴之高僧, 故晁錯累世雖思報復而無機會. 後因懿宗之禮遇, 師名利心起, 招損其德, 冤業乃乘機而入, 於其
膝上生人面瘡, 眉目口齒俱備, 每以飮食餵之, 則開口呑啖, 與人無異, 雖遍召名醫而無效. 後蒙迦諾迦尊者
之助, 以三昧法水洗瘡, 瘡乃癒. 師爲啓後人懺悔之門, 更作懺文三卷(慈悲水懺法, 又略稱水懺), 令衆生至
誠懺罪, 以消釋宿世冤業. [慈悲道場水懺序]

9 위패(位牌) 조성법

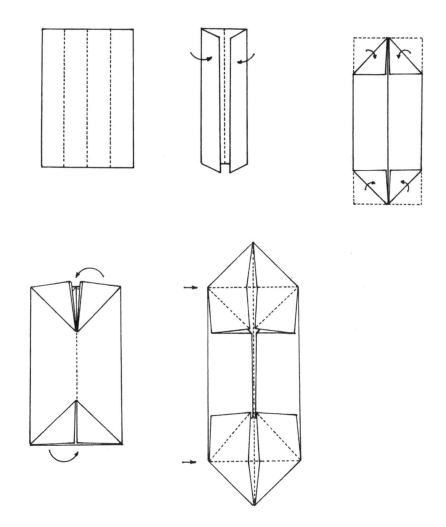

① 가로 33cm. 세로 42cm인 한지를 세로로 놓고,

② 그림과 같이 ¼씩 화살표 방향으로 접는다.

③ 네 귀를 화살표 방향으로 접는다.

④ 뒤로 돌려 그림과 같이 접었다 다시 앞으로 돌려 편다.

⑤ '④'에서 생긴 선을 따라 접어 올린다.　　　☞ 다음 쪽으로 이어짐

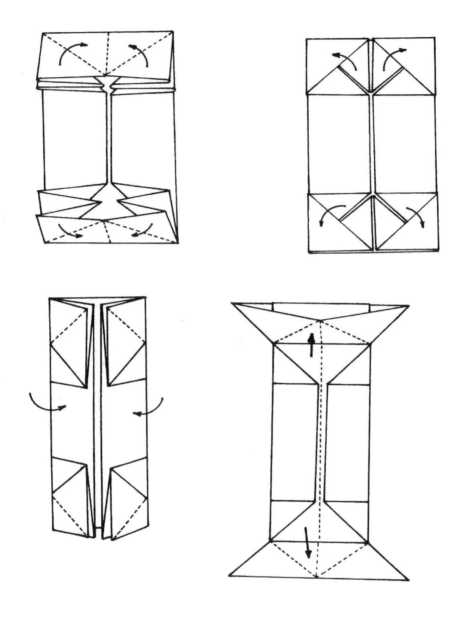

⑥ '⑤'의 삼각부분을 밀어 올려 접은 다음 네 귀를 편다.

⑦ 네 귀를 표시대로 접고 뒤집는다.

⑧ 뒤로 접은 다음 다시 앞으로 돌린다.

⑨ 화살표대로 밀어 올린다.　　　　　　　　　☞ 다음 쪽으로 이어짐

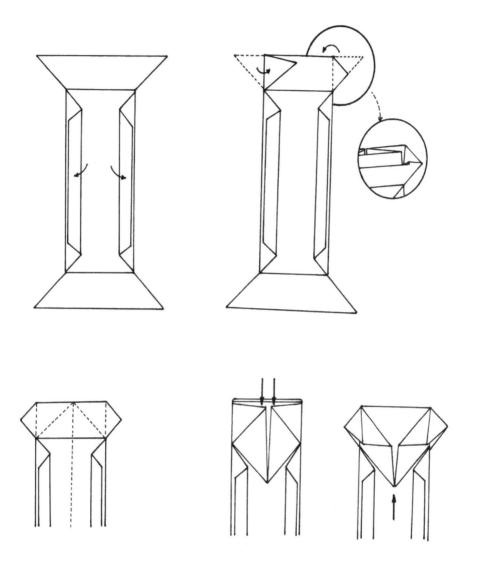

⑩ 문(門)에 해당하는 양쪽 날개를 두 번에 걸쳐 접는다. 이로써 완성되었고, 일명 '뒤딱지'라고 하는 가로 3㎝. 세로 23㎝ 정도의 한지를 부쳐 고정시킨다. 단, 위패 상단의 귀[耳] 부분을 접을 경우는 계속해서 그림 순서대로 행함.

⑪ 원 안의 점선 부분을 양쪽 모두 꺾었다가 안으로 접어 넣는다.

⑫ '⑪'의 완성된 모습. 귀 부분을 접는 또 하나의 조성법.

⑬ '⑨'를 하기 전에 표시부분을 눌러서 편다.

⑭ 눌러서 편 다음 표시 부분을 위로 올려 붙인다.

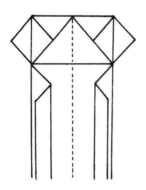

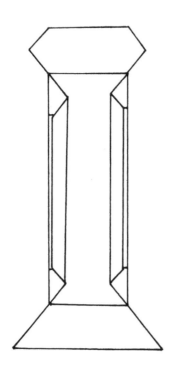

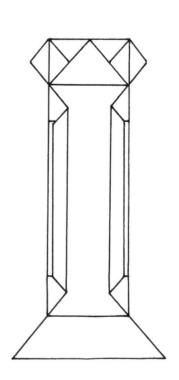

⑮ 다른 조성법으로 완성된 [상단 우측] ⑯⑰ 완성된 모습의 비교.

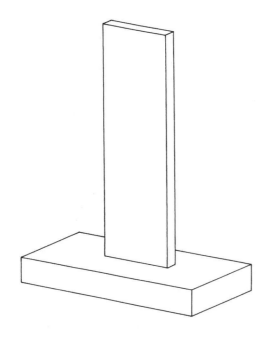

⟸
위목(位木)
　위목 받침 부분의
　가로 세로 높이는 각각
　16cm,　5.5cm,　2cm씩.

　위목 몸체 부분의
　가로 세로 높이는 각각
　6cm,　0.6cm,　20cm씩.

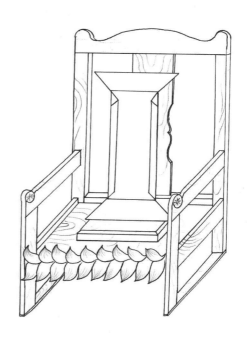

⇒
,　교의(交椅)에
,　안치한
,　위패의 모습

10 전(錢) 조성법

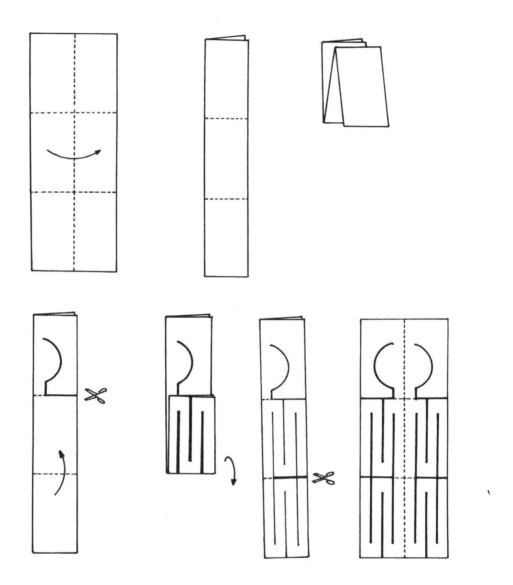

※ 그림 보는 순서 및 조성법 (상단 좌측으로부터 우측, 그리고 하단 좌측으로부터 우측 순)
① 가로 16cm, 세로 48cm [삼척지의 1/6 정도]인 한지를 세로로 놓고,
② 화살표와 같이 한번 접는다.
③ '②'의 상태에서 삼분하여 접는다.
④ 그림과 같이 편 다음 굵은 실선(實線)을 따라 머리부분을 오린 후,
화살표와 같이 아랫부분을 접어 올린다.
⑤ 굵은 실선을 따라 몸통 부분을 오린 후 편다.
⑥ 굵은 실선 부분을 잘라 팔과 다리 부분을 분리시킨다. ⑦ 완성.

⇐ 전대(錢臺)

전대 받침 부분의
가로 세로 높이는 각각
60.5cm, 14cm, 5cm.

전대 몸체 부분의
가로 세로 높이는 각각
6.2cm, 4cm, 70cm.

전대 위 부분의
가로 세로 높이는 각각
102cm, 4cm, 7cm.

전대에 모신 ⇒
전(錢)의 모습

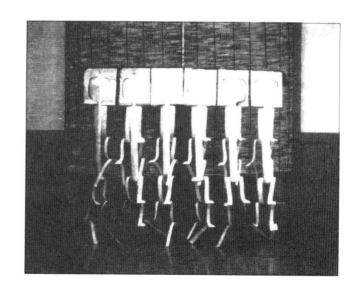

부록

11 구병시식을 위한 준비물

여기서 말하는 준비물은 저자 입장에서 보편적인 것이라 판단한 것을 옮긴 것임. 각 사찰에는 나름의 가풍이 있는바 참고만 하면 될 일이다.

⑴ 상단(上壇)과 중단(中壇)에 준비해야할 공양물(供養物)

향(香), 등(燈. 燭), 다(茶. 茶器), 과(果), 미(米. 摩旨) 등 오공양(五供養)을 기본으로 한다. 과(果)의 경우 흔히 삼색과실(三色果實)185)이라 하는데, 계절에 따라 준비할 수 있는 것이면 된다. 대체로 배·사과·감을 기본으로 한다.

※상단과 중단의 공양물은 별도로 준비함이 바람직하다.186)

⑵ 하단(下壇) 즉, 제상(祭床)에 준비해야할 제물(祭物)

위목(位目)은 본서 서론의 '**5** 「구병시식」의 거행 [←어떻게]'에서 언급한바187)와 같이 모신다.

제상에는 향로와 촛대 그리고 다기를 준비한다. 다기는 관세음보살님이 화현이신 '대성초면귀왕'께 올리는 것이다. 영가제위에게 공양할 제물로는, 영반(靈飯)과 진수(珍羞) 그리고 병과(餠果) 등을 소례에 알맞게 준비해야 한다.

소례는 정 중앙 모신 증명이신 '나무대성초면귀왕비증보살마하살(南無大聖焦面鬼王悲增菩薩摩訶薩)'을 제외하면,188) '모인책주귀신(某人嘖主鬼神)영가'와 '책주귀신영가위주각병권속(嘖主鬼神靈駕爲主各並眷屬)영가' 그리고 오방제위영기영혼(五方諸位靈祇靈魂) 등 모두 7부류로 구분할 수 있다.

영반은 메와 탕(湯)을 말하며, 진수는 대체로 칠첩반상(七-飯床) 즉 7가지를 준비하는데, 손님으로 예우하기 때문이다. 구첩반상도 있지만 불가의 의식인 만큼 여기서의 칠첩반상은 최고의 예우라 하겠다. 김치, 장류(醬類) 등 기본 반찬 이외에 숙채(熟菜)·생채(生菜)·전(煎) 각각 두 가지, 통째로 부친 두부(豆腐)를 올린

---

185) 제사 지낼 때에, 상에 올려놓는 세 가지 과실. 밤 대추 잣 또는 밤 대추 감을 이른다.

186) 휴정(休靜) 찬 『운수단(雲水壇)』 부록 '하단배치(下壇排置)'(한국불교의례자료총서(韓國佛敎儀禮資料叢書), 권2 p. 61상) / 此壇奠物 須與上中壇同時進排可也 何待上中壇勸供然後 以其殘餘之物 餽之乎 所備雖曰 不足量物 多少分三壇排置 不亦善乎(이 壇의 奠物은 모름지기 상단이나 중단과 동시에 진설함이 가하다. 어찌 상단과 중단의 권공을 마친 연후에 그 남은 것으로 대접한단 말인가? 준비된 것이 설혹 부족할지라도 다소간에 삼분하여 진설함이 옳지 않겠는가?!)

187) ▢▢▢ 영혼단 뒤쪽으로는 병풍을 치고 운동경기 후, 메달(medal)을 수여하는 단과 같은 형태로 마련한다. 정 중앙에 증명이신 '나무대성초면귀왕비증보살마하살(南無大聖焦面鬼王悲增菩薩摩訶薩)'의 위목(位目), 좌측에 일단(一段) 낮추어 '모인책주귀신(某人嘖主鬼神)영가'의 위목, 우측에 일단 더 낮추어 '책주귀신영가위주각병권속(嘖主鬼神靈駕爲主各並眷屬)영가'의 위목 그리고, 오방제위영기영혼(五方諸位靈祇靈魂)등 인연 있는 영가제위의 의지처인 전(錢)은 증명위목 뒤쪽에 안치한다.

188) 관세음보살의 화현(化現)이시기 때문이다. 관세음보살께는 사시(巳時)에 공양을 올렸기 때문에 여기서 다시 공양을 올리지 않는다.

다. 떡[餠]은 인절미(引切米)[189], 과(果)는 제철에 나는[190] 세 가지 과일을 택해 올린다. 이와는 별도로 밤[栗]·대조(大棗. 대추)·행자(杏子. 은행) 등을 올린다. 흔히 '삼색(三色)과일'이라 함은 최소한의 정성이라는 의미다.

영반과 진수 그리고 병과를 각각 7틀씩 올려야한다. 부담스러울 경우, 진수와 병과는 한 틀만 준비해도 된다. 그래도 영반은 7그릇씩 올리도록 한다. <u>소례(所禮=所供)가 '책주귀신(嘖主鬼神) 영가'를 위시해 모두 7부류이기 때문이다.</u>

단(壇)의 전면 중앙에 향로를 설치하고 잔(盞)도 7틀을 마련하여 3번에 걸쳐 잔을 올린다.

⑶ 의식에 사용되는 법구(法具)

경상(經床)과 촛대 한 쌍, 요령·목탁·소북·광쇠 등 소사물(小四物), 백팔염주 한 벌[191], 적두(赤豆)

⑷ 마구단(馬廐壇)의 의의와 준비물

영혼단 우측 아래쪽에 말[馬] 7마리의 그림[192]과 마초(馬草. 여물과 콩) 그리고 동전 3닢씩 별려 놓는데 이곳을 '마구단(馬廐[193]壇)'이라 한다. 책주귀신을 위시한 고혼영가제위의 왕생을 기원하는 의미에서 운재도구(運載道具)인 말과 말먹이 그리고, 노자(路資)를 준비해 놓은 것이다.

이는 다분히 민간신앙과의 습합(習合)이라 하겠다. 하지만 단순히 미신으로 치부하고 말일이 아니니, 형이상의 문제를 형이하의 차원에서 실감코자하는 욕구를 충족시켜주고 있다는 면에서는 긍정적으로 평가할 수 있다.

같은 차원에서 이해할 수 있는 것이 <53.해백생원가다라니(解百生冤家陀羅尼)>을 지송하며 뿌리는 적두(赤豆)다.

끝

---

189) '떡과 한국인' 조선일보 이규태코너 6388 / 떡에는 서로를 붙게 하는 찰기가 있고 이를 더불어 먹음으로써 일심동체를 주술적으로 다졌다. 제사 때 반드시 떡이 오르게 된 것도 헤어져있던 조령(祖靈)과의 접착제 구실을 하기 때문이요, 그 떡을 고루 돌려먹었으니 떡은 정신음식인 것이다.

190) 『佛光大辭典』 p. 879-中 / 【大蒙山施食】施放大蒙山施食時, 中間置一法壇, 上供佛像, 中置香花時果·香爐燭臺, 備白米淸水各一杯

191) <53.해백생원가다라니> 108편을 지송할 때, 그 횟수를 가늠하는데 사용한다.

192) 말 '마(馬)'자를 7번 써서 대신하기도 한다.

193) 廐(廏 마구간 '구'의 속자)

'마구단' 설치시 본 그림을 복사해서 백지에 붙여 사용하시면 편리합니다.

색인(索引)

구병시식 표준안 및 중요자료 공관표

標準案[敎材 內容] 표준안[교재 내용]	釋門儀範 석문의범	作法龜鑑 작법귀감	增修禪敎施食儀文 증수선교시식의문	備考 비고
아래 內容은, 『釋門儀範』을 底本으로 하고 右側의 諸種 儀式集을 參考하여 本 論文에서 取擇한 救病施食의 項目과 內容 임.	1) 안진호(安震湖) 편 　활자본(活字本) 2) 1935년 3) 구병시식(救病施食) 4) 2007년 한글 　서점 유통본	1) 백파긍선(白坡亘璇) 편 　목판본(木版本) 2) 1827년 3) 구병시식의(救病施食儀) 4) 거자 소징	1) 원(元) 서양사문(瑞陽沙門) 몽 　산덕이(蒙山德異. 1232~1298) 2) 불명(不明)　ㅣ 수주(修註) 3) 구병시식의문(救病施食儀文) 4) 도수미본, 중앙도서관 　도서번호 ; D217·63~녁69ㅈ	1) 편자 및 간행처 2) 편찬연대 3) 출처 4) 소장
<1. 擧佛> 南無常住十方佛 南無常住十方法 南無常住十方僧 三說 南無大慈大悲救苦觀世音菩薩 摩訶薩 三說	南無常住十方佛 南無常住十方法 南無常住十方僧 三說 南無大慈大悲救苦觀世音菩薩 摩訶薩		擧念三寶及觀音大士 南無十方佛 南無十方法 南無十方僧 南無大慈大悲救苦觀世音菩薩	1. 향목이 없는 것은 원본에 해당 제목이 생략된 경우임. 2. 원문에 향목이 없어도 '註'에 제목이 인급되어 있으 면, 제목으로 인정하여 명시 하였음.
<2. 唱魂> 據娑婆世界 云云 某處居住 今 夜 特爲某人 噴主鬼神靈駕 承 佛威神 伏法加持 就此淸淨之 寶座 飽饍禪悅之法供	據娑婆世界 云云 某處居住 今 夜 特爲某人 噴主鬼神靈駕 承 佛威神 伏法加持 就此淸淨之 寶座 飽饍禪悅之法供		今者 特爲某氏噴主鬼神靈駕 承佛威神 伏法加持 就此淸淨 之寶座 飽饍禪悅之法供	
<3. 振鈴偈> 以此振鈴伸召請 冥途鬼界普聞知 顯承三寶力加持 今夜今時來赴會	<振鈴偈> 以此振鈴伸召請 云云		以此振鈴伸召請 冥途鬼界普聞知 顯承三寶力加持 今夜今時來赴會	
<4. 着語> 慈光照處蓮花出 慧眼觀時地獄空 又況大悲神呪力 衆生成佛刹那中	<着語> 慈光照處蓮花出 云云		慈光照處云云	『摩訶止觀』(大正藏, 卷21 p. 1062)에서 鬼와 魔를 원인으로 발병한 경우 그 치유법으로 '深觀行力과 '大神呪'를 말하고 있다. <着語>와 <大悲呪>가 있어야 하는 이유다.
<5. 大悲呪> 千手一片爲孤魂 志心諦聽 志心諦受 神妙章句大陀羅尼 云云	千手一片爲孤魂 志心諦聽 志心諦受		千手	
<6. 破地獄偈> 若人欲了知 三世一切佛 應觀法界性 一切唯心造	若人云云		若人欲了知 云云	

<7.破地獄眞言>
曩謨 阿灑吒 始哋哪 三藐三沒
駄 鳴致哺 唵 誐左那 縛婆始
地哩地哩 吽

<8.滅惡趣眞言>
唵 阿謨迦 尾魯左那 摩賀 母捺
囉 摩禰尾婆那摩 阿婆羅婆羅 密多
羅 入嚩羅鉢囉 抹移
野 吽

<9.召餓鬼眞言>
唵 咽那即那迦 移希+曳 莎訶

<10.普召請眞言>
南謨 步步諦哩 迦哩多哩 多陀
揭多野

<11.祭文>
維歲次 某年某月某日 某處居
住 某人 得病難除 撲床呻吟
謹備 香橙飯餅錢馬 邀請噴主鬼
神靈駕 及與五方諸位靈祇靈神諸
以伸供養 伏願某人噴主鬼神諸
位靈駕 來詣醮座 受詣法供 解
冤釋結 病患消除 身強力足 所
求如願 ——成就

<12.由致>
切以 冥路茫茫 孤魂擾擾 或入
幽關 永世楚毒 或處中陰 忍受
飢虛 斯殃斯苦 難當難忍 干載
未獲超昇之路 四時永無享祭之
饌 糊口四方 亦付酒食而侵人 或
色而損物 亦付酒食而侵人 或
不忘情愛而追尋 或未釋冤憎而
逼泊 或因鼎金槽盈出納以生禍
或緣瓦石土木犯動而流災 凡夫
不知病根而痛傷 鬼神丁知而生禍
而侵噴 鬼不知人之飢虛而徒憎
人不知鬼之苦而徒憎 顧諸無遮
音之威神 攀解人鬼之結根 肆
以 運心平等 設食無遮 顧諸無遮
主孤魂 仰伏觀音妙力 感脫諸苦
趣 來赴法筵 謹束一心 先陣三
講

<破地獄眞言>
曩謨 阿灑吒 始哋哪 三藐三沒
駄 鳴致哺 唵 誐左那 縛婆那
地哩地哩 吽

<滅惡趣眞言>
唵 阿謨迦 尾魯左那 摩賀 母捺
囉 摩禰尾婆那摩 阿婆羅婆羅 密多
羅 入嚩羅鉢囉 抹移
野 吽

<召餓鬼眞言>
唵 咽那即那迦 移希+曳 莎訶

<普召請眞言>
南謨 步步諦哩 迦哩多哩 多陀
揭多野 云云

維歲次 某年某月某日 朝鮮國云云
某人 得病難除 撲床呻吟 謹備
香橙 飯餅錢馬 邀請噴主鬼神
靈駕 及與五方諸位靈祇靈神諸
以伸供養 伏願某人噴主鬼神諸
位靈駕 來詣醮座 受詣法供 解
冤釋結 病患消除 身強力足 所
求如願 ——成就

切以 冥路茫茫 孤魂擾擾 或入
幽關 永世楚毒 或處中陰 忍受
飢虛 斯殃斯苦 難當難忍 干載
未獲超昇之路 四時永無享祭之
饌 糊口四方 亦付酒食而侵人 或
色而損物 亦付酒食而侵人 或
不忘情愛而追尋 或未釋冤憎而
逼泊 或因鼎金槽盈出納而生禍
或緣瓦石土木犯動而流災 凡夫
不知病根而痛傷 鬼神丁知而妄怒 肆
而侵噴 鬼不知人之飢虛而徒憎
人不知鬼之苦而徒憎 顧諸無遮
音之威神 攀解人鬼之結根 肆
以 運心平等 設食無遮 顧諸無遮
主孤魂 仰伏觀音妙力 感脫諸苦
趣 來赴法筵 謹束一心 先陣三
講

<破地獄眞言>
曩謨 阿灑吒 始哋哪 三藐三沒
駄 鳴致哺 唵 誐左那 縛婆那
地哩地哩 吽 云云

<滅惡趣眞言>
唵 阿謨迦 尾魯左那 摩賀 母捺
囉 摩禰尾婆那摩 阿婆羅婆羅 密多
羅 入嚩羅鉢囉 抹移
野 吽

<召餓鬼眞言>
唵 咽那即那迦 移希+曳 莎訶

<普召請眞言>
南謨 步步諦哩 迦哩多哩 多陀
揭多野 云云

維歲次 某年某月某日 某處居
住 某人 得病難除 撲床呻吟
謹備 香橙飯餅錢馬 邀請噴主鬼
神靈駕 及與五方諸位靈祇靈神諸
以伸供養 伏願某人噴主鬼神諸
位靈駕 來詣醮座 受詣法供 解
冤釋結 病患消除 身強力足 所
求如願 ——成就

切以 冥路茫茫 孤魂擾擾 或入
幽關 永世楚毒 或處中陰 忍受
飢虛 斯殃斯苦 難當難忍 干載
未獲超昇之路 四時永無享祭之
饌 糊口四方 亦付酒食而侵人 或
色而損物 亦付酒食而侵人 或
不忘情愛而追尋 或未釋冤憎而
逼泊 或因鼎金槽盈出納而生禍
或緣瓦石土木犯動而流災 凡夫
不知病根而痛傷 鬼神丁知而妄怒 肆
而侵噴 鬼不知人之飢虛而徒憎
人不知鬼之苦而徒憎 顧諸無遮
音之威神 攀解人鬼之結根 肆
以 運心平等 設食無遮 顧諸無遮
主孤魂 仰伏觀音妙力 感脫諸苦
趣 來赴法筵 謹束一心 先陣三
講

<破地獄眞言>
曩謨 阿灑吒 始哋哪 三藐三沒
駄 鳴致哺 唵 誐左那 縛婆始
地哩地哩 吽

<滅惡趣眞言>
唵 阿謨迦 尾魯左那 摩賀 母捺
囉 摩禰尾婆那摩 阿婆羅婆羅 執移
野 吽

<召餓鬼眞言>
唵 咽那即那迦 移希+曳 莎訶

<普召請眞言>
南無 步步地哩 伽哩多哩 怛他
葛多野

維歲次 某年某月某日 朝鮮國
某道 某邑某村居住 某人 得病
難除 撲床呻吟 謹備 飯餅
錢馬 及於清拜溪邊 邀請噴主
鬼神靈駕 及與五方諸位靈祇靈
神諸位靈魂 伏願某人噴主鬼
神諸位靈魂 來臨醮座 受詣法供
足 解釋冤釋結 病患消除 ——成就
所 求如願

切以 冥路茫茫 孤魂擾擾 或入
幽關 永世楚毒 或處中陰 忍受
飢虛 斯殃斯苦 難當難忍 干載
未獲超昇之路 四時永無享祭之
饌 糊口四方 終無一飽 辛付托人 或
色而損物 亦付酒食而侵人 或
不忘情愛而追尋 或未釋冤憎而
逼泊 或因鼎金槽盈出納以生禍
或緣瓦石土木犯動而流災 凡夫
不知病根而痛傷 鬼神丁知而妄怒
而侵噴 鬼不知人之飢虛而結怨
人不知鬼之苦而徒憎 顧諸無遮
音之威神 攀解人鬼之結根 肆
以 運心平等 設食無遮 顧諸無遮
主孤魂 仰伏觀音妙力 感脫諸苦
趣 來赴法筵 謹束一心 先陣三
講

여타의 본에는 없고
존○인에만 있는 의식의 제
목 즉 <10.由致>이니
<11.由致> 등은 저자가
임으로 붙인 것임.

※ 『僧修齋敎施食文』에
는 <祭文>을 한 칸 내리었으
며 <由致>는 몇 칸 올려쓰
고 <祭文>과 구분을 분명히 하였으
며, 의식문의 제목을 설정하
였음.

※ 管을 친 부분이 제목에
모두 '鬼神了知'로 되어
있으나, 앞의 文脈이나 文意
로 보아 '鬼神不知'라야 옳
을 것 같아 저자 임의로
함.

					<1.舉佛>에서 소레를 삼음 보니과 관세음보살이 삼음 밭엇고, <12.由政>에서 가 음 관세음보살이 삼음 밭엇 다. 또, 『作法龜鑑』에서 제시한 것이 전인과 이올더는 게 송을 『作法龜鑑』과 『釋門 儀範』에서 찾아 보이므로 상음.
	南無 一心奉請 乘權起教 普濟 飢虛 爲救於惡道衆生 故現此 悲增 應贏之相 大聖焦面鬼王 悲增 菩薩摩訶薩 唯願不違本誓 降 臨道場 證明功德	<證明請> 南無 一心奉請 乘權起教 普濟 飢虛 爲救於惡道衆生 故現此 悲增 應贏之相 大聖焦面鬼王 悲增 菩薩摩訶薩 唯願不違本誓 降 臨道場 受此供養	南無 一心奉請 乘權起教 普濟 飢虛 爲救於惡道衆生 故現此 悲增 應贏之相 大聖焦面鬼王 悲增 菩薩摩訶薩 唯願不違本誓 臨 降道場 受活供養		
<13.請詞> 南無 一心奉請 乘權起教 普濟 飢虛 爲救於惡道衆生 故現此 悲增 應贏之相 大聖焦面鬼王 悲增 菩薩摩訶薩 唯願不違本誓 降 臨道場 證明功德 三請					
<14.香華請> 香華請	<香華請>	—	—		
<15.歌詠> 悲增示跡大菩薩 權現有形是鬼王 尊貴位中留不住 蘆花明月自茫茫 故救一心歸命頂禮	<歌詠> 悲增示跡大菩薩 權現有形是鬼王 尊貴位中留不住 蘆花明月自茫茫 故救一心歸命頂禮				
<16.獻座眞言> 妙菩提座勝莊嚴 諸佛坐已成正覺 我今獻座亦如是 自他一時成佛道 唵 縛日羅 未那野 娑婆訶	<獻座眞言> 云云	<安座眞言> 唵 縛羅 尾羅野 娑嚩訶 茶偈供養呪			<1.舉佛>에서 소레를 삼음 보니과 관세음보살이 삼음 밭엇고, <12.由政>에서 가 음 관세음보살이 삼음 밭엇 다.
<17.茶偈> 今將甘露茶 奉獻證明前 鑑察虔懇心 願垂哀納受	<茶偈> 今將甘露茶 奉獻證明前 鑑察虔懇心 願垂哀納受	<茶偈>	—		
<18.孤魂請> 一心奉請 某人噴主鬼神靈駕 爲 主 先亡父母 多生師長 五族六 親 列名靈駕 內護竈王大神 外 護山王大神 五方動土大神 五方龍 王 五方聖者 東方甲乙靑色神 南方丙丁赤色神 西方庚辛白色 神 北方壬癸黑色神 中方戊己黃 色神 第一夢陀羅尼等 七鬼神 東方青殺神 南方赤殺神 西方白 殺神 北方黑殺神 中央黃殺神 五蘊行伴鬼神 客伴鬼神 近界土 公神 近界道路神 近界厠鬼神 近界道路神 近界庭中神 近界欄 中神 天伴鬼神都前 地伴鬼神都 前 人伴鬼神都前 蘊伴鬼神都前 行伴鬼神都前 客伴鬼神都前 路	一心奉請 某人噴主鬼神靈駕 爲 主 先亡父母 多生師長 五族六 親 列名靈駕 內護竈王大神 外 護山王大神 五方動土大神 五方龍 王 五方聖者 東方甲乙靑色神 南方丙丁赤色神 西方庚辛白色神 北方壬癸黑色神 中方戊己黃 色神 第一夢陀羅尼等 七鬼神 東方青殺神 南方赤殺神 西方白 青殺神 南方赤殺神 西方白殺神 北方黑殺神 中央黃殺神 五蘊行 伴鬼神 客伴鬼神 近界土公神 界道路鬼神 近界厠鬼神 近界龍 近界道路神 近界庭中神 天伴 中神 天伴鬼神都前 人伴鬼 鬼神都前 蘊伴鬼神都前 行伴鬼 神都前 客伴鬼神都前 路伴鬼神	一心奉請 某人噴主鬼神靈駕 爲 主 先亡父母 多生師長 五族六 親 列名靈駕 多生師長 五族六 護山王大神 五方動土大神 東方 王 五方聖者 東方乙靑色神 南方丙丁赤色神 西方辛白色黃 神 北方壬癸黑色神 中方戊己黃 色神 第一夢陀羅尼七鬼神 東方 青殺神 南方赤殺神 西方白殺神 北方黑殺神 中央黃殺神 五蘊行 伴鬼神 客伴鬼神 近界土公神 近 界站鬼神 近界厠鬼神 近界欄中 神 客伴鬼神 近界庭中神 近界欄 界道路神 近界庭中神 近界欄中 神 天伴鬼神都前 地伴鬼神都前 鬼神都前 客伴鬼神都前 行伴鬼 神都前	一心奉請 某人噴主鬼神靈駕 爲 主 先亡父母 多生師長 五族六 親 列名靈駕 法界亡魂 今夜今時 三寶力 伏秘密語 今夜今時 來 臨法會 受諸供養 一心奉請 某人噴主鬼神靈駕 爲 首 堂神萬位諸神 人禹四千閻王 臣 山主大王 客伴神 近界土公 神 近界站鬼神 近界厠鬼神 近 界道路神 近界庭中神 近界欄中 神 近界庭中神 近界法會 受詣供 養 一心奉請 某人噴主鬼神靈駕 爲 首 東方動土神 南方動土神 西	※ 표준으로의 제목은 문의름 『修設禪敎施食儀文』에서는, 나찬 부 所請이 立立영가를 나누어 있다. 이에 비해 『作法龜鑑』이나 『釋門儀範』에는 한 번에 염 어 청하고 있다. ※ 표준으로의 제목은 문의름 따라 정한 것임.

※ 진언의 끝수는 현제 현행으로 下 壇灌浴時 '3편'으로 하고 立 音을 따르기로 함.

方動土神 北方動土神 中方動土
神 東方青帝龍王 南方赤帝龍王
西方白帝龍王 北方黑帝龍王 中
方黃帝龍王 東方聖者 南方聖者
西方聖者 北方聖者 中方聖者
各並眷屬 來臨法會 受霑供養
一心奉請 某人噴主鬼神靈駕 爲
首 東方甲乙青色神 南方丙丁赤

色神 西方庚辛白色神 北方壬癸
黑色神 中方戊己黃色神 第一夢
陀羅尼乇鬼神 東方青殺神 南方
赤殺神 西方白殺神 北方黑殺神
中央黃殺神 五蘊行伴鬼神 各並
眷屬 來臨法會 受霑供養
一心奉請 某人噴主鬼神靈駕 爲
首 天伴鬼神都前 地伴鬼神都前
人伴鬼神都前 蘊伴鬼神都前 行
伴鬼神都前 各伴鬼神都前 路伴
鬼神都前 山伴鬼神都前 受霑供養

伴鬼神都前 山伴鬼神都前 各並眷屬
水伴鬼神都前 各並眷屬 承三寶力
力 三寶威力 來臨醮座 受霑法供
若不具沐浴節次 此下直舉普禮

<引詣香浴>
上來已憑 佛力法力 三寶威神之
力 召請某氏噴主鬼神 及與諸位
靈祇靈魂 已屆道場 大衆聲鈸 請
迎赴浴 或誦大悲呪及般若心經水得

<沐浴真言>
以此香湯水 沐浴亡子身
願承加持力 普獲於清淨
唵 鉢頭暮 悉尼囉 阿暮伽 慈曬
吽

<化衣財真言>
南無 三滿多 沒馱喃 唵 般遮那
毗盧枳帝 莎訶

<19. 香煙請>
香煙請

<20. 歌詠>
債有主人寃有頭
只因憎愛未曾休
如今設食兼揚法
頓悟無生解結讐

<21. 引詣香浴>
上來已憑 佛力法力 三寶威神之
力 召請某氏噴主鬼神 及與諸位
靈祇靈魂 已屆道場 大衆聲鈸 請
迎赴浴 大誦大悲呪及般若心經水得

<22. 沐浴真言>
以此香湯水 沐浴諸佛子
願承神呪力 普獲於清淨
唵 鉢頭暮 悉尼囉 阿暮伽 慈曬
吽 三說

<23. 化衣財真言>
南無 三滿多 沒馱喃 唵 般遮那
毗盧枳帝 莎訶 三說

<24.授衣眞言> 唵 鉢哩摩羅嚩嚩哩尼 吽 三說	**<授衣眞言>** 唵 鉢哩摩羅嚩嚩哩尼 吽	**<授衣眞言>** 唵 鉢哩摩羅嚩嚩哩尼 吽
<25.着衣眞言> 唵 嚩囉 嚩沙細 莎詞 三說 若備浴具則如上 不燃則請末直擧指壇眞言	**<着衣眞言>** 唵 嚩囉 嚩沙細 莎詞 若備浴具則如上 不燃則請末直擧指壇眞言	**<着衣眞言>** 唵 嚩囉 嚩沙細 莎詞 若備浴具則如上 不燃則請末直擧指壇眞言
<26.指壇眞言> 唵 曳이呬 吠路左那野 莎詞 三說	**<指壇眞言>** 唵 曳이呬 吠路左那野 莎詞	※『선교시식의문』의 경우, 이하 회向이 낙장(落張)으로 되어있음.
<27.普禮三寶> 普禮十方常住佛 法 僧	**<諸佛子普禮三寶>** 普禮十方常住佛 法 僧	
<28.受位安座> 上來奉請 某人噴主鬼神靈駕 及與諸位靈祗靈魂 既禮三寶 還得衣珠 放下身心 依位而坐 待我加持 受落法食 解免羅釋結 各求解脫 [或無灌浴則 如下] 上來召請 噴主鬼神 各 列位靈駕	**<諸佛子受位安座>** 上來奉請 某人噴主鬼神靈駕 及與諸位靈祗靈魂 既禮三寶 還得衣珠 放下身心 依位而坐 待我加持 受落法食 解免羅釋結 各求解脫 上來名請 噴主鬼神 各 列位靈駕	
<29.受位安座眞言> 我今依教設珍羞 普饌孤魂及有情 各發歡心次第坐 受我供養證菩提 唵 摩尼 軍茶利 吽吽 莎詞	**<受位安座眞言>** 云云	
<30.茶偈> 百草林中一味新 趙州常勸幾千人 烹將石鼎江心水 願使亡靈歇苦輪	百草林中 云云	
<31.宣密加持> 宣密加持 云云 業火淸凉 各求解脫	宣密加持 云云	
<32.四陀羅尼> 各 一七遍 《無量威德自在光明勝妙力變食眞言》 那莫 薩嚩怛陀 我多 婆路枳 帝 唵 三婆羅 三婆羅 吽 **<施甘露水眞言>** 南無 素魯嚩耶 怛他揭多耶 怛	**<五供養>** 《四陀羅尼》	

本文	註	科目	비고
妊他 唵 素魯素魯 縛羅素魯 縛羅素魯 莎訶 <一字水輪觀真言> 唵 鑁鑁鑁鑁鑁 <孔雀真言> 南無 三滿多 沒陀喃 唵 鑁鑁鑁鑁鑁	—	<五供養> 《阿陀羅尼》	
《33.稱揚聖號》 南無多寶如來 願諸孤魂 破諸慳貪 法財具足 南無妙色身如來 願諸孤魂 離醜陋形 相好圓滿	《稱揚聖號》 云云	<五如來>	
南無廣博身如來 願諸孤魂 捨六凡身 悟虛空身 南無離怖畏如來 願諸孤魂 離諸怖畏 得涅槃樂 南無甘露王如來 願我各各 列名靈駕 咽喉開通 獲甘露味			
<34.施食偈> 願此加持食 普遍滿十方 食者除飢渴 得生安養國	願此加持食 云云 乃至 同見無量壽 皆共成佛道	<施食偈>	<34.食偈>부터 <46.功德偈>까지는 일반 施食 儀禮文에 따르기로 함.
<35.施鬼食真言> 唵 尾其尾其 野野尾其 娑婆訶		<施鬼食呪>	
<36.普供養真言> 唵 阿那 三婆羅 娑婆訶 或		<供養呪>	
<37.施無遮法食真言> 唵 穆力楞 娑婆訶		—	
<38.發菩提心真言> 唵 母地即多 沒相縛那野 弭		—	
<39.普回向真言> 唵 舍摩羅 舍摩羅 尾摩羅 含 羅摩訶 左法羅縛吽 (次心經)		<回向呪> <心經>	※ <39.보회향진언>과 <40.권반심 게(偈)> 사이에 『반야심경』을 봉독하는 것이 마땅하다.
<40.勸飯偈> 受我此法食 何異阿難饌 飢腸咸飽滿 業火頓清涼 頓捨貪嗔癡 常歸佛法僧 念念菩提心 處處安樂國		—	
<41.般若偈> 凡所有相 皆是虛妄 若見諸相非相 即見如來		—	

<42.如來十號>
如來 應供 正遍知 明行足 善
逝 世間解 無上士 調御丈夫
天人師 佛 世尊

<43.法華偈>
諸法從本來 常自寂滅相
佛子行道已 來世得作佛

<44.無常偈>
諸行無常 是生滅法
生滅滅已 寂滅為樂

《45.莊嚴念佛》
願我盡生無別念

阿彌陀佛獨相隨 云云

<46.功德偈>
願以此功德 普及於一切
我等與眾生 當生極樂國
同見無量壽 皆共成佛道

<47.表白>
上來 施食念佛諷經功德 特為
某人噴主鬼神靈駕為首 一切親
屬靈駕靈祇靈魂列名靈位 含
冤而遇闇者則 速證法喜之妙果
因餓而侵損者則 永飽禪悅之珍
羞 願承觀音大悲之威光 共人
彌陀大願之覺海

<48.念文>
念十方三世 一切諸佛 諸尊
菩薩摩訶薩 摩訶般若波羅蜜

<49.願住生>
願住生 願住生
住生極樂見彌陀 獲蒙摩頂受記別
願住生 願住生
願在彌陀會中坐 手執香華常供養
願住生 願住生
住生華藏蓮華界 自他一時成佛道

<50.燒錢真言>
唵 毗嚕魯旣帝 沙訶 云云

<51.奉送真言>
唵 縛日羅 薩陀 日叉目 云云

願此加持食 云云
乃至 同見無量壽 皆共成佛道

<表白>
上來施食諷經功德 特為某人噴主
鬼神靈駕為首 一切親屬列名靈駕
諸位靈祇靈魂靈位
則速證法喜音者則 因餓而遇闇者
則永飽禪悅之珍羞 因餓而侵損者
威光 共人彌陀大願之覺海 願承觀音大悲
若波羅蜜

	<上品上生眞言> 云云			
<52.上品上生眞言> 唵 麼隸尼陀尼 咩咩禰吒 娑婆訶		—	—	
<53.解百生冤家陀羅尼> 唵 阿阿暗惡 百八遍	<解百生冤家陀羅尼> 唵 阿阿暗惡 百八遍	<解百生冤家陀羅尼> 唵 阿阿暗惡 百八遍 阿彌陀佛眞金色云云 乃至破散偈如常	—	
<54.破聲偈> 火湯風搖天地變 驀劄長在白雲間 一聲揮破金城壁 但向佛前七寶山	—	—	—	
<55.告佛偈> 南無歡喜藏摩尼寶積佛 南無圓滿藏菩薩摩訶薩 南無回向藏菩薩摩訶薩	—	—	—	

※ 표준안의 <54.破聲偈>의 주(註)는 『작법귀감』에 따른 것이고, <55.告佛偈>는 燒臺錢送 儀式을 模範한 것임.

단, 『작법귀감』에서 '破散偈'라 한 것을 본 고에서는 '破聲偈'로 제목 하였음.

주해 **구 병 시 식**
救 病 施 食

佛紀 2560(2016)年 8月 31日 初版 1쇄 發行

지은이 滿春祥鉉

펴낸이 문 선 우

발행처 불교서원

광주광역시 동구 동계천로 87
전화 (062)-226-3056 전송:5056
출판등록번호 : 제 105-01-0160호

값 20,000원